AF332621

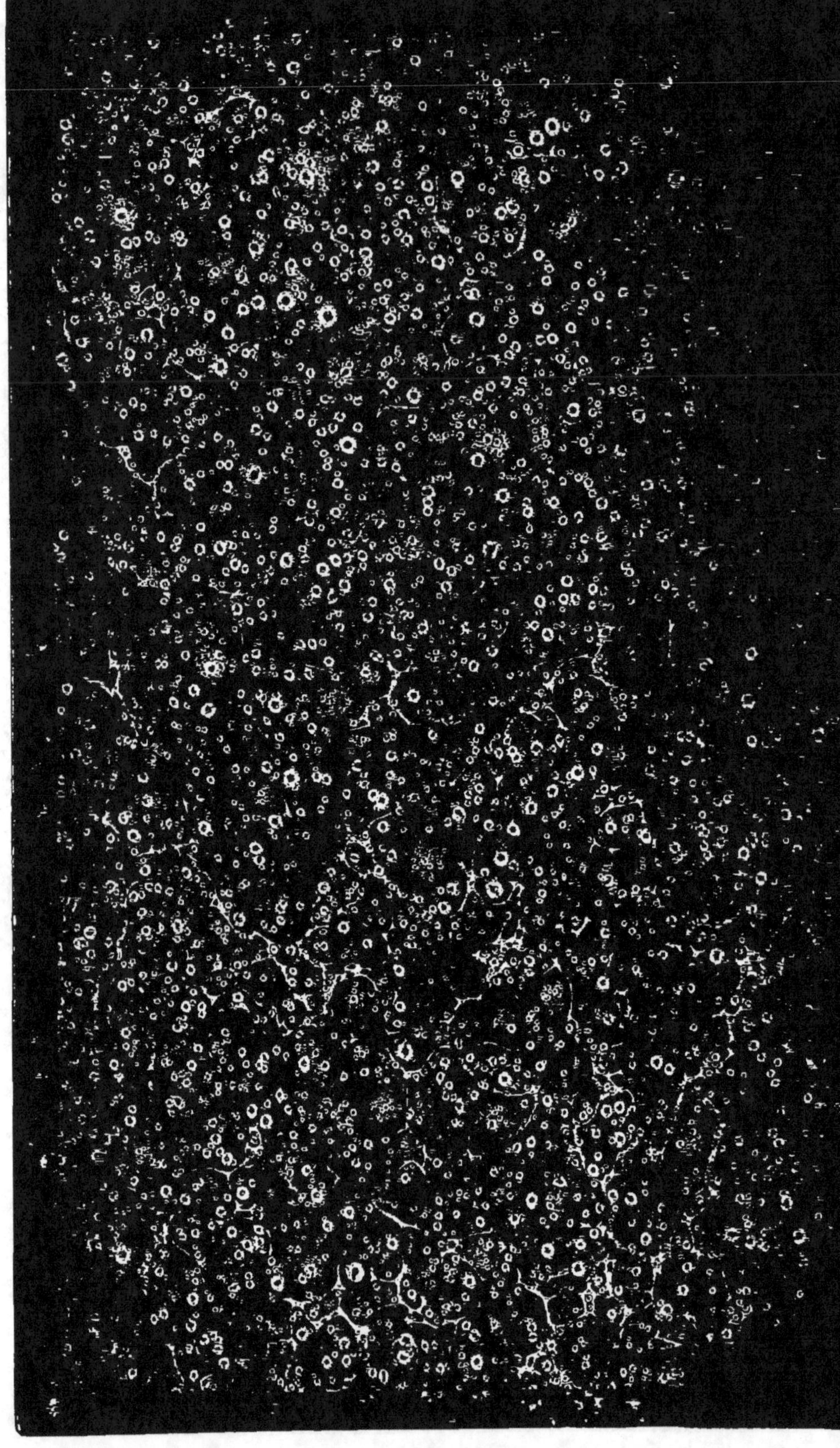

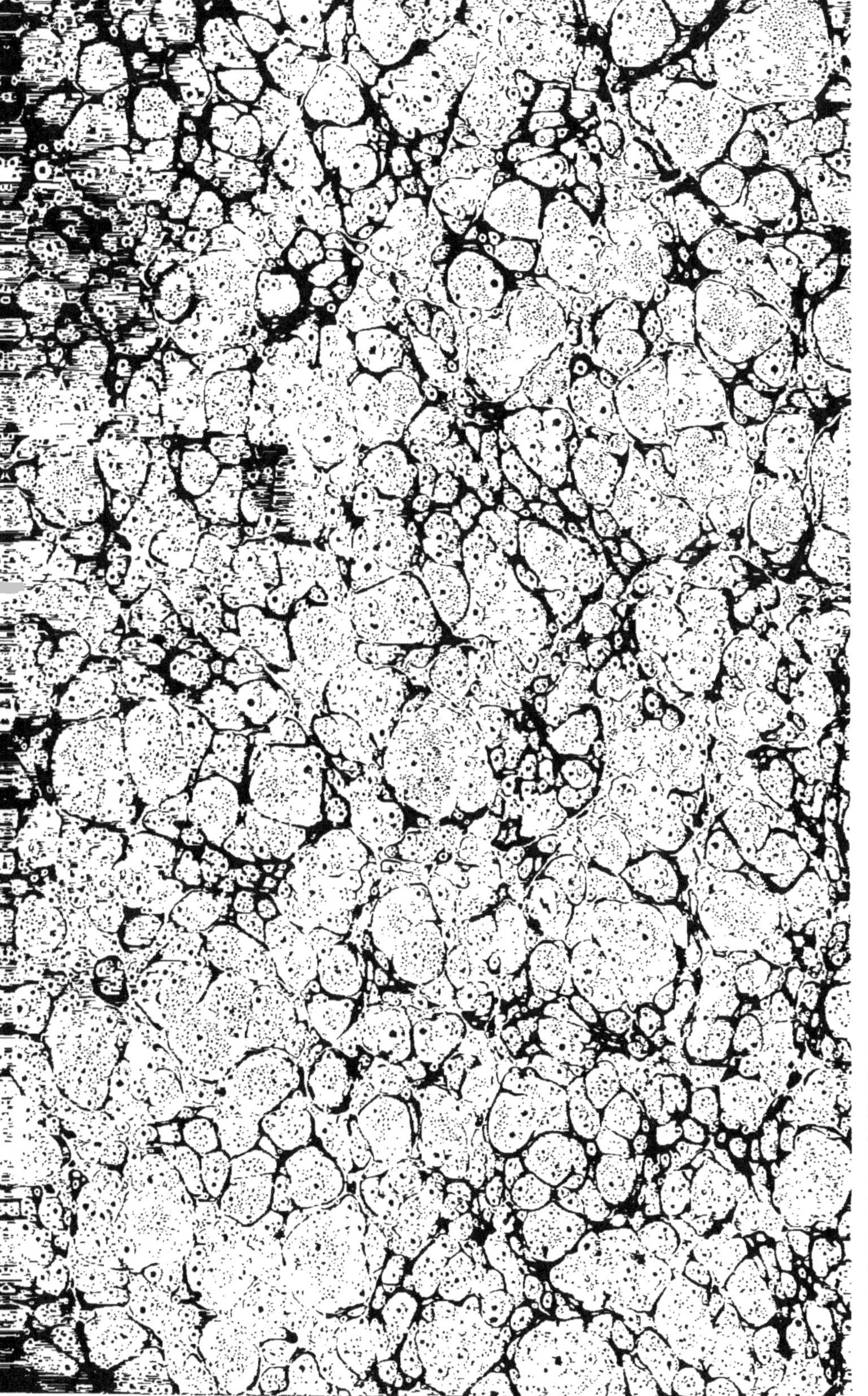

LES

CHATEAUX

DE FRANCE

Paris. — Typ. Lacour, rue Soufflot, 18.

LES
CHATEAUX
DE FRANCE

PAR

LÉON GOZLAN

Deuxième Série

PARIS

MICHEL LÉVY FRÈRES, LIBRAIRES-ÉDITEURS

RUE VIVIENNE, 2 BIS.

—

1857

LES

CHATEAUX DE FRANCE

VOISENON

On ne compte pas deux heures de marche entre le marquisat de Brunoy et le Jard de Voisenon, entre la demeure de ce fou illustre et le petit château du célèbre abbé qui fut l'ami de Voltaire, celui de madame Favart et du duc de La Vallière; entre la cave de ce fils d'une haute famille de financiers qui mourut à trente ans, après avoir déshonoré tout ce que la richesse donne de puissance, la noblesse de considération, et le monastère du représentant le plus orgueilleusement né des abbés de cour du dix-huitième siècle. Le marquis et l'abbé sont du même temps, et tous les deux l'expriment parfaitement sous deux faces caractéristiques : et, remarque vraie autant que surprenante, l'espace où s'élèvent les deux demeures à jamais historiques revendique, au nom de la même curiosité, des centaines d'autres demeures toutes également marquées au coin du cynique, du frivole, du dévorant dix-huitième siècle. Cette laiteuse et fromagère Brie, cette lo inépuisable, le dirait-on? fut une caverne de plaisirs dans toute l'impure acception du mot, à l'époque du régent et de son déplorable successeur; tout château que la bande noire n'a pas démoli est un demi-volume de mémoires, un boudoir dédoré, un pavillon d'ivresse. Là, c'est l'endroit où fut le château de Samuel Bernard, prodigue d'un âge antérieur, mais digne du suivant; là, c'est le pavillon Bouret, autre financier, autre Jupiter de toutes les Danaë du Théâtre-Italien; là, c'est Vaux, ce château presque biblique, où la flamme vengeresse de Dieu a passé; là, c'est le château de Law, ce voleur trigonométrique; enfin, partout où le pied se pose, il en sort un soupir du dix-huitième siècle.

Le petit château abbatial du Jard existe encore; mais ce n'est pas celui où tout prouve que l'abbé résidait quand il venait se reposer dans sa seigneurie après quelque pèlerinage un peu agité chez ses amis de Paris et de Montrouge. Celui-là, qui porte le nom de château de Voisenon, a été également conservé en devenant une maison bourgeoise d'une magnifique apparence. D'empiètements en empiètements, la commune a rongé les anciennes limites des deux propriétés, et il serait difficile aujourd'hui d'en tracer la figure générale sans s'exposer à de graves erreurs. Le couvent, qui était, à n'en pas douter, le corps principal des bâtiments, avait quatre côtés. D'abord, celui qui reste en totalité, et auquel la grille s'oppose, était la façade ; quant aux trois autres, il est de rigueur de les mentionner ainsi : celui de droite, en regardant la grille, a été démoli, dans je ne sais quel but, par le propriétaire actuel; celui de gauche n'existe qu'au tiers final de sa longueur, et ce tiers est une chapelle que la révolution a transformée, au moyen d'un mur de clôture, en deux écuries; et le quatrième et dernier côté, celui qui est parallèle au mur de la grille, comprend le château qu'habitait l'abbe de Voisenon, et les corps de logis ordinairement désignés dans la distribution des châteaux sous le nom collectif de communs. Un des deux pavillons des communs détruits s'élève encore à la droite de la grille.

Il est très facile de ne pas confondre le château du Jard et le château de Voisenon, qu'un simple mur de terre a séparés à l'époque des perturbations violentes subies par les propriétés.

Le château de Voisenon était celui que tenait de ses aïeux l'abbé de ce nom, et le château du Jard celui dont la possession lui fut acquise en devenant abbé de l'abbaye du Jard. L'un était un héritage, l'autre un usufruit. Il pouvait vendre le premier; il n'avait pas le droit d'aliéner l'autre, qui appartenait au clergé. Chaque abbaye un peu considérable, personne ne l'ignore, avait son château, où était le seigneur abbé titulaire.

Le petit château du Jard existe donc; mais il n'est pas habité, le propriétaire du domaine ayant préféré s'arranger un logement dans le couvent. J'ignore quelles sont les raisons de convenance ou d'économie qui ont dicté ce choix.

Ne demandez pas au petit castel abbatial, briqueté à la façon riante de la place Royale, tigré autour des croisées de ses trois étages par le moellon rougeâtre si cher aux temps d'Henri IV et de Louis XIII, ne demandez pas un vestibule spacieux, orné de colonnes, comme celui de Vaux. Il n'y a qu'un pas du seuil de la porte à la première marche de l'escalier intérieur, et cet escalier n'est ni froissé et contourné en coquille, à la manière du quinzième siècle, ni enrichi de revêtements de marbre. C'est un escalier très lourd, fait de larges et courtes marches, au bord desquelles s'élève une rampe grossière, en bois peint en gris. A chaque étage, le palier se déploie en deux ailes, dont il n'est pas difficile d'inventorier les distributions; car on ne connaissait guère autrefois l'art de subdiviser un appartement en une foule de pièces inconnues les unes aux autres, et réunies par des couloirs circulaires. Trois ou quatre pièces, donnant l'une dans l'autre, composent le travail architectural de chaque étage. Au plafond, des poutres de châtaignier en saillie; et pour croisées, de hautes meurtrières garnies de petits carreaux soudés avec du plomb. Des cheminées fuyant sous des manteaux de toute hauteur achèvent d'imprimer aux appartements des anciens châteaux, et particulièrement à celui du Jard, cette couleur de naïveté qui en fait le charme un peu triste. Trait caractéristique d'un âge encore grossier, des solives énormes, perpendiculairement posées, prêtent leur appui aux plafonds, trop longs ou trop pesants pour se soutenir d'eux-mêmes. L'opulence seigneuriale les dorait avec goût d'emblèmes mythologiques; mais depuis que le temps et les mutilations ont enlevé cette parure, chaque pièce, ainsi hérissée de bâtons nus, ressemble à nos entreponts de vaisseaux.

On se figure sans peine l'ennui qu'aurait eu à vivre toute l'année dans cet amas de chambres froides et sans agrément le voluptueux abbé de Voisenon. Aussi habita-t-il peu le château du Jard dans sa jeunesse : il n'y séjourna avec assiduité que lorsque l'âge lui eut fait une nécessité de vivre loin des échauffants petits soupers de Paris et de respirer l'air gras de la Brie.

Il n'était pas le moins du monde l'homme des jouissances rurales, quoique sa seigneurie fût une des plus riches de France par les dîmes nombreuses qu'elle touchait : on lui en apportait de plus de vingt lieues à la ronde. Bestiaux, volailles, laitages, légumes, fruits, bois, poissons, gibiers, abondaient chez lui sans qu'il détachât un liard de ses revenus. Outre les dîmes, il pouvait imposer la corvée quand il avait besoin de remuer ses champs, couper son bois, faire ses vendanges et ses moissons. Heureuse opulence qu'il avait trouvée toute faite en naissant.

Ainsi est racontée l'origine du château du Jard. Un jour d'été que Louis le Jeune, marié depuis peu en troisièmes noces avec la belle Alix de Champagne, se promenait à travers les champs dans les environs de Melun, il fut émerveillé, ainsi que la reine, de la richesse du paysage. Leur désir fut aussitôt d'avoir une habitation dans un endroit si beau, si fleuri, si tranquille et si rapproché de Melun, où était l'abbaye du Mont-Saint-Pierre, résidence aimée du roi.

Les maçons accoururent, et la maison royale du Jard fut entièrement construite quelques années après. Ce vœu étant réalisé, les royaux époux en formèrent bientôt un autre, parfois plus difficile à être exaucé, celui d'avoir un enfant ; car le roi se faisait vieux, et il ne voulait pas mourir sans un héritier de son sang. Courbé sous le poids de cette pensée ambitieuse, il s'achemina à pas de pèlerin vers le saint monastère de Cîteaux, célèbre à tous les titres, mais peu renommé jusqu'alors dans l'art aventureux de procurer à volonté des héritiers aux vieux rois de France. D'abord, les religieux se récusèrent, renvoyant à Dieu la faculté de faire naître des héritiers tardifs.

Cependant le roi pria, pleura tant, que les moines crurent

de leur devoir de promettre un fils à Louis le Jeune, qui se réjouit dans le fond de son âme, remercia comme un roi généreux remercie des moines, et rentra plein d'espérances nouvelles dans son château du Jard. La même année (1165), la belle Alix lui donna un fils qui fut Philippe, du surnom de Dieudonné, le même à qui de hauts faits d'armes valurent plus tard le titre non moins légitime d'Auguste. Ainsi Philippe-Auguste est né au Jard.

Quand le roi fut mort, Alix ralentit ses visites au château ; et, en 1199, elle résolut enfin de ne jamais plus revoir un séjour où elle n'avait qu'à répandre des pleurs au souvenir de son mari. En recevant ses adieux, les moines lui exposèrent humblement qu'ils seraient bientôt obligés de l'imiter, si la Providence ne leur assurait un logement plus convenable que celui qu'ils occupaient. Touchée de leurs représentations, Alix leur offrit son château du Jard, que, cinq ans après seulement (1204), Innocent III érigeait en abbaye. Le palais se transforma en cloître, et sans coûter de fortes dépenses aux moines, si l'on songe à l'uniformité des constructions au treizième siècle. A l'abbaye ils ajoutèrent une église, qui fut terminée en 1287, et détruite en 93. Il ne reste de cet édifice, classé comme un souvenir somptueux dans la mémoire des plus vieux habitants de Voisenon, qu'une statue de saint Jean, oubliée au milieu du potager du propriétaire actuel.

Trois siècles de libéralités royales et de dons émanés de la générosité pieuse des vicomtes de Melun élevèrent très haut le trésor de l'abbaye et de l'église du Jard (1).

(1) De son côté, l'église fut reconnaissante envers les vicomtes de Melun : elle gardait les tombeaux de Louis Ier, mort sous le règne de Louis le Jeune ; de Guillaume, mort en 1221 ; de Jean II que Louis X appelait notre cousin, et qui fit les fonctions de Chambellan sous Philippe le Long, Charles le Bel et Philippe de Valois, sous le règne duquel il mourut, en 1347. Elle avait aussi les restes d'Adam de Melun, chambellan des rois Jean et Charles IV, mort en 1362 ; de Jean III, fait prisonnier avec le roi Jean à la bataille de Poitiers, et de Guillaume IV, tué à la bataille d'Azincourt, et ceux d'autres membres de cette illustre famille, dont la branche aînée s'est éteinte en 1759. La branche cadette se perpétue.

C'est à l'archevêque de Sens que les abbés du Jard juraient solennellement obéissance dans l'abbaye de Saint-Pierre de Melun. Quelques-uns méritent d'être cités, entre autres Pierre de Corbeil, archevêque de Sens, et Philibert Rabou, l'un des ancêtres de Gabrielle d'Estrées par les femmes. Le prédécesseur de l'abbé de Voisenon fut Chaumont de la Galaisière; et lui, Claude-Henri Fusée de Voisenon, qui fut le dernier des abbés du Jard, fut nommé en avril 1742.

Il est à remarquer ici que le Jard, ce lieu autrefois consacré par une abbaye royale et deux églises, n'a pas même aujourd'hui un curé pour dire la messe. Voisenon n'est desservi par personne.

Nous avons dit que l'abbaye du Jard, où l'abbé de Voisenon était censé remplir les fonctions de chef de la communauté, n'avait pas été entièrement sacrifiée aux nécessités d'une nouvelle destination. Une aile reste encore : c'est une longue construction d'un seul étage, éclairée par quatorze croisées, nombre égal à celui des croisées des salles basses. Tout cela n'est plus qu'un tombeau, et ce qu'il y a de plus triste au monde, un tombeau vide. Les pyramides d'Égypte ne sont pas plus éloignées de nous, comme antiquité, qu'un monastère sans le bruit perpétuel des cloches sur les toits, sans la chapelle dont les vitraux rougissent, flambent et bleuissent au soleil, couleuvres, flammes, roses et ruisseaux de pourpre; sans vassaux apportant dans la cour, et de bien loin, les fruits, les gerbes, les poissons dans la nasse et les outres de vin. Il y a, dans le couvent du Jard, beaucoup d'écho, beaucoup d'humidité, beaucoup de silence et quelque chose de plus douloureux encore, une salle à manger au plain-pied, celle du propriétaire, sans doute.

Claude-Henri Fusée de Voisenon était abbé du Jard et ministre plénipotentiaire du prince-évêque de Spire. Son titre nobiliaire domanial lui venait de la terre de Voisenon, où il naquit le 8 juin 1708. On a trop insisté peut-être sur la débilité de la constitution qu'il apporta en naissant, et qu'il tenait, dit-on, de sa mère, femme excessivement délicate. On ajoute qu'une nourrice malsaine, aggravant la faiblesse héréditaire de l'enfant, mit dans son sang les germes de l'asthme dont il eut à souffrir toute sa vie, et dont il mourut. Ces faits acceptés,

une mère maladive, une mauvaise nourrice, un asthme, de
continuels crachements de sang, il n'en serait prouvé que plus
étroitement qu'on peut vivre encore jusqu'à soixante-huit ans,
malgré ces graves désavantages. Que d'hommes bien constitués
se contenteraient d'atteindre à cet âge! Et si l'abbé de Voisenon ne dépassa pas les bornes d'une vieillesse déjà fort raisonnable, il ne faut pas oublier qu'il se joua continuellement
de sa santé avec l'imprudence d'un homme vigoureux; man-
geant sans mesure, présidant tous les petits soupers, sans
doute appelés ainsi par antiphrase; courant la nuit de salon
en salon; ne se couchant qu'au matin, en digne élève de l'Hercule de la débauche, de Richelieu, son maître et son bourreau.

Effrayé de son rachitisme, son père n'osa pas confier son
éducation aux établissements spéciaux; il le fit élever sous ses
yeux avec la patience d'un père et la sollicitude d'un médecin.
Cinq années de soins suffirent au développement de son intelligence vive, claire, merveilleusement propre à recevoir et à
garder les leçons de science et de goût de ses professeurs. A
onze ans, il adressa une épître à Voltaire, qui lui répondit :
« Vous aimez les vers; je vous le prédis, vous en ferez de
charmants. Soyez mon élève, et venez me voir. » Si Voisenon
justifia la prédiction, il n'alla guère au-delà du sens favorable
qu'elle renfermait. Verbeux, incorrects, pauvres de formes,
pâles et minces comme de l'encre de Chine mal délayée, ses vers
ont quelquefois de l'esprit, parce que tout le monde en avait au
dix-huitième siècle; mais à les classer avec indulgence, et s'en
occuper, c'est en avoir beaucoup, ils méritent d'être considérés
comme de la limonade faite avec des citrons dont Voltaire aurait exprimé tout le jus.

A beaucoup d'égards, la prose du dix-huitième siècle n'étant
pas un art, mais une ressource ménagée aux esprits repoussés de la poésie, elle se prêta mieux aux fantaisies paresseuses
de l'abbé de Voisenon. Ses facéties, ses historiettes, ses nouvelles orientales, réunies plus tard, du moins en grande partie,
aux œuvres du comte de Caylus et en compagnie des contes li-
bertins de Duclos et de Crébillon fils, prouvent encore la facilité qu'il avait à ressembler à Voltaire, et à s'en tenir immensément éloigné. La plupart trop libres, trop indécentes, pour se

montrer à côté des quelques morceaux, à grand'peine sérieux, qui forment ce qu'on appelle ses œuvres, elles figurent dans l'ouvrage que nous venons de citer, sous le titre de *Recueil de ces messieurs, Aventures des bals des bois, Etrennes de la Saint-Jean, les Ecosseuses, les OEufs de Pâques.* On sait par les mémoires du temps qu'une société de gens de lettres, formée par mademoiselle Quinaut du Frène, et composée de quatorze personnes choisies par elle, s'était proposé la haute et difficile mission de bien souper, d'avoir beaucoup d'esprit et beaucoup de gaîté. A la fin du semestre ou de l'année, on imprimait, en manière de cotisations collectives, l'esprit des convives, et, je suppose, un peu aux dépens de leur gaîté. Privés de la joie des lumières, du pétillement des yeux, du cliquetis des verres et du bien-être si indulgent du dessert, ces libertinages de table ne sont que grossiers à un siècle de distance. Les lectures et par conséquent les dîners avaient lieu, tantôt chez mademoiselle Quinaut, tantôt chez le comte de Caylus.

Le motif qui fit renoncer Voisenon au métier des armes, pour lequel il avait d'abord déclaré son penchant, malgré l'avis de son père décidé à le vouer aux ordres, mérite d'être rappelé au souvenir de ceux qui aiment à s'expliquer l'origine de la conduite des hommes de quelque valeur. Une expression inconvenante l'expose à souscrire à la réparation que lui demande un officier. Il se bat avec lui et le blesse. La désolante idée d'avoir été sur le point de tuer un homme offensé par lui trouble, change le cours de ses projets d'avenir : il ne veut plus être militaire ; il court s'enfermer dans un séminaire, d'où il écrit à son père sa ferme résolution d'entrer dans la carrière ecclésiastique. Ce fut l'évêque de Boulogne qui l'ordonna prêtre et qui le choisit pour son grand vicaire : fausse vocation par laquelle la France perdit peut-être un excellent officier, sans acquérir un bon ministre de la religion. On l'a loué avec raison et justice de deux faits extrêmement honorables. Un auteur avait écrit, dans un libelle, des injures contre sa personne, et parlé avec une profonde moquerie du style épigrammatique de ses sermons. D'un signe, l'abbé de Voisenon pouvait le faire enfermer dans une prison d'Etat pour vingt ans. Il court chez les juges, car l'homme était déjà arrêté ; il obtient sa grâce et sa liberté. Quand celui-ci veut le remercier, Voisenon l'interrompt pour lui dire : « Vous ne me devez aucun remerciment ; c'est à moi à vous en faire de m'avoir averti que les vérités de l'Evangile exigent de ceux qui les annoncent un style plus simple, un ton plus noble et plus grave ; je n'aurais pas dû l'oublier, et je vous promets de faire usage de vos conseils. » Il n'écrivit plus de mandements.

Quelques années plus tard, il apprend que les habitants de Boulogne ont demandé pour lui au ministre la chaire de l'évêque Henriot, auprès duquel il était vicaire. Il court en poste à Versailles, et dit au cardinal Fleury : « Et comment veulent-ils que je les conduise, lorsque j'ai tant de peine à me conduire moi-même ? » Touché du bon sens exquis de ses répugnances, le ministre Fleury lui donna l'abbaye royale du Jard, gouvernement facile dont le siége était dans son château même de Voisenon.

Dès qu'il fut réellement une sommité ecclésiastique, il ne songea plus qu'au théâtre. Le nouvel abbé du Jard écrivit, d'après le vœu de mademoiselle Quinaut, *la Coquette fixée, le Réveil de Thalie, les Mariages assortis, la Jeune Grecque*, comédies de salon que le théâtre n'a pas gardées et que la littérature ne sait où placer aujourd'hui, tant elles sont loin d'offrir une seule qualité recommandable. Le seul genre où l'abbé de Voisenon se serait peut-être distingué, c'eût été l'opéra, s'il eût été secondé par un musicien intelligent. Dans son talent baladin, il y avait le mouvement et la verve dégingandée des abbés italiens. Pourtant l'abbé de Voisenon a joui pendant sa vie d'une grande célébrité. Dans l'impossibilité de la justifier par ses œuvres, nous la faisons découler de son caractère aimable, de sa conversation épigrammatique, beaucoup de sa position dans le monde. En fallait-il davantage autrefois, quand le succès s'établissait non par la publicité des journaux, mais au courant de la parole, et sur un mot vite su, longtemps répété ? On aurait tort de protester contre ce genre d'illustration. chaque époque a les siens : on est grand homme à présent par les journaux, on l'était autrefois par les salons. En général, on écrit mieux maintenant ; mais où est l'écrivain de nos jours capable de créer et de soutenir un sujet de conversation au milieu de cent personnes distinguées ? Les laquais de M. de Bouffiers étaient probablement mieux à leur place dans un salon que ne le seraient les plus fiers écrivains de notre époque.

Ceux qui ont attribué les pièces de Favart à l'abbé de Voisenon, ou qui lui ont fait une large part de collaboration, n'ont lu avec attention ni l'un ni l'autre de ces deux auteurs. Favart était un esprit réfléchi, pénétré des nécessités de son art d'écrivain dramatique, et le possédant à un degré qui n'a été surpassé que par M. Scribe. Entre Favart et l'abbé de Voisenon, il y a la différence qu'il importe de reconnaître entre un bon mot et un bon ouvrage. Du reste, l'abbé de Voisenon ne prétendit jamais au succès de son ami Favart; il repoussa toujours, au contraire, des éloges que la jalousie lui envoyait. Une seule fois, et il ne s'agissait pas de Favart, il se permit de dire à la représentation du *Cercle*, comédie de Poinsinet : « Ah ! le fripon, il a écouté aux portes. » Raillerie fine, et sentant son véritable gentilhomme.

L'abbé de Voisenon et madame Favart sont deux personnages si habitués à se trouver ensemble, dans les mémoires contemporains, que parler de l'un sans s'arrêter un instant à l'autre, c'est presque mentir à l'histoire.

Le dix-huitième siècle eut une illustration charmante dans cette spirituelle et gracieuse madame Favart, amie fidèle de l'abbé de Voisenon, qui fut son confident, son guide dans quelques compositions littéraires, et mieux que cela, à en croire les mémoires du temps, impitoyables mémoires dont le jour est venu de se méfier un peu. S'il n'est pas commandé d'avoir une foi aveugle dans la vertu des hommes et des femmes immolés dans ces petits papiers impudents, il n'est pas de rigueur non plus de ne jamais mettre en doute la véracité des Bachaumont ou des Pidansat de Mairobert, des Grimm et autres fines commères de l'époque. Quoi qu'il en soit, le mari de madame Favart était le fils d'un pâtissier, dont la boutique fort en vogue avoisinait le collége d'Harcourt : un homme de lettres fils d'un pâtissier était un phénomène à étonner les biographes d'autrefois.

Après avoir fait d'excellentes études, avantage qu'on a un peu trop déprécié depuis, à ce même collége d'Harcourt dont son père était le fournisseur d'échaudés, Charles-Simon Favart, sans tourner le dos au four honorable de la famille, s'essaya

dans les lettres par un genre d'ouvrage dramatique excessivement neuf, qui fut plus tard, et presque tel qu'il fut créé,
l'opéra comique. Son meilleur début fut *la Chercheuse d'esp, it*,
chef-d'œuvre pour le temps, et dont le souvenir ne s'est pas
affaibli dans la mémoire de la génération qui a suivi. Nous ne
dédaignerions pas de nous arrêter sur le mérite particulier des
productions de cet écrivain, le premier en tête des auteurs
d'opéras comiques, si nous pouvions nous éloigner de l'épisode
de sa vie que marqua un malheur dont son adorable femme fut
l'occasion, et le maréchal de Saxe la cause infâme. Ce n'est
pas franchir les lignes du sujet que de parler de cet événement;
car la famille de Favart fut celle de l'abbé de Voisenon, qui
appelait, avec toute la sensibilité de l'amitié, et celle-là, il la possédait, Favart son neveu, et madame Favart sa nièce Pardine,
petit nom de tendresse tiré d'une interjection familière à madame Favart.

En 1727 était née à Avignon, à quelques lieues du berceau
de la Laure de Pétrarque, d'un père musicien et d'une mère
cantatrice, Benoîte-Justine de Roncerey, intelligence franche,
de son siècle par sa pétulante légèreté, et de tous les siècles
honnêtes par sa fidélité réfléchie aux devoirs de la famille et de
l'épouse. A cause de son nom d'origine noble, on l'appela du
surnom de Chantilly.

De main en main, la petite Chantilly, fêtée partout, traversa
l'Allemagne, alors plus qu'aujourd'hui encore passionnée
pour la musique, pour les livres, pour les opéras français.
Quand mademoiselle de Roncerey, ou plutôt la petite fée du
nom de Chantilly, eut tari tous les baisers des souverains du
Nord, et particulièrement les caresses des ducs de Lorraine,
son étoile, une étoile étincelante et à facettes, comme son joli
génie, la conduisit à Paris, et jusqu'à la porte de l'Opéra-Comique. Peu de temps après ses débuts, Favart, qui écrivait
pour l'Opéra-Comique, devint passionnément amoureux d'elle.
On n'a pas d'idée des précautions délicates dont il s'entoure
pour adresser l'expression de son amour à mademoiselle Chantilly, une simple et obscure actrice sous le règne de Louis XV,
époque où l'on ne choisissait guère ces tournures de phrases
en cultivant une tendresse de coulisses. Ses premières lettres

d'amour, que nous avons lues avec autant de charmes au moins que celles de Rousseau à son idéale Héloïse, sont des modèles de simplicité et de candeur. Enfin il épousa mademoiselle de Chantilly, qui prend pour ne plus le quitter le nom de madame Favart. On ne sait point si les philosophes rirent beaucoup de ce mariage. Ce qu'on sait, c'est que M. de Roncerey, qui ne crut pas avoir donné son consentement paternel, trouva fort mauvais plus tard, lui, homme de race, et par occasion musicien ambulant, d'avoir pour gendre le fils d'un pâtissier de la rue de la Harpe; seulement il s'aperçut de cette tache de farine à son écusson, dans une circonstance où il fut soupçonné d'avoir moins songé à la dignité de son nom qu'aux intérêts privés et fort privés du maréchal de Saxe.

Il est temps de dire que le héros de Fontenoy, qui n'était en amour ni timide comme Turenne, ni continent comme Bayard, n'avait pu voir sans envie l'actrice dont Paris raffolait, Rien ne pouvait résister à un désir de ce grand vainqueur : il prenait des villes, des provinces, battait les plus grands généraux étrangers, allait à la cour en bottes ; il eût été plaisant, ma foi, que la Favart lui eût coûté plus de souci qu'une province.

Pour la rareté du fait, le maréchal voulut se persuader qu'on lui résisterait. Au lieu de commander l'assaut tout de suite, il traça, sans doute pour s'amuser, des circonvallations fort étendues auprès de la gentille chanteuse de l'Opéra-Comique; car elle jouait et chantait les opéras de son mari, de Sedaine et d'autres, et elle ne dansait presque plus.

Voici l'historique des préparatifs militaires que fit Maurice de Saxe pour s'emparer du cœur de madame Favart.

Depuis le cardinal de Richelieu, les grandes expéditions militaires traînaient toujours à leur suite, et traîner est le mot propre, des bandes de comédiens chargés d'amuser la maison du roi et celle de Monsieur : déplorables campagnes pour les pauvres comédiens, et que Scarron et Le Sage ont omis d'écrire avec leur excellente plume !

Cependant, sous le maréchal de Saxe, on commençait à avoir pour eux un peu plus de considération : on les traitait déjà comme des chevaux. Touché, ainsi qu'il a été dit, des grâces et du talent de madame Favart, le héros comprit qu'il fallait trancher

du magnifique envers 1 mari dont il convoitait la femme. Li-
sons la première lettre qu'il lui écrivit du quartier général :

« Sur le rapport que l'on m'a fait de vous, monsieur, je vous
ai choisi de préférence pour vous donner le privilége exclusif
de ma comédie. Ne croyez pas que je la regarde comme un
simple objet d'amusement; elle entre dans mes vues politiques
et dans le plan de mes opérations militaires. Je vous instruirai
de ce que vous aurez à faire à cet égard lorsqu'il en sera besoin.
Je compte sur votre discrétion et sur votre exactitude.

« M. DE SAXE. »

Qu'on se figure le juste orgueil dont fut pénétré le bon Favart
en recevant une lettre du maréchal de Saxe, où on le faisait
entrer, lui, auteur de pièces de la foire, dans des *vues politiques* et un *plan d'opérations militaires !* De plus fortes têtes
auraient vacillé. On devine sa réponse. Il ne répondit pas, il
partit pour l'armée. Il se rendit à Bruxelles, plein de la haute
mission dont l'illustre maréchal allait le charger.

Arrivé au camp, il écrivit à sa mère les lignes suivantes,
un peu moins pompeuses que ses premières espérances ; on y
voit ce qu'en parlant à Favart le maréchal entendait par vues
politiques et opérations militaires.

« J'étais obligé de suivre l'armée et d'établir mon spectacle
au quartier général. Le comte de Saxe, qui connaissait le caractère de notre nation, savait qu'un couplet de chanson, une
plaisanterie, faisaient plus d'effet sur l'âme ardente du Français que les plus belles harangues. »

Quand le maréchal se fut assuré le mari et le comédien, il
put faire comprendre à Favart, sans se laisser deviner, qu'une
troupe comique comme la sienne, la première à la suite du
premier corps d'armée du monde, serait trop fière de pos-
séder la merveille de Paris, la charmante madame Favart. Et
Favart d'écrire aussitôt à sa femme :

« Ma chère petite femme, j'arrive de l'armée, où j'ai obtenu
de M. le maréchal la direction de sa troupe, conjointement avec
M. Parmentier, malgré une foule d'envieux. Il ne me manque que
la présence de Justine; dans tous les objets qui ont droit de
plaire, je ne verrai jamais que mademoiselle de Chantilly. »

Quelques jours après, Justine de Chantilly, madame Favart, rompait son engagement avec l'Opéra-Comique, montait en voiture, et descendait à Gand dans les bras de son mari. Jusqu'ici, on le voit, le maréchal avait parfaitement réussi : il avait réuni la femme au mari, et il les tenait tous deux dans les limites de son camp. Et le bon Favart se croyait le plus heureux des hommes : directeur de la troupe de M. le maréchal de Saxe! poète des vainqueurs! aimé d'une jolie femme de vingt ans!

Ce n'est pas au moment où madame Favart était près de lui que le maréchal se serait montré moins généreux envers le mari, son directeur si habile. Il ne mit pas de termes à sa munificence. Favart n'en revenait pas ; il disait à sa mère dans une lettre :

« Je suis à Louvain depuis huit jours, où je ne fais rien à présent. Toute l'armée est en mouvement, et marche du côté de Tongres pour s'opposer aux ennemis. Notre maréchal sait trop bien son métier pour laisser le succès douteux. En partant *il m'a envoyé deux très beaux chevaux pour mettre à mon carrosse.* »

Voilà donc Favart en carrosse et madame Favart aussi.

Il continue :

« M. le maréchal me donne tous les jours des nouvelles marques de sa bonté. Il vient encore de m'envoyer un lit de camp de satin rayé, et de la couleur de celui qui tapisse ma chambre à Paris : c'est la plus jolie chose du monde. »

On remarquera sans peine, à propos de ce nouveau cadeau du maréchal, que la couleur de la chambre de Favart était présumablement la couleur de la chambre de sa femme. Applaudi, fêté, comblé de présents, de chevaux et de tapisseries, il écrivait encore à sa mère, dans l'excès d'une reconnaissance trop grande pour ne pas être expansive :

« Ma chère mère,

« Je n'ai pas un quart d'heure pour me livrer au sommeil ; cependant je me porte bien, et je ne dois rien appréhender. M. le maréchal m'encourage : il m'a envoyé à Lière vingt-cinq bouteilles de son vin, marchandise fort rare en ce pays, à cause du séjour des troupes. »

Et quand le vin aurait été encore plus rare, et quand il n'y aurait eu qu'une seule bouteille de vin dans le pays, Favart pouvait-il manquer de l'avoir, lui l'ami du maréchal, lui le mari de madame Favart?

Le maréchal, d'ailleurs, ne se croit pas encore quitte avec Favart, qui lui est si utile dans ses plans militaires ; ce serait de l'ingratitude. Le maréchal n'a été que juste envers lui : il tient à se montrer injuste pour les autres. Il est probable que ce fut une injustice indirectement commise au profit de Favart, que l'acte dont il se réjouit dans la même lettre à sa mère.

« Je suis maintenant maître absolu de toute la direction ; tous mes intérêts sont arrangés ; il ne reste plus qu'à calculer pour mon profit. Si chaque mois de l'année me produit autant que le dernier et le commencement de celui-ci, je retournerai à Paris avec cinquante mille francs de bénéfices. »

Enfin, ajoute Favart :

« J'ai encore pour ressource la bourse de M. le maréchal, qui m'a engagé d'y puiser toutes les fois que mes besoins le commanderaient. »

Toutes ces choses ayant eu lieu, politesses, confidences, cadeaux, prêts d'argent, voici ce que le maréchal de Saxe écrivait à madame Favart :

« Mademoiselle de Chantilly, je prends congé de vous. Vous êtes une enchanteresse plus dangereuse que feu madame Armide. Tantôt en Pierrot, tantôt travestie en Amour, et puis en simple bergère, vous faites si bien que vous nous enchantez tous. Je me suis vu au moment de succomber aussi, moi dont l'art funeste effraie l'univers. Quel triomphe pour vous, si vous aviez pu me soumettre à vos lois ! Je vous rends grâce de n'avoir pas usé de tous vos avantages ; vous ne l'entendez pas mal pour une jeune sorcière, avec votre houlette qui n'est autre que la baguette dont fut frappé ce pauvre prince des Français, que Renaud l'on nommait, je pense. Déjà je me suis vu entouré de fleurs et de fleurettes, équipage funeste pour tous les favoris de Mars. J'en frémis; et qu'aurait dit le roi de France et de Navarre, si, au lieu du flambeau de sa vengeance, il m'avait trouvé une guirlande à la main? Malgré le danger auquel vous m'avez exposé, je ne puis que vous savoir gré de mon erreur, elle est charmante; mais ce n'est qu'en fuyant que l'on peut éviter un péril si grand.

« Pardonnez, mademoiselle, à un reste d'ivresse cette prose rimée que vos talents m'inspirent; la liqueur dont je suis abreuvé dure souvent, dit-on, plus longtemps qu'on ne pense.

« M. DE SAXE. »

Tel fut, répétons-nous, le premier résultat des présents faits à Favart : carrosse, chevaux, tentes, direction de théâtre, bouteilles de vin et argent prêté.

Effrayée avec raison de cette charge de grosse prose, qui fondait sur elle, sabre nu, mèche allumée, madame Favart s'échappa du camp du maréchal pour se réfugier à Bruxelles, sous la protection de madame la duchesse de Chevreuse. Maurice de Saxe, en apprenant cette fuite, se mit dans une colère épouvantable. Son indignation tomba sur le mari, qui, ne commençant pas encore à voir clair dans les galanteries du maréchal, écrivait à sa femme avec sa tendresse ordinaire :

« Mon cher petit bouffe! ta santé m'inquiète beaucoup. Envoie-moi le certificat du chirurgien pour le faire voir à M. le maréchal. On doit écrire à M. de la Grolet pour savoir si tu es en état de partir pour l'armée; on m'a même menacé de te faire venir de force par des grenadiers, et de me punir si j'en imposais sur ta maladie. Nous sommes ici fort mal; je ne suis pas encore logé, et j'ai couché sur la paille, à la belle étoile, depuis que je t'ai quittée. Quoique ta présence soit ici nécessaire pour le bien du spectacle, quoique je brûle d'impatience de te revoir, ta santé doit être préférée à tout. »

Ainsi, comme on le voit par cette lettre, le maréchal de Saxe songeait à s'emparer du cœur de madame Favart à l'aide de ses grenadiers. Il ne croyait pas à la maladie qui lui avait fait inopinément abandonner le camp; personne n'y croyait d'ailleurs, excepté Favart, si aveugle, si crédule, si confiant dans l'amitié de son héroïque ami, le maréchal, qu'il ne devinait pas la cause pour laquelle lui, si fêté d'abord, couchait maintenant sur la paille, à la belle étoile. Sur la paille! lui, Favart, logé hier sous une tente rayée, promené en carrosse, buvant du meilleur vin du maréchal!

Cependant, malgré les menaces du maréchal et de son corps d'armée, madame Favart ne retourna pas au camp, mais à Paris, afin d'être plus loin encore des terribles tendresses de son persécuteur. Qu'allait devenir son mari? Triste retour de fortune! condamné à payer 26,000 francs qu'il ne devait pas aux propriétaires de la salle exploitée par sa troupe, il est obligé de quitter le Brabant, et par conséquent de laisser son théâtre dans une complète anarchie. A qui s'adressera-t-il pour obtenir justice? à qui? Mais au maréchal, se dit Favart; n'est-il pas mon ami, mon admirateur? Après avoir remis le Brabant aux troupes de Marie-Thérèse, le maréchal était allé à Paris, où l'on célébrait sa valeur sur tous les théâtres, dans des couplets chantés sous les balustres d'or de sa loge, en présence même du roi. A Paris, Favart obtint à peine quelques avares protections, dont il ne tira aucun avantage. Son théâtre était perdu pour lui. Quant au maréchal, il laissa Favart dans la position où il était, et où indubitablement il avait lui-même contribué à le mettre. Enfin, ruiné, tombé plus bas qu'au temps où il pétrissait des échaudés d'une main et où il écrivait des couplets de l'autre, une lettre de cachet le força à sortir de Paris. Strasbourg fut son refuge, un avocat son hôte généreux. Ce n'était encore là que la moitié des misères de Favart.

Ne laissait-il pas sa femme à Paris, à la merci de celui dont la main avait signé sa lettre d'exil? sa femme, obligée de se montrer en public tous les soirs et de rentrer à minuit chez elle, n'ayant, au milieu des rues désertes, pour protection que celle d'une servante, et dans un temps où l'on enlevait en pleine impunité, surtout quand il s'agissait d'une actrice et d'une actrice de la Comédie-Italienne? Cependant Favart n'était pas encore découvert: et sa femme opposait une prudence à toute épreuve aux conspirations sourdes dont elle était l'objet. Ils s'aimaient plus que jamais dans leur malheur commun : héroïque fidélité au dix-huitième siècle! Toujours présents l'un à l'autre, ils s'entendaient pour regarder la même étoile à la même heure; ils s'envoyaient des fleurs qu'ils avaient portées; et, à la fête de sa bonne Justine, Favart lui écrivait, au risque d'éveiller la police de Strasbourg rôdant autour de sa retraite:

« Je te souhaite une bonne fête, ma chère Justine; sois heureuse autant que je me trouve malheureux d'être séparé de toi, et rien n'égalera ma félicité. Reçois cette fleur fanée, arrachée de sa tige : c'est le symbole d'un cœur flétri par une absence rigoureuse. Adieu! que tous les jours soient des jours de fête; mais, au milieu des plaisirs, songe que, si tu es formée pour exciter l'amour, tu es née pour mériter l'estime. »

Il y a sans doute, dans cette dernière phrase, une teinte de la sensibilité raisonneuse et antithétique créée par Diderot dans les lettres, et par Greuze dans la peinture; mais n'est-il pas touchant néanmoins de voir une Héloïse et un Abailard à cette époque de démoralisation universelle? Voici ce que madame Favart répondait à son mari : c'est à s'agenouiller devant tant d'honnêteté sans orgueil et sans paroles vaines. Grand Dieu! qu'une femme en écrirait long aujourd'hui, si elle rendait le même service à l'honneur de son mari!

1749, Paris, Ier septembre.

« Le maréchal est toujours furieux contre moi; mais cela m'est égal. Si tu veux, j'enverrai mon début à tous les diables, et je pars sur-le-champ pour t'aller retrouver. Il y a toujours un monde prodigieux quand je parais. Je viens de jouer la danseuse dans *Je ne sais quoi*, et Fanchon dans *le Triomphe de l'Intérêt*. Le duo que j'ai chanté avec Rochard est aussi de ta façon; il suffit qu'il vienne de toi pour que je le rende bien.

« On me menace qu'on va me faire beaucoup de mal; mais je m'en moque, j'irai de grand cœur demander l'aumône avec toi. Je suis pour jamais ta femme et ton amie,

« JUSTINE FAVART. »

C'est avec ce style que Laclos et Louvet de Couvray écrivirent des romans qui sont restés.

Justine Favart ne se borne pas à ces vives démonstrations d'une amitié tout d'une venue; elle obtient de ne pas suivre la Comédie à Fontainebleau, où résidait la cour, et elle part pour Lunéville, où était son véritable roi, où Favart devait se trouver. Mais, à peine descendue dans cette ville, deux employés à la police tombent chez elle, l'arrêtent, et, sous prétexte de la conduire à Fontainebleau, ils la mènent au couvent des Andelys.

Noble conduite du maréchal de Saxe! le mari en exil, la femme au couvent.

L'acte est si odieux, que madame Favart ne pense pas à l'attribuer tout entier au maréchal, quoiqu'elle dise dans la première lettre datée de sa réclusion : « Je ne sais où l'on me mène; mais les plus grands supplices ne me feront jamais manquer à la vertu. »

Quatre jours après, elle apprend que c'est son père qui l'a fait enfermer, à cause de la prétendue illégalité de son mariage avec Favart. L'honnête M. Duroncerey n'admet pas que sa fille ait épousé un homme de rien qui fait des pièces, lui qui faisait de la musique pour vivre!

« J'ai vu la lettre de cachet; c'est mon père qui m'a fait mettre ici. Ne perdez pas un instant; envoyez tous nos papiers chez le ministre, M. d'Argenson, et surtout le consentement de mon père, signé de sa main; c'est le curé de Saint-Pierre-aux-Bœufs qui l'a. Je viens d'écrire à M. le maréchal de Saxe ce qui vient de nous arriver. Je suis sûre qu'il voudra bien s'intéresser à ce qui nous regarde, et nous rendre service dans cette occasion. »

Le service était parfaitement rendu, puisque c'était le maréchal de Saxe qui, d'accord avec M. Duroncerey, avait fait cloîtrer madame Favart aux Andelys. L'illégalité du mariage n'était qu'une invention combinée par ces deux honnêtes personnes.

Du couvent des Grands-Andelys, d'où l'on craignait qu'il ne lui fût encore trop facile de faire parvenir ses plaintes, on la transféra au couvent d'Angers, comme prisonnière d'état, elle dont tout le crime était, non pas de s'être mariée avec Favart, prétexte ridicule employé par un père plus ridicule encore, mais d'être du goût d'un maréchal allemand au service de la France. Plus on la tourmentait loin de son mari, dont le sort l'effrayait, et plus on espérait obtenir d'elle une rançon extrème, et qu'il n'est plus besoin de qualifier.

Enfin le véritable auteur de ces basses et cruelles tyrannies, l'Anacréon sabreur, crut qu'il était temps de se démasquer, la plaisanterie ayant été poussée assez loin. Il prit sa plume ou sa cravache, et il écrivit sur ce ton à madame Favart :

Le maréchal de Saxe à mademoiselle de Chantilly.

1749. 21 octobre.

« J'ai reçu, au moment où j'allais partir pour Chambord, la lettre que vous m'avez écrite de Lunéville, ma chère Fémine. Je n'ai point entendu parler de Favart. Vous vous pressez toujours trop. Il doit être bien flatté que vous lui sacrifiiez fortune, agrément, gloire, enfin tout ce qui eût fait le bonheur de votre vie, pour le suivre dans un genre de vie que la seule nécessité fait embrasser. Je souhaite qu'il vous en dédommage, et que vous ne sentiez jamais le sacrifice que vous lui faites. J'ai vu hier au soir M. le maréchal de Richelieu, qui était furieux contre vous, parce que M. Bérier lui avait échauffé les oreilles. Je rabats cependant tous les coups qui portent sur vous. Plus ne vous en dirai sur ce qui me regarde, vous n'avez point voulu faire mon bonheur et le vôtre : peut-être ferez-vous votre malheur et celui de Favart; je ne le souhaite point, mais je le crains. Adieu.

« M. DE SAXE. »

Pour bien comprendre le sens odieux de cette lettre, il faut dire ici que, poursuivi de ville en ville, Favart avait été réduit à se cacher dans une cave, où il peignait des éventails pour vivre ; tâche qui, continuée longtemps sous des voûtes humides et à la lueur fatigante de la lampe, épuisa sa santé et altéra pour toujours sa vue. C'était son meilleur ami, le maréchal, qui lui avait ménagé cette affreuse existence, afin d'abaisser la résistance de sa femme.

Ployant sous tant de persécutions, madame Favart, dit-on, céda enfin avec résignation, pensant que la vie de son mari valait bien un sacrifice qui ne déshonorerait que celui qui l'exigeait et ne savait pas le mériter.

Aussitôt sa captivité s'adoucit : d'Angers elle passe à Tours, de Tours à Issoudun; et, quelques mois après, les deux lettres de cachet dont elle et son mari avaient été frappés sont révoquées. Elle et lui furent admirables dans leur constance à refuser, après leurs malheurs, tous les genres de réparation offerts par le maréchal. Tous les billets de mille et de douze cents livres qu'il leur envoyait étaient déchirés ou jetés au feu ; et pourtant ils avaient à peine de quoi vivre après une longue absence de Paris et du théâtre, qui était leur profession.

Cette conduite était belle ; elle devint noble à la mort du maréchal, arrivée à la suite d'une chute de cheval, le 30 novembre 1750. A cette occasion, le bon Favart écrivait ces lignes : « Je crois qu'il m'est permis de dire sur la mort de cet illustre homme de guerre ce que le père de notre théâtre disait sur le cardinal de Richelieu :

> Qu'on parle bien ou mal du fameux maréchal,
> Ma prose ni mes vers n'en diront jamais rien.
> Il m'a fait trop de bien pour en dire du mal ;
> Il m'a fait trop de mal pour en dire du bien. »

Tout s'éteint ensuite : plus de haines ; tout est dit. Favart et sa délicieuse femme rentrent au théâtre, l'un pour y écrire des petits chefs-d'œuvre, l'autre pour jouer avec le même succès qu'auparavant. Vingt ans s'écoulent dans cette heureuse union, qui, quoique très étroite, admet cependant l'abbé de Voisenon, qui devient de la famille : triple amitié, où la bonté, l'indulgence et l'esprit remplacent les liens du sang.

Tout l'avantage de la comparaison entre le marquis de Brunoy et l'abbé de Voisenon appartient au premier, malgré de plus grandes folies, malgré de colossales extravagances, dont l'antiquité, à qui il est d'usage de tout rapporter, n'offre pas d'exemple. Si le marquis de Brunoy souille, de la base au sommet, le monument de la noblesse auquel il s'appuie, quel scandale plus profond ne cause pas l'abbé de Voisenon, en balayant de sa robe de prêtre les foyers des théâtres, la poussière des salons, les roses effeuillées sur les tapis des boudoirs, et en chantant toutes les Thémires fardées, toutes les Glycères en panier, toutes les Thaïs décolletées, toutes les Iris de son temps ? L'un ne blessait que l'honneur d'une institution humaine, utile peut-être ; l'autre portait violemment atteinte à ce qui est un objet de respect pour tout le monde : il outrageait en face la religion dont il était le prêtre. C'est un prêtre d'un rang illustre, d'un nom remarquable, d'une position au-dessus des petits avantages que pouvait procurer la petite poésie athée en vogue et en crédit, qui rima des contes, des madrigaux et des épîtres si hardies, que les échantillons en sont difficiles à produire.

Et non-seulement ce malheureux abbé péchait pour lui, mais il se damnait pour les autres. Ainsi le grave Duclos s'adresse à lui, afin d'avoir quatre vers bien tournés pour envoyer à une mademoiselle Olympe ; et aussitôt l'abbé prend la plume et intitule ainsi le quatrain demandé : *Vers au nom de Duclos, à mademoiselle Olympe, qui désirait une vierge qui était dans son lit.* Nous ignorons comment mademoiselle Olympe trouva les vers : quant à nous, nous les trouvons trop vifs pour les transcrire. C'est là le service qu'un grave historien obtenait d'un abbé au dix-huitième siècle.

Puis vient un madrigal sur les limbes! oui, sur les limbes! ce sujet de si sévères controverses ; puis *un envoi de M. le duc de Richelieu à madame d'Egmont, sa fille, en lui donnant un autel de l'amour.* Il a rimé pour l'historien, il rime pour un duc. C'est maintenant un peu son tour : *A madame de ***, qui m'apprenait à faire du filet et à qui j'offrais mon premier essai de cet ouvrage.* Et il débute de cette manière :

> Saint Pierre, Vulcain et l'Amour
> Firent des filets tour à tour.
> Ceux de l'Amour, qu'on idolâtre,
> Forment le plus doux des métiers....

Ainsi les filets de saint Pierre n'ont que le dernier rang comparés aux autres filets. Il est à remarquer ici, comme ailleurs, que l'abbé de Voisenon est toujours entraîné à prendre ses images dans le domaine de la théologie. J'ai pensé que le remords était pour beaucoup dans ces réminiscences pieuses, acharnées à le poursuivre. Cela est d'autant plus vraisemblable, qu'il ne se montra jamais ouvertement athée ni dans ses vers, ni dans sa prose, ni même dans sa correspondance avec Voltaire; et l'occasion était pourtant assez belle! Avec le patriarche il se rabat sur la tolérance, thème élastique : il crie un peu contre la persécution ; mais au fond il n'attaque pas les bases de la

relíglon ; non que ceci l'excuse ; car, impiété pour impiété,
mieux vaut celle, s'il y a un choix à faire, qui a pour elle les
luttes et les fatigues du raisonnement que l'impiété infirme qui
se compromet sans réflexion et tombe dans l'abîme, non avec
la dignité du plongeur hardi, mais en deux doubles et les yeux
fermés. Satan est noble, les diablotins sont ridicules. L'abbé
de Voisenon ne fut jamais qu'un diablotin en impiété.

Si l'abbé de Voisenon n'était pas un aigle en fait de bon sens,
que penser de M. de Choiseul, qui voulut le faire nommer ministre de France dans une cour étrangère ? l'abbé de Voisenon ! cet homme que M. de Lauraguais appelait *une poignée
de puces !* Mais, s'il ne fut pas ministre de France, il était
écrit qu'il serait ministre de quelqu'un ; il était trop incapable
de l'être pour que cela n'arrivât pas. Quelques années après le
projet ridicule de M. de Choiseul, le prince-évêque de Spire
le nomma son ministre plénipotentiaire à la cour de France.
Il ne lui manquait plus que d'être académicien : il le fut ; il
succéda à Crébillon, l'auteur d'*Atrée et Thyeste.*

Quand il fut nommé par le prince-évêque de Spire ministre
plénipotentiaire à la cour de France, il reçut les félicitations
du haut clergé, honoré dans sa personne d'une distinction aussi
rare. Toute flatteuse qu'elle fût, cette mission n'arrêta pas cependant son entraînement vers le théâtre : l'eût-on fait pape,
il aurait encore écrit des opéras et des vaudevilles à la face de
la chrétienté scandalisée. Au nombre des nobles ecclésiasiques
qui allèrent le complimenter, il s'en trouva un qui, s'é-
tant présenté plus tard que les autres, et au moment où les
réceptions semblaient épuisées, causa quelque surprise au
château de Voisenon. Descendu à Melun, où il avait été invité
à déjeuner par le chapitre, l'évêque de Meaux, qui n'était plus
Bossuet, résolut, la journée étant belle, le chemin agréable, d'aller
à pied et à travers champs de Melun à Voisenon, pour y apporter ses félicitations au ministre du prince-évêque de Spire.

Tout en écoutant le bruit des cloches du couvent, *qui avait
toujours quelque chose à sonner,* comme disait l'abbé de Voisenon, l'évêque de Meaux parvint, de sentier en sentier tracé
dans la campagne, au château où il n'était pas attendu. On
était en automne : il y avait plus de fruits que de feuilles sur

les arbres. Sous un pommier, l'évêque aperçoit dans un costume fort différent du costume villageois, une jeune fille occupée à manger des fruits avec une avidité peu commune aux gens de la campagne. Son corset était en satin rose, semé de paillettes d'argent. « Qui êtes-vous? lui demanda l'évêque en s'arrêtant près de l'arbre. — Monsieur, je suis un *jeu*; mademoiselle qui est sur l'arbre est aussi un *jeu*; et nous mangeons des pommes, comme vous voyez.

Après avoir regardé dans le pommier l'autre demoiselle qui était aussi un jeu, en corset amarante avec des paillettes d'or, l'évêque, fort entrepris, s'achemina vers le château. A vingt pas plus loin, dans la vigne, il voit luire des reflets rouges comme du feu, et il entend de grands éclats de rire : il s'avance, et il aperçoit d'autres jeunes filles, portant au-dessus du front des touffes écarlates, ayant des ailes et des pantalons de tricot. C'est du sortilége, dirait-on, pensa l'évêque, qui demanda cependant aux verdangeuses qui elles étaient. « Nous sommes une troupe de génies, et voilà deux *plaisirs*, répondirent-elles ; n'avez-vous pas rencontré les *jeux* plus loin. — J'ai rencontré les jeux, répliqua l'évêque plus pressé que jamais d'arriver au château pour avoir l'explication de ces étranges divinités en train de gaspiller la propriété de l'abbé de Voisenon. Que se passe-t-il donc ici? murmurait-il. Je ne me suis pas trompé cependant ! je suis bien dans le château de Voisenon : voilà le château, voilà l'église, voilà l'abbaye. Des bruits nouveaux frappent encore son oreille dans une haie de noisetiers, plantée à très peu de distance du château même. Il écarte quelques rameaux touffus, et il voit une fort belle femme ayant pour ceinture sous son sein à demi nu, deux gros serpents en soie noire. On ne donna pas le temps à l'évêque de s'informer en compagnie de qui il se trouvait. — Si le voyageur veut nous imiter, lui dit la joyeuse et belle femme de la troupe, il n'a qu'à cueillir des noisettes; *la Discorde et sa suite* le lui permettent. — *La Discorde et sa suite*! s'écria l'évêque ; mais je suis donc à Bicêtre, parmi les fous ! Les *jeux* et les *plaisirs*, les *génies* et la *Discorde*!

Il touchait au seuil du château, dont quelques portes avaient été enlevées pour que le salon apparemment eût une plus longue perspective. Au moment où il entra, une femme vêtue d'une longue robe bariolée de figures astrologiques, le front étincelant d'une étoile en papier d'argent, vint à lui en chantant :

Le soleil nous ramène au jour où tous les ans
Le conseil souverain m'appelle :
Evitez de l'Amour les piéges séduisants ;
Souvent sa blessure est cruelle.

— Je ne comprends rien à tout cela, madame ou mademoiselle, dit l'évêque, dont la surprise devenait de l'inquiétude mêlée de honte; ne suis-je pas au château de Voisenon?

— Vous y êtes, monsieur, répondit une autre femme, qui, montrant des bras et des épaules nues sur une draperie blanche, se prit à chanter avec roulades ces paroles presque de circonstance :

Aucun mortel ne peut pénétrer en ces lieux.

— Mais, mademoiselle, expliquez-moi... La demoiselle reprit :

Comment effacer de mon cœur
Les traits de ce mortel si tendre,
Que m'offre un songe trop flatteur ?
Quel charme pourra m'en défendre ?

Quelles paroles pour les oreilles d'un évêque! Il ne savait que devenir, où aller, puisqu'il était au château. Dehors? mais dehors il y avait des *jeux*, des *plaisirs*, des *génies* et des *discordes*. Quand il interrogeait, on lui répondait en chantant. Cependant il dit avec beaucoup de douceur à la même personne :

— Je désirerais être présenté à M. l'abbé de Voisenon; pourrais-je...

L'Amour est un dieu trop léger,
Il s'envole et produit la haine;
Il sait nous cacher le danger.
Je ne veux point porter sa chaîne.

— Qu'il en soit comme vous le voudrez, madame; mais je ne m'en irai pas sans avoir vu M. de Voisenon.

— Vous prenez assez mal votre temps, lui dit enfin en prose la folle chanteuse; ne voyez-vous pas que nous répétons au château *Mirzèle?*

— Qu'est-ce que Mirzèle? Oserai-je vous demander...

— Ah çà! d'où sortez-vous? Tout Paris sait pourtant à cette heure que M. de Voisenon achève sa féerie de *Mirzèle* pour la Comédie-Italienne; et nous la répétons aujourd'hui. Et la preuve, écoutez-moi bien. C'est le morceau de Zéphis.

> Jeune Mirzèle,
> Voulez-vous voir vos jours par le bonheur formés?
> Aimez !
> Zéphis, triste pour vous, Zéphis sera fidèle ;
> Aimez !
> Regardez à vos pieds l'amant que vous charmez.
> Aimez !
> Le plaisir dit, quand on est belle :
> Aimez !

— Vous jouez donc ici la comédie? demanda dans la plus profonde confusion l'évêque de Meaux.

— La comédie, non, mais l'opéra. Vous voyez en nous les artistes de la Comédie-Italienne, qui répètent, comme j'ai eu l'honneur de vous l'apprendre, la dernière féerie de M. de Voi-senon.

— Et moi, pensa l'évêque en descendant les marches du salon pour s'en aller de ces lieux beaucoup trop mondains, qui croyais trouver ici des moines à profusion! Comme il terminait sa triste réflexion, il entendit la voix des moines qui chantaient dans les corridors du couvent. Quelle bizarre impiété! se dit-il en prêtant l'oreille tantôt au latin des moines, tantôt à la musique des chanteuses; M. de Voisenon ne pense guère à son salut.

Sa méditation fut dérangée par une troisième voix chevrotante, mêlée de toux, qui grinçait ces paroles dans le salon :

> Impitoyable Amour, dieu trompeur, dieu barbare,
> Je connais de tes traits la perfide douceur ;

> Je ne vois plus en toi qu'un tyran qui prépare
> Les crimes des mortels, et la honte et l'horreur.

— A la fin, je vous trouve, monsieur de Voisenon! s'écria l'évêque de Meaux.

— Monseigneur l'évêque de Meaux chez moi! s'écria à son tour Voisenon un peu décontenancé, mais remis aussitôt. Monseigneur, vous arrivez à temps ; mes moines vont chanter vêpres : allons à la chapelle.

A cinquante-deux ans, toujours pour se défaire de son asthme, il voulut essayer de l'effet des eaux minérales sur son tempérament étiolé. Son voyage de Paris à Cauterets et son séjour dans ce bourg de bitume et de soufre, racontés par lui-même dans ses lettres, peuvent être considérés, à un siècle environ de distance, comme une peinture historique de la manière de voyager chez les grands seigneurs du temps, et comme les pages les plus vraies de la vie oiseuse, empaquetée, gourmande et chétive du narrateur : « Nous passâmes hier par Tours, dit-il à son ami Favart, dans sa première lettre datée de Châtellerault, et du 8 juin 1764, où madame la duchesse de Choiseul reçut tous les honneurs dus à la gouvernante de la province : nous entrâmes par le mail, qui est planté d'arbres aussi beaux que ceux du boulevard. Il y eut un maire qui vint haranguer madame la duchesse : M. Sainfrais, pendant la harangue, s'était posté précisément derrière; de sorte que son cheval donnait des coups de tête dans le dos de l'orateur, ce qui coupait les phrases en deux, parce que l'orateur se retournait; après il reprenait le fil de son discours : nouveaux coups de tête du cheval, et moi de pâmer de rire. A deux lieues d'ici, nous avons eu une autre scène : un ecclésiastique a fait arrêter le carrosse et prononcé un discours pompeux adressé à M. Poissonnier, en l'appelant mon prince. M. Poissonnier a répondu qu'il était plus, que tous les princes dépendaient de lui, et qu'il était médecin. — Comment! vous n'êtes pas M. le prince de Talmont? a dit le prêtre. — Il est mort depuis deux ans, a répondu madame la duchesse. — Mais qui est donc dans ce carrosse? — C'est madame la duchesse de Choiseul. Aussitôt il a commencé par la louer sur l'éducation qu'elle donnait à son fils. — Je n'en ai point, monsieur. — Ah! vous n'en avez point; j'en suis fâché. Ensuite il a tiré sa révérence.

« Adieu, mon bon ami. Nous arriverons à Bordeaux jeudi : je m'attends à me bourrer comme il faut. »

Edifiant état du haut et du bas clergé à cette époque! L'abbé de Voisenon voyage en carrosse pour se bourrer à Bordeaux, et un abbé affamé harangue à tort et à travers, pour avoir de quoi dîner, les premiers gentilshommes venus.

C'est à madame Favart que Voisenon écrit de Bordeaux : « Nous arrivâmes hier ici à dix heures du soir. M. le maréchal de Richelieu avait passé la Garonne pour venir au-devant de madame la duchesse de Choiseul. Il la conduisit dans sa belle frégate bien vernie, bien musquée surtout, et meublée d'un beau damas cramoisi avec des galons et des crépines d'or. Cette ville-ci est admirable avant que l'on n'y arrive; tout ce qui tient à l'extérieur est tout au mieux; mais ce qui m'afflige, c'est qu'on n'y voit point de sardines à cause de la guerre. Je ne savais pas que les sardines eussent pris parti contre nous; je m'en vengeai sur deux ortolans que je mangeai hier à souper, et sur un pâté de perdrix rouges aux truffes, fait depuis le mois de novembre, à ce que dit le maréchal, et qui était aussi frais, aussi parfumé que s'il avait été fait la veille. »

Si l'on s'étonnait de ce qu'un asthmatique mangeât des perdrix et des truffes, sans être horriblement malade, l'étonnement ne serait pas long. Le lendemain, Voisenon écrivait à Favart : « Mon ami, j'ai passé une nuit affreuse; je viens de fumer et de prendre mon kermès. Je ne pourrai voir aucune rareté de cette ville. Si je suis trois jours de suite à Cauterets dans cet état-là, vous me reverrez à la fin du mois. »

On croit que l'abbé va être plus sobre. Dans la même lettre, il ajoute : « La table, hier à dîner, fut couverte de sardines : j'en mangeai six en six bouchées : c'est un morceau délicieux; je compte, malgré mon kermès, en manger autant aujourd'hui avec mes deux ortolans. Nous partons demain, et mercredi nous arriverons à Cauterets. »

Ainsi, malade le 11 d'un monstrueux souper pris le 10; le lendemain 12, il mange enfin des sardines six par six, et encore des ortolans! Le 18, il écrit de Cauterets à Favart : « Je suis arrivé hier en bonne santé; j'ai mal dormi, parce que la maison où je loge est sur un torrent qui fait un bruit affreux. Ce pays-ci ressemble à l'enfer comme si on y était, excepté pourtant que l'on y meurt de froid; mais c'est une horreur à la glace, comme était la tragédie de *Térée*. »

Et Voisenon écrit douze jours après, en s'adresasnt à madame Favart : « L'oncle de madame la duchesse de Choiseul, qui vous faisait tant de compliments dans le foyer, est arrivé d'hier : il loge avec moi. Il trouve déjà que l'on mène une vie triste ici. Je l'ai cependant présenté ce matin dans la meilleure maison de Cauterets. J'avoue que j'y suis les trois quarts du jour. Il n'y a point de femmes; mais il y a des choses dont je fais plus d'usage; en un mot, c'est chez le pâtissier. Il fait des tartelettes admirables, des petits gâteaux d'une légèreté! et des petites tourtes composées avec de la crème et de la farine de millet : on appelle cela des millassons. Je m'en gave toute la journée; cela fait aigrir mes eaux; cela me rend jaune; mais je me porte bien. »

Cette goinfrerie de l'abbé de Voisenon, toujours entre des pâtés et son tombeau, finit par être curieuse comme une étude. On tient à savoir qui l'emportera de l'asthme ou de la pâtisserie. « Mon cher neveu, continue-t-il d'écrire à Favart, c'est aujourd'hui que j'étouffe, mais par ma faute. Je dînai si fortement hier que je ne pouvais plus me remuer en jouant au cavagnole; j'étais si plein, que je disais à tout le monde : Ne me touchez pas, car je répandrais. Je soupai par extraordinaire; ma poitrine a sifflé toute la nuit, et j'ai actuellement dans l'estomac mes six gobelets d'eau, qui disent comme ça qu'ils ne veulent pas passer; je vais les pousser avec mon chocolat. Cela ne m'empêche pas de dire cette chanson :

> La sagesse est de bien dîner,
> En commençant par le potage;
> La sagesse est de bien souper,
> En finissant par le fromage.
> On est heureux si l'on peut se gaver,
> Et si l'on digère on est sage. »

Et plus loin il ajoute : « Je me baigne tous les matins : je ressemble à une allumette que l'on soufre. Je m'en porte assez bien; cependant j'ai des ressentiments de mon asthme, dont je ne guérirai jamais.»

Il était difficile qu'il guérît avec ces malheureux excès de table qui auraient tué un homme sain et vigoureux. Inutilement vous chercheriez dans sa correspondance avec Favart et sa femme une seule pensée détachée des plaisirs de la bouche. On a lu avec quelle estime il cite un pâtissier établi à Cauterets, fameux par ses tourtes. Son bonheur ne devait pas s'arrêter là. « Un second pâtissier, s'écrie-t-il, sur ma réputation, est venu s'établir ici: tous les jours il y a une émulation et un combat entre ces deux artistes. Je mange et juge : c'est mon estomac qui en paie les dépens. Je vais au bain et je reviens au four. Je reviendrai dans le temps des grives, j'en ferai manger à ma petite nièce (madame Favart). Vous les effaroucherez, et moi je les tuerai. Nous avons ici des perdreaux rouges que l'on apporte de toutes parts : ils sont délicieux. »

Enfin il resta si longtemps aux eaux, où il était allé uniquement pour se soigner et vivre dans la plus rigoureuse sobriété, que la veille de son départ de Cauterets il écrivait tristement à madame Favart : « Je suis tel que vous m'avez vu : quelquefois asthmatique, me traînant toujours et me livrant trop à ma gourmandise. » Les douleurs qu'il éprouva pendant son séjour à Baréges, avant son retour définitif à Paris, sont la preuve du déplorable résultat des eaux minérales sur sa santé. « Je suis, de mon côté, souffrant comme un malheureux, et je suis actuellement dans une attaque d'asthme si violente que je ne puis douter que ce ne soit l'air de ce pays-ci qui me soit aussi contraire que celui de Montrouge. Si je suis demain aussi mal, je retournerai passer la semaine à Cauterets, et samedi j'irai à Pau, afin d'attendre les dames qui y passeront lundi pour gagner Bayonne. Je suis sûr que je serai dans un cruel état pendant la route. »

Tel fut le bienfait qu'obtint l'abbé de Voisenon d'une résidence de quatre mois aux eaux de Cauterets et de Baréges. Il retournait à Voisenon infiniment plus malade qu'il ne l'était en partant. La veille même du jour où il monta en voiture pour aller chez lui, où il voulait, comme il le dit quelque temps après.

se trouver de plain-pied avec les tombeaux de ses pères, il se
livra à un monstrueux dîner sur les montagnes de Baréges. Un
poète aurait salué la nature d'un adieu touchant; lui mangea
comme un ogre : « Mes porteurs étaient des chèvres plutôt que
des hommes, qui sautaient de rochers en rochers, qui descendaient dans des endroits si escarpés, que, si je ne m'étais pas
cramponné contre ma chaise, je serais tombé vingt fois dans
des abîmes. Nous arrivâmes à un lac qui a une grande lieue de
circonférence : l'eau en est bleue, vive et claire comme celle
de la mer ; nous fîmes pêcher des truites que nous mîmes griller
sur-le-champ dans la cabane d'un Espagnol ; elles étaient bien
saumonées et d'un goût merveilleux. Nous avions porté beaucoup de daubes, de rôti froid, de fricassées de poulet dans des
pains, des tartes et des pièces de pâtisserie délicieuses. Je
mangeais à effrayer toute la compagnie ; l'air de la montagne
m'avait donné un appétit dévorant : on ne pouvait pas concevoir
comment une aussi mince personne avait un aussi grand estomac. J'espère arriver à Paris le 2 octobre ; je compte que nous
coucherons à Belleville dès le lendemain. »

Cette citation est prise de la dernière lettre écrite des eaux
par l'abbé de Voisenon. A Belleville, où il parle de se rendre,
était la petite maison de campagne de Favart, qui y recevait ses
amis, le vieux Crébillon, Boucher et Vanloo. Voisenon y avait sa
chambre, comme, du reste, il en avait une chez tous ses amis.
Sa vie s'éparpillait comme ses petits vers et ses dîners. Cependant l'époque approchait où sa déplorable santé allait l'obliger
à ne plus quitter son château de Voisenon, habité plus souvent que par lui, jusque-là, par son frère et sa belle-sœur, excellentes personnes pleines d'indulgence pour ses mœurs dé-
cousues. L'air de la Brie lui rendait parfois des apparences de
santé dont il abusait bien vite. Sans son estomac, qui a une si
large part dans son histoire, il aurait réuni en lui les deux
belles qualités exigées par Fontenelle pour atteindre à une
grande longévité : *un bon estomac et un mauvais cœur*. Il
n'eut qu'un mauvais cœur, non qu'il fût ingrat ou dur ; mais il
était indifférent au suprême degré, et c'est là ce qui constitue le
mauvais cœur, selon Fontenelle. On ne saurait en avoir de
meilleures preuves que la lettre suivante écrite par lui à Favart

du château de Voisenon, où il était réinstallé. C'est, du reste, une des plus jolies pages qu'il ait écrites de sa main si paresseuse et si peu châtiée. Nous la mettons à côté des plus adorables facilités de madame de Sévigné, cette divine plume.

Il s'adresse encore à Favart.

« Mon cher neveu,

« Depuis jeudi je m'engraisse d'ennui, et j'éprouve que rien ne rend plus imbécile que de s'ennuyer. Ma tête ressemble à un terrain sablonneux où rien ne peut pousser; c'est le jardin de Belleville, il n'y pousse que des lilas, et c'est ma petite nièce qui est le lilas, à l'exception qu'elle s'y maintient toujours en fleurs, et que les lilas de Belleville passent au bout de quinze jours. J'ai eu la visite de mes moines; il y en avait un très sourd qui est mort; mais ceux qui entendent et qui ne comprennent point sont restés. Je me promène les après-dînées. Il fait un froid excessif; cependant tout mon bois n'est qu'un tapis de bouquets jaunes et de violettes. Ils semblent dire à mon neveu : Venez, venez, afin de nous chanter; et à ma nièce: Venez, venez, afin de nous parer. Vous êtes de bien mauvaises gens de n'être pas venus passer quelques jours avec nous. Ma belle-sœur me charge de vous en faire des reproches, aussi bien que de votre silence à son égard. Je ne la vois qu'à dîner. Je rentre à la fin du jour, je prends mon chocolat, et je suis dans mon lit à neuf heures et demie au plus tard. J'ai ici un architecte qui fait le mémoire et le plan de tous les ouvrages de mon église; il en viendra demain un autre pour attester ce que celui-ci inventera, et l'on agira ensuite.

« J'eus hier un spectacle bien triste, mon bon ami, et qui me fit pleurer. Nous avons dans le village une Jeannette fort jolie; son mari est mort avant-hier; je trouvai l'enterrement le soir : la bière était dans une charrette, et la petite veuve se précipitait sur son pauvre mari en faisant des cris affreux! Ah! pauvre Jeannette, disait-elle, pauvre Jeannette! que vas-tu devenir? Quoi, mon cher homme, tu n'es plus avec ta femme, je ne te verrai donc plus? Et mes malheureux enfants, qu'en ferai-je? Ah! mon pauvre cher homme!

« Je n'ai jamais vu une douleur aussi violente, aussi sincère,

aussi communicative; ce nom de Jeannette rendait, il est vrai,
la chose bien intéressante; tous nos poètes tragiques se fe-
raient péter les veines avant d'être aussi touchants. Je crois
même que le grand Opéra, malgré ses beaux sentiments, ne
l'est pas autant. Votre lettre m'a bien fait rire, Fumichon;
écrivez-moi souvent, etc. »

Le ton vrai, les lignes abandonnées de cette jolie lettre,
contrastent singulièrement avec la comparaison du grand
Opéra et les paroles insoucieuses de la fin. L'homme est là
tout entier, mais l'homme touché, à son insu et comme malgré
lui, du spectacle d'un beau printemps et d'une douleur déchi-
rante.

Voyant que les eaux n'amélioraient pas sa santé, si toutefois
il avait jamais eu une santé, l'abbé de Voisenon abandonna les
médecins et leurs ordonnances infructueuses pour chercher
ailleurs des remèdes à la guérison de son asthme de plus en
plus fatigant à mesure qu'il vieillissait. Comme il parlait toujours
de son mal, et qu'on lui en parlait sans cesse pour lui faire la
cour, il lui fut dit, un jour, qu'il existait quelque part dans une
mansarde de Paris un abbé excessivement savant en chimie
occulte, un adepte du grand Albert, le maître des maîtres dans
l'art des empiriques. Comme tous les sorciers, et comme tous
les savants du xviiie siècle, cet abbé était dans une affreuse
misère, dans un dénûment de poète. Celui qui avait le secret
des plantes et des minéraux, du feu et de la lumière, de la génération des êtres, n'avait pas celui de se procurer une soutane et du pain. Il montait, par les efforts de la magie, jusqu'au
dernier cristallin sans pouvoir se maintenir plus d'un mois
dans le même appartement à cause de son indifférence envers
les propriétaires. A cela près, c'était un être merveilleux, in-
ventant des spécifiques pour toutes les maladies, et l'asthme
par conséquent. On se disait même à voix basse, avec une
espèce d'effroi, car on était très superstitieux au xviiie siècle,
quoiqu'on fût très athée, que ses spécifiques se réduisaient à
un seul : l'Or Potable. Chacun sait que l'or potable, or
froid et liquide comme le vin, bu à certaine dose, combat toutes les maladies et en triomphe, est la santé même, la jeunesse perpétuelle, cela va sans dire, et ne serait pas moins

que l'immortalité, si Paracelse, qui avait trouvé aussi l'or potable dans sa panacée, ne fût mort à trente-trois ou trente-cinq ans.

Voisenon n'eut plus qu'une pensée, celle de voir ce magique abbé, et de l'attirer à son château. Désir insensé, monstrueux : car le Prométhée repoussait toute avance. Poursuivi par la faculté, cassé par le tribunal ecclésiastique, maltraité par la police, qui ne veut jamais qu'on fasse de l'or, il avait renoncé, dans sa misanthropie sauvage, à soulager l'humanité aux dépens de son repos et de son salut. Terrible perplexité de l'asthmatique Voisenon, qui ne se mit pas moins en campagne pour découvrir le grand médecin.

Où trouver un sorcier à Paris ? à qui s'adresser décemment ? à quelle catégorie de profession ? Il y a tant de gens prêts à rire des choses les plus respectables ! Toutes les fois que Voisenon coudoyait, aux Tuileries ou au Palais-Royal, une soutane en lambeaux, il s'imaginait avoir heurté son homme. Aussitôt il entrait en conversation, cherchait à lier connaissance, et il palpitait d'espérance jusqu'au moment où l'erreur se dévoilait. Il se désolait alors de nouveau, toussait et recommençait le lendemain ses voyages à la découverte de l'or potable.

Il eut un jour une soudaine illumination. Puisque l'archevêque de Paris a censuré la conduite de l'abbé que je cherche depuis si longtemps, se dit-il, l'archevêque doit savoir où il est logé. Comme si les sorciers étaient logés ! Dans la même journée, il parut à la chancellerie de l'archevêché. Si l'on demandait pourquoi Voisenon ne disait pas aux personnes qu'il interrogeait le nom de cet introuvable abbé, c'est qu'il ne savait pas ce nom. Les magiciens ne se font guère connaître que par leurs œuvres. Cependant il allait bientôt le savoir, à sa grande, à son indescriptible joie. Après quelques recherches faites dans les registres de la chancellerie épiscopale, on lui apprit que l'abbé, déplorable sujet à tous les titres, s'appelait Boiviel, et logeait, au moment des poursuites exercées contre lui, rue de Versailles, au faubourg Saint-Marceau. Voisenon y était déjà. Quelle rue que la rue de Versailles ! elle est épouvantable aujourd'hui ; et pourtant elle s'est considérablement embellie depuis le dix-huitième siècle.

Il frappe à tous les chenils : aucun aboiement ne répond au nom de l'abbé Boiviel. Enfin, à un septième étage au-dessus de la boue, une vieille femme lui apprit, dans une soupente où l'on parvenait au moyen d'une échelle de corde, que l'abbé Boiviel avait quitté l'appartement depuis environ six mois pour aller se loger à Ménilmontant; elle ajouta que ce délai laissait supposer qu'il avait nécessairement dû changer de logement cinq ou six fois pendant ces six mois. Contrarié, mais non découragé, Voisenon descendit de la soupente en réfléchissant sur l'état de détresse auquel pouvait être réduit un homme qui fait de l'or potable.

Un hasard incroyable voulut que l'abbé Boiviel n'eût changé que trois fois de demeure depuis sa sortie de la soupente de la rue de Versailles. De Ménilmontant il avait déménagé pour Passy; de Passy il était allé se loger à la Chapelle, où il résidait.

Enfin les deux abbés se rencontrèrent; mais à quels ménagements ne fut pas obligé d'avoir recours l'abbé seigneur de Voisenon en abordant l'abbé déguenillé, qui faisait en ce moment son déjeuner sur une chaise. Il avait trop d'esprit pour ne pas traiter le plus tard possible du sujet de sa visite.

Boiviel fut encore plus sauvage et hargneux qu'on ne l'avait dépeint à l'abbé de Voisenon. Il parlait de se présenter à la société des Missions étrangères, afin d'être chargé d'aller prêcher le christianisme au Japon, quoiqu'il ne crût pas beaucoup au christianisme. Et moi, je ne crois pas au Japon, aurait peut-être ajouté l'abbé de Voisenon, s'il eût eu dans ce moment l'esprit porté à la plaisanterie. Il fut bouleversé en entendant émettre un pareil projet. Quand il avait enfin trouvé l'abbé Boiviel, l'abbé Boiviel irait se faire crucifier au Japon!

Inspiré par la circonstance, cette dixième muse qui vaut les neuf autres, Voisenon dit à Boiviel qu'il savait toutes les persécutions que lui avait fait endurer le clergé de Paris pour des causes qu'il voulait ignorer; il se garda de parler de l'or potable. Touché de tant de résignation dans le malheur, il venait proposer à l'abbé Boiviel d'habiter son château de Voisenon, où, dans le repos et une vie exempte de soins matériels, il aurait des loisirs pour méditer et pour écrire. L'abbé Boiviel se-

rait comme chez lui à Voisenon; son indépendance n'en souffri-
rait pas; quand il serait las d'y séjourner, il le quitterait pour
y revenir toutes les fois que cela lui conviendrait. Le sanglier
se laissa museler; le soir, une bonne voiture conduisait au
château de Voisenon le chimiste, le sorcier, le magicien Boiviel.
J'aurai mon or potable, se disait l'abbé de Voisenon en tous-
sant comme toujours.

Installé au château, l'abbé Boiviel se plia à l'existence mo-
nacale qu'on y menait; un aussi bon régime adoucit son caractère et ses mœurs. Il ne parla plus de s'expatrier au Japon,
mais il ne parlait pas non plus de l'or potable, quoi que Voisenon tentât pour le faire s'expliquer sur ce point essentiel. Dès
qu'il abordait les questions de chimie et d'alchimie, Boiviel
évitait de répondre, ou tombait dans une profonde taciturnité.

Au bout de trois mois de résidence au château, il était devenu gras, frais et rose comme il ne l'avait jamais été à aucune
époque de sa vie. Enhardi par l'amitié qu'il avait montrée à
son hôte, Voisenon osa dire un jour à l'abbé Boiviel que tout
esprit fort qu'on le croyait dans le monde, il avait une foi
absolue à l'alchimie : il ne niait ni la pierre philosophale, ni
la panacée, ni l'or potable. Boiviel ne put plus reculer : admettait-il ou n'admettait-il pas l'or potable? Il y croyait! mais,
selon lui, c'était un grand péché d'en composer; Dieu s'en of-
fensait : c'était, pour ainsi dire, porter atteinte aux décrets de
la création que de changer en eau ce qui avait été créé pour
être métal. Un sorcier à scrupules religieux embarrassait étran-
gement l'abbé de Voisenon. Cependant il ne renonça pas à sa
conquête de l'or potable : il attendit encore trois mois; et
pendant ces trois mois, nouveaux agréments ménagés à Boiviel,
qui s'habituait au bonheur avec résignation.

Traité comme ami, appelé de ce nom, Boiviel autorisa l'abbé
de Voisenon à lui dire, dans un moment d'épanchement, qu'il
n'avait plus d'espoir que dans l'or potable pour guérir son
asthme. Sans ce spécifique autant au-dessus des autres remèdes
que le soleil l'emporte sur le feu, il n'avait plus qu'à mourir.
Boiviel fut ému, ébranlé, et sa conscience céda à la voix de l'a-
mitié. Seulement il dit à son ami que, pour un peu d'or potable, il fallait beaucoup d'or solide. Le premier essai coûterait

dix mille livres au moins. Voisenon, qui en aurait donné vingt
mille pour ne plus souffrir, consentit au sacrifice, et il remercia son futur libérateur, qui, dès le lendemain, commença le
grand œuvre. Quelle sage lenteur il y apporta! Les jours suivaient les jours, les mois suivaient les mois! pas d'or, si
ce n'est celui que versait en pièces de vingt-quatre livres l'abbé
de Voisenon. Le jour vint cependant, les dix mille livres étant
épuisées, où Boiviel dit au malade que l'or potable était en flacon, et qu'il serait bon à boire dans un mois.

Ce fut pendant ce mois que l'alchimiste Boiviel prit congé de
l'abbé de Voisenon pour aller voir son vieux père qui habitait
la Flandre. Avant deux mois il serait de retour au château.

Après le temps indiqué par Boiviel pour que l'or fût potable,
l'abbé de Voisenon commença son traitement. Il vida le premier flacon, le second, le troisième, attendant avec une sage
patience que le résultat pût se manifester. On n'apaise pas un
asthme en quelques jours, un asthme de quarante ans au
moins.

Boiviel ne revenait pas : depuis quatre mois il était en Flandre; aux quatre mois en succédèrent quatre autres : pas de
Boiviel. L'année allait être révolue; les flacons diminuaient :
pas de Boiviel.

Il est inutile de dire que l'abbé Boiviel ne reparut plus, qu'il
n'était pas moins qu'un charlatan et un voleur. Mais ce qui est
singulier à dire, c'est que l'abbé de Voisenon se trouva beaucoup mieux de son asthme, après avoir bu de l'or potable composé par Boiviel. Et son regret, à la fin de ses jours, fut de
ne pas avoir prévu la mort ou la disparition, tout aussi pénible,
de son alchimiste; il lui aurait fourni les moyens de composer,
en plus grande quantité, de l'or potable. En le ménageant trop,
l'or opérait moins sur ses organes, il ne hâtait pas assez vite
son retour à la santé : raisonnement profond, mais un peu
ébranlé par ce fait que ne connut pas l'abbé de Voisenon, c'est
qu'il mourut de l'asthme.

Pour se montrer supérieur aux assauts du mal, il feignait
souvent de se croire aussi dispos qu'autrefois, plus dispos
même qu'il ne l'avait jamais été dans sa jeunesse : il quittait
alors son fauteuil où il gémissait de l'asthme; il repoussait les

oreillers d'un côté, son bonnet de coton de l'autre, lançait ses pantoufles loin de lui, et il appelait à tue-tête ses domestiques. Dans un de ces triomphes menteurs de sa volonté sur sa chétive organisation, il éveilla un matin, pendant l'hiver, son valet de chambre.

— Ma culotte de drap! ma culotte de drap! criait-il.

— Mais, monsieur l'abbé, y songez-vous? Vous avez été au plus bas hier au soir, lui objecta timidement son fidèle domestique.

— C'est possible; hier soir ne me regarde pas : ma culotte de drap! — donne! — maintenant mon gilet fourré! — va donc!

— Mais, monsieur l'abbé, pourquoi quitter votre chambre, votre bon fauteuil? vous êtes si pâle!

— Je suis pâle, dis-tu? cela va donc mieux que jamais; j'ai été jaune comme un coing toute ma vie. — Bien! j'ai mon gilet, ma culotte : — apporte ma redingote.

— Votre redingote! que vous ne mettez que pour sortir?

— C'est aussi pour sortir que je la demande. Tu raisonnes comme un pur valet de comédie, aujourd'hui; pourquoi ne mettrais-je pas ma redingote pour sortir? As-tu peur que je ne l'use trop? Voudrais-tu me la voler plus neuve?

— J'ai peur que vous ne gagniez un redoublement de toux, si vous ne gardez pas la chambre. Il fait très froid ce matin.

— Ah! il fait froid; eh! mais tant mieux, j'aime le froid.

— Il neige même beaucoup, monsieur l'abbé.

— En ce cas, mes grandes bottes polonaises.

— Vos grandes bottes polonaises? et dans quel but?

— Probablement ce n'est pas dans le but de faire un poème; car si Boileau a dit fort sensément que, pour écrire un poème, il fallait du temps et du goût, il n'a pas ajouté que des bottes fussent nécessaires. Encore une fois, je veux mes bottes polonaises pour aller à la chasse. Est-ce assez clair, monsieur Mascarille?

— A la chasse à la maladie, monsieur l'abbé.

— Maraud! à la chasse au loup, dans le bois. Allons, vite! mes bottes, et pas de dialogue.

— Voilà vos bottes, monsieur l'abbé. En vérité, vous n'avez pas de pitié de votre santé!

— Aurais-tu aussi des intentions sur mes bottes? fais-moi la grâce de m'apporter, valet discoureur, mes gants de daim, mon feutre et mon fusil.

— J'y vais, monsieur l'abbé.

Tandis que le valet cherchait les gants et le chapeau de son maître, l'abbé ouvrait la croisée et appelait le palefrenier. D'impatience il appelait plus fort, sifflait, et jurait même quelquefois.

— Ah! vous voilà : c'est bien heureux, ma foi! monsieur le palefrenier. Réunissez mes chiens, détachez-en trois : je pars à l'instant pour la chasse, et j'emmène avec moi Misapouf, Aménaïde et Zaïre. Laissez reposer mademoiselle Deschamps, qui s'est foulé la patte l'autre jour au ru de Savigny.

— Je vais les tenir prêts, monsieur l'abbé.

L'abbé de Voisenon fut bientôt équipé, à l'aide de son valet de chambre, qui ne cessait de lui répéter : Il fait si froid, qu'on a trouvé des chiens morts dans leurs chenils, des poissons morts dans les viviers, des vaches mortes dans l'étable, des oiseaux morts sur les branches, et même des loups morts de froid dans la forêt.

— Mon ami, lui répondit l'abbé de Voisenon, tu en as trop dit : tes loups morts de froid m'empêchent de croire au reste; sur ce, je pars.

— Il n'en reviendra pas, c'est sûr, murmurait encore le valet en empaquetant son maître dans sa redingote et en lui descendant le plus possible sur les oreilles son bonnet de laine noire.

Suivi de ses trois chiens, l'abbé se lança dans la campagne toute cristallisée et pailletée de la quantité de neige tombée dans la nuit. Au premier pas qu'il fit, il tomba : il se releva vite, et arpenta le terrain. Ce devait être un singulier spectacle que de voir ce vieil homme, noir comme un cocher des pompes funèbres, aux gants noirs, aux bottes noires, à la redingote noire, tout noir enfin, piétiner, frétiller, gambader dans la neige, avec trois chiens aux flancs, et tantôt sifflant à effrayer la solitude, tantôt allongeant le canon de son fusil dans la direction d'un vol de corbeaux.

Il avait fait le tour du village de Voisenon, et il allait se trouver en pleine campagne, quand il fut arrêté à l'issue d'une ruelle de chaumières par une femme qui s'écria en l'apercevant : Ah! monseigneur, car beaucoup de gens l'appelaient monseigneur, c'est le bon Dieu qui vous envoie!

— Qu'y a-t-il? s'informa l'abbé ; d'où vient cet effroi? pourquoi cette exclamation?

— Notre grand-père se meurt, et il ne veut pas mourir sans confession.

— Cela ne me regarde pas, mon enfant; c'est l'affaire d'un prêtre.

— Est-ce que vous n'êtes pas prêtre, monseigneur?

— A peu près, répliqua l'abbé de mauvaise humeur et assez interdit, à peu près; mais adresse-toi de préférence au prieur du couvent : il entend mieux cela que moi; tu vois que je chasse.

— Monseigneur, mon grand-père n'a pas le temps d'attendre; il va passer. Il faut que vous veniez.

Il voulut poursuivre son chemin; mais la jeune fille, qui ne comprenait pas les mauvaises raisons de l'abbé, s'attacha à lui; et, le saisissant par les basques de sa redingote, elle le força à se détourner.

Il se laissa conduire à la chaumière où rendait le dernier souffle le vieillard qui tenait à ne pas mourir sans l'aveu officiel de ses fautes.

Les habitants s'agenouillèrent devant la porte, tandis que l'abbé s'assit auprès du moribond, afin de recueillir ses lentes paroles.

Depuis le malencontreux moment où l'abbé avait été dérangé dans sa chasse, il avait perdu (car il avait des boutades de peur superstitieuse) la fière détermination de ne pas se croire malade ce jour-là. Que de signes de mauvais augure! Il avait trébuché en quittant le château, il avait vu des nuées de corbeaux, une fille éplorée l'avait forcé de se rendre auprès d'un pécheur effrayé ; maintenant on disait les prières des agonisants autour de lui, le mourant lui parlait! L'abbé de Voisenon fut ébranlé; sa témérité croula, il eut froid au cœur, ses oreilles furent pleines de tintement, son asthme grogna au fond de sa poitrine. — Je suis mal, se dit-il, j'ai eu tort de sortir. Pourquoi suis-je sorti? Ses tristes pensées se mêlèrent aux dé chirements aigus de sa toux; enfin il se pencha sur la tombe ouverte à son côté, il écouta la confession.

— Vous êtes né le même jour que moi! s'écria tout à coup l'abbé de Voisenon à la première confidence du pénitent, vous êtes né le même jour que moi! Et il sembla dérober au malade son jaune cadavéreux.

Le moribond poursuivit, et nouvelle frayeur de l'abbé.

— Vous n'avez jamais écouté la messe jusqu'au bout! et moi, se dit l'abbé de Voisenon, qui n'en ai pas ouï le commencement d'une seule depuis plus de trente ans!

Le pénitent ajouta :

—J'ai commis, monseigneur, le grand péché que vous savez.

— Le grand péché que je sais! j'en sais tant! s'avoua l'abbé; quel péché, mon ami?

— Oui! le grand péché..... quoique marié.

— Ah! je comprends! mon grand péché, quoique prêtre!

La confession était finie. L'abbé se consulta avec terreur. Après quelques combats où toutes les raisons furent déduites, il remit les péchés, en s'avouant, dans une anxiété profonde, mais traversée de part en part d'une épigramme, que le moribond, par reconnaissance, devrait bien lui rendre le même service.

L'abbé se leva ensuite pour partir; les jambes lui manquèrent : on fut obligé de le porter jusqu'au château, où tout le monde fut alarmé de son abattement.

Pendant tout le reste du jour, il ne parla à personne. La nuit fut mauvaise; des courants glacés lui traversaient les nerfs, et le moribond ne s'en allait pas de sa mémoire, qui lui retraçait sans cesse la confession de cet homme se mourant au même âge que lui et chargé des mêmes péchés. Au jour, son trouble fut au comble; il commanda à son valet de chambre de faire venir le médecin et le prieur du couvent : « Et tout de suite, ajouta-t-il; tout de suite! »

Comprenant mieux cette fois les volontés de son maître, le domestique s'empressa d'aller éveiller le prieur, dont le couvent était attenant au château, et le médecin, qui avait une chambre dans le château même. C'était un jeune homme choisi par le célèbre Tronchin parmi ses meilleurs élèves, sur le vœu de l'abbé de Voisenon.

Pénétrés l'un et l'autre du danger de M. l'abbé, le prieur et le médecin accourent en hâte au château; M. de Voisenon avait été si malade la veille! Arriveront-ils à temps?

Leur zèle est si égal et si prompt, qu'ils arrivent en même temps à la chambre où M. l'abbé les attendait.

L'abbé de Voisenon n'attendait plus; il était reparti pour la chasse.

On touchait au dernier tiers de ce fatal dix-huitième siècle, qui s'en allait en charpie, ruiné par la débauche, la petite vérole, et aussi par l'âge; il se faisait hideusement vieux, et sa vieillesse n'inspirait pas le respect. Vieux rois, vieux ministres, vieux généraux, vieux courtisans, vieilles maîtresses, vieux poètes, vieux musiciens, vieilles danseuses, descendaient brisés d'ennui, fatigués de mollesse, édentés, fanés et fardés vers la tombe. Crébillon était mort; le fils du grand Racine, honoré du fameux titre de membre de l'Académie des Inscriptions et Belles-Lettres, était emporté par une fièvre maligne, et obtenait de la publicité reconnaissante du temps cet éloge nécrologique aussi bref qu'éloquent : «M. Racine, dernier du nom, est mort hier d'une fièvre maligne; il ne faisait plus rien comme homme de lettres; il était abruti par le vin et la dévotion. » Douze jours après, Marivaux suivait au cimetière le fils du grand Racine, abruti par le vin. L'abbé Prévost mourait d'une dixième attaque d'apoplexie dans la forêt de Chantilly. Au printemps suivant, l'impudique maîtresse de Louis XV, madame de Pompadour, descendait à quarante-deux ans dans la tombe, après avoir dit un bon mot en guise de confession : « *Attendez encore un moment, monsieur le curé de la Magdelaine*, avait dit la moribonde, *nous nous en irons ensemble.*»

Jaloux aussi de partir de ce monde en laissant tout comme les autres un bon mot, Rameau s'écriait avec fureur à l'oreille de son confesseur, qui l'ennuyait : « *Que diable venez-vous me chanter là, monsieur le curé? Vous avez la voix fausse.*» Et là-dessus, Rameau mourait d'une fièvre putride.

Il n'y avait pas jusqu'au vaudeville qui ne se mêlât de mourir. Panard s'éteignait quelques jours après Rameau, et l'on disait encore avec la même tendresse nationale : « Les paroles ne peuvent se séparer de l'accompagnement. »

Voyez-vous comme les rangs s'éclaircissent, comme les bougies s'éteignent, comme le bal touche à sa fin ? Les athées aussi s'en vont, sans savoir où, seulement après avoir été moins amusants et beaucoup plus dangereux au monde que ces musiciens, ces poètes et ces courtisanes. Encore un malheur qui vient faire tout à coup oublier ces divers malheurs ; celui-là vaut la peine qu'on en parle ; Molet est malade : Molet est l'acteur à la mode. Il est tant pleuré dans sa maladie, que Boufflers, presque jaloux de l'intérêt qu'on porte au favori de la cour et de la ville, le chansonne en ces termes :

> L'animal un peu libertin
> Tombe malade un beau matin ;
> Voilà tout Paris dans la peine :
> On crut voir la mort de Turenne ;
> Ce n'était pourtant que Molet
> Ou le singe de Nicolet.

La maladie de Molet était survenue le 15 du mois de juin ; le 23, c'est mademoiselle Gaussin qui meurt, tant Molet était gravement malade. Et savez-vous comment finit cette femme charmante, qui inspira à Voltaire les seuls vers un peu touchants qu'il ait écrits de sa vie ? Elle avait épousé un danseur nommé Tavolaygo, qui la rouait de coups. Zaïre rouée de coups !

Une goutte remontée enlève Helvétius, et Paris ne s'en émeut pas plus que de la mort simultanée de Duclos. Paris est trop occupé par ces deux jolis vers écrits au bas de la statue de Louis XV, récemment découverte :

> Grotesque monument, infâme piédestal,
> Les vertus sont à pied, le vice est à cheval.

« Piron est mort aussi hier, » dit le journaliste ; et il ajoute : « On a dit qu'il avait mal reçu le curé de Saint-Roch. » Admirable bouffonnerie, que ces curés qui vont tous et à tour de rôle chez les écrivains du dix-huitième siècle pour recevoir à la tête une épigramme arrangée depuis dix ans.

Enfin le roi Louis XV meurt après Piron ; il fait dire quelques heures avant sa mort par le cardinal de la Roche-Aymon : « Quoique le roi ne doive compte de sa conduite qu'à Dieu seul, il est fâché d'avoir causé du scandale à ses sujets, et il déclare qu'il ne veut vivre désormais que pour le soutien de la foi et de la religion, et pour le bonheur de ses peuples. »

Voilà le bon mot du roi Louis XV ; vous l'avez entendu : il aura eu le sien comme Rameau, comme Piron, comme Helvétius. Ce bon petit roi Louis XV, qui est fâché d'avoir causé du scandale à ses sujets, et qui, à sa dernière minute d'existence, ne veut vivre désormais que pour le bonheur de ses peuples : c'est s'y prendre à temps.

Enfin le tour de l'abbé de Voisenon était venu. Spirituel jusqu'à sa dernière heure, lorsqu'on lui porta le cercueil de plomb dont il avait lui-même indiqué la forme et les dimensions, il dit à un de ses domestiques : « Voilà une redingote que tu ne seras pas tenté de me voler. »

Il mourut le 22 novembre 1775, âgé de soixante-huit ans.

VILLEROI

Presque endormi sur un cheval de village, qui dormait comme moi, lui flairant de ses naseaux ouverts l'efflorescence des arbres, moi rêvant, nous allions où nous conduisaient le vent et l'ombre. Nous nous arrêtions parfois devant l'écluse d'un moulin tout écumante de mousse et semée de nymphéas, tantôt nous risquions un galop sur le gazon velouté.

J'étais arrivé à un pont jeté sur un des embranchements d'une petite rivière.

Sur ce pont se promenait, préoccupé de la lecture d'un livre qu'il tenait à la main, un jeune homme en habit du matin, le front ombragé d'un chapeau de paille, comme en portent les paresseux colons des Antilles.

— Pardon, monsieur, lui dis-je, quelle est cette belle avenue, qui ne conduit à rien?

Il fit un pli à la feuille de son livre.

C'est l'avenue du château de Villeroi, démoli il y a quelques années par la bande noire, dont vous devez avoir entendu parler.

— Que trop, monsieur. Les infâmes! ils ne laisseront donc rien en France? Plus âpres à la destruction que le temps, le feu et l'eau, ils ont passé la corde au cou de notre histoire et ont tiré dessus. Quelques-uns, et ceux-ci sont les philanthropes de la bande, indignés de la lenteur de la pioche et du marteau, ont apporté, dit-on, une espèce d'humanité à leur besogne. Au milieu des salons chargés de plafonds à moulures, ils ont allumé des barils de poudre, et ensuite, placés à distance, ils ont pu voir, par une belle matinée, sauter en l'air les quatre tourelles, les galeries, les portes, les appartements....

Mon inconnu me fit d'abord observer que la bande noire n'employait jamais la poudre pour renverser les châteaux; qu'au contraire, elle s'y prenait avec beaucoup de ménagements et de délicatesse; puis, avec un sourire d'approbation un peu mêlé d'ironie, cet homme, qui, pendant ma prosopopée, avait fermé son livre pour m'écouter plus attentivement, au fond peut-être pour se moquer plus à son aise de ma candeur poétique (je le voyais à son air), me répliqua par cette question fort peu indiscrète en ce moment :

— Monsieur est noble?

Sur ma réponse négative, il dut supposer que j'étais artiste; et je vis disparaître aussitôt la teinte de malice involontaire qui se peignait dans son regard. L'ironie fit place à une affabilité qui me mit beaucoup plus à l'aise.

—'Après l'explosion, continuai-je, ou la destruction, comme il vous plaira, ils seront venus ramasser les uns les poutres, les autres les pierres dures, d'autres la chaux, ceux-ci les fondations, ceux-là les murailles maîtresses; et avec cela ils auront gagné de l'argent, beaucoup d'argent, engraissé leurs terres, fumé leurs luzernes, marié leurs filles, construit des moulins, acheté des bêtes de somme, et ils seront devenus électeurs et éligibles.

Je parlais avec amertume. Il reprit avec calme.

— C'est au moyen de quelques poutres de ce château dont vous déplorez si sincèrement la démolition qu'on a construit

le pont sur lequel nous sommes arrêtés. Ce pont sert les intérêts des communes voisines; auparavant un orage, une
inondation, l'hiver, une débâcle, le moindre accident, cou-
paient les communications. Aujourd'hui nos rapports sont de
tous les jours, et notre commerce a centuplé. Vous voyez,
monsieur, qu'un château qui tombe élève un pont, et c'est encore une consolation.

— Consolation! Pour vous, qui passez sur ce pont, pour vos
vaches et l'avoine de vos voisins, mais pour moi, qui n'en ai
que faire? Mais, dites-moi, quel est ce magnifique établissement qui touche au château?

— Je n'osais vous en parler. Cet établissement, qui a déjà
coûté deux millions, doit être une fabrique de papier, fondée
dans le but de rivaliser avec les plus riches exploitations de
Manchester et de Birmingham. Quatre cents pauvres ouvriers,
la plupart appartenant aux communes environnantes, ont trouvé
leur existence ici, dans des travaux de charpente, de forge et de
maçonnerie. Vous n'apercevez d'où nous sommes qu'une partie
des colossales proportions de ce bâtiment; quand il sera en
activité — et il le sera dès que l'eau aura jailli d'un puits
immensément profond qu'on est en train de creuser — il
pourra fournir, en six mois seulement, à la presque totalité
de la France du papier de toutes les qualités, de toutes les
nuances, et à un prix de moitié au-dessous des autres fabrica-
tions. On n'emploiera que de la paille pour matière première.
Des moulins mis en mouvement par la rivière qui passe sous
nos pieds élèveront et laisseront retomber des foulons sous
lesquels la paille sera désossée de ses nœuds et de ses côtes.
Meurtrie et fatiguée, cette paille sera sollicitée par des tenailles
et des dents de fer qui la mordront, la hacheront, la réduiront
à l'âme; et puis, frêle, en lambeaux, volante, elle ira se perdre sous la rencontre des meules; soumise à cette pression qui
pulvériserait de l'acier, elle n'en sortira plus que réduite à la
ténuité la plus impalpable, et cela pour inonder des milliers de
tamis, qui balancés, agités, tournoyant sans jamais se froisser
entre eux, lui livreront un dernier passage dans les mille et un
trous des cribles les plus fins.

Cette inondation sèche et dorée descend en pluie qui ne

cessera point, car jamais un mouvement n'attendra l'autre, dans la chaudière où bouillonne une eau battue et blanche comme du lait; puis, fouettée par les convulsions de l'eau, la paille, qui n'est plus alors qu'une farine délayée, un léger amidon, tombera par l'action d'un précipité violent au fond des cuves, où des cailloux lui serviront de filtres et la sépareront de toute matière étrangère. Cette eau s'écoulera par de larges écluses, et le fond laissera à sec une pâte sans levain, tremblante et privée d'éclat. La blancheur mate de la neige lui viendra par le moyen de sels, de la chaux et des acides. Blanche enfin et reposée, ce gluten que l'on extrait du mucilage des plantes, des muscles de certains animaux, en rapprochera les parties solides, les raffermira, leur donnera l'étoffe et la malléabilité : solidifiée dans une eau grasse, où elle aura fermenté, cette pâte roulera en cascade transparente et continue sous des rouleaux d'acier. Laminée en feuilles, ces feuilles sècheront au vent, au soleil, dans des hangars aérés, où des milliers de fils seront échelonnés pour cet usage.

Et que de mains industrieuses employées à diviser ces feuilles, à les peser, à les couper, à les colorer, à les réduire, à les emballer !

Ce n'est pas tout encore. Vient le commerce, et son mouvement, et sa vie. Que de chariots! que de vaisseaux! que de roues! que de voiles! que de feu! que de fer! que de préoccupations intelligentes pour transporter ces produits sur tous les points du globe! Vous voyez qu'en dernière analyse cette paille, qui ne devait servir qu'à préparer un mauvais lit à la pauvreté, lui fournira en échange le duvet du Nord, la laine de Smyrne ou de Ségovie, et deviendra, par cette prestigieuse métamorphose, le lien mystérieux du commerce, l'impérissable monument de la pensée, le cerveau de la civilisation, où tout se grave. Mille ouvriers seront employés à cette généreuse industrie. On essaiera de les prendre parmi les gens de la commune. Par ce moyen, le propriétaire que je connais beaucoup, ne laissera pas (vous pouvez m'en croire) un pauvre languir de faim sous le chaume, ni un enfant se tordre de soif dans le berceau.

— Mais dites-moi par quelle délicatesse que je n'explique

pas, repris-je, vous aviez peur d'exciter ma colère d'artiste en me parlant de cet utile établissement?

— C'est qu'il a été fait avec les débris du château, et la moitié a suffi : chaux, ferrements, poutres, ont servi à l'élever. Cet amas de pierres, pardon si j'ose m'exprimer ainsi, monument d'une histoire qui n'a pas su mériter de vivre, aura fait la fortune d'un homme, et cet homme fera celle de trois ou quatre mille autres. Revenez-vous un peu de votre emportement?

— Cependant avouez, répliquai-je, qu'il y a quelques douleurs attachées à l'anéantissement de ces beaux souvenirs; ils sont les seuls qui nous restent.

Mon inconnu, que j'ai déjà signalé comme fort doux et très attentif, se borna à me montrer du doigt une troupe d'ouvriers qui, costumés proprement, la santé et de la joie sur le visage, se rendaient aux travaux de la fabrique. Ils le saluèrent en passant.

— Trois d'entre eux, me dit-il avec épanchement, viennent de se marier, grâce aux résultats des occupations qu'ils trouvent ici ; sans ce bienfait, ils seraient sans doute restés dans la misère et le célibat, et conséquemment sans mœurs. Ces deux vieillards qui me saluent ont racheté, avec des fonds avancés par l'établissement, deux de leurs neveux appelés au service militaire. Les enfants ont répondu de la dette. Ainsi la reconnaissance s'est assurée de l'existence de quatre familles par l'obligation du travail. Enfin il en est peu, parmi ceux que vous avez vus passer, qui ne doivent une meilleure position, quelques avantages sur le passé, des garanties pour l'avenir, à cette exploitation fondée avec le profit de la vente de la plus faible partie des matériaux du château de Villeroi.

Mon interlocuteur se préparait peut-être encore à quelque nouvel argument, lorsqu'une petite étourdie, blonde comme un épi, vint le prendre par la main, et l'inviter à se rendre au déjeuner. La petite fille était rayonnante, et la joie du père ne fut pas moins grande à la nouvelle de l'enfant, qui lui apprit que les ingénieurs prétendaient enfin avoir trouvé l'eau. Il me salua, l'enfant me fit une jolie révérence, et je traversai pensivement le pont qui aboutit à la grande avenue du château.

II.   3

Avec ses raisonnements, cet homme m'avait ému.

J'approchai du château.

Hélas! les fossés étaient même dépourvus de leurs parois de granit. Dans une eau verte et plissée nageaient quelques grenouilles séculaires, quelques carpes piquées peut-être au temps de la Fronde. Les maigres peupliers qui regardent cette mare étroite semblent négliger leur toilette depuis qu'ils ne peuvent plus réfléchir leur taille de demoiselle.

Arrivé à l'endroit où se trouvait jadis une grille en fer couronnée (mon imagination y suppléa) de pommes d'or, de lyres d'or, de dieux de bronze, et gardée par de gros chiens qui vous mordaient mythologiquement sous le nom de Diane et de Médor, j'ai trouvé un trou fait dans le mur. Pas même de porte!

Mon cheval et moi nous faillîmes rester au passage.

La solennelle cour d'honneur était déserte, le pavé couvert et déchaussé par l'herbe. Et six cents mètres d'air où était le château.

Aussitôt mon entrée, la porte d'une petite maison blanche s'ouvrit, et un vieillard en livrée orange et bleue lézardée par des coutures blanches, honteuse de plusieurs rapprochements qui hurlaient entre eux, vint me recevoir et saisir la bride de mon cheval.

On n'a pas d'idée de la politesse qu'il mit à m'accueillir, à m'offrir de me reposer chez lui. Toutefois, avec une indiscrétion aisée et où perçait encore je ne sais quel excusable orgueil de ses premières fonctions, il me demanda mon nom. Je le lui donnai; il l'anoblit en route; et, riche d'une particule usurpée, il courut l'annoncer à son maître, ouvrant rapidement et à temps égaux sa modeste porte, comme aux jours de grandes cérémonies il faisait, je pense, au château. Touchante parodie d'une étiquette morte!

Son maître était aussi un vieillard grand, maigre, tombant en ruines. A mon entrée il se leva, m'accueillit avec cette distinction traditionnelle de cour, et m'invita à m'asseoir près de lui. Pendant les essais d'une conversation sur la beauté de la saison, sur la richesse d'un soleil qui le ramenait à ses premiers jours, je remarquai, sur une table posée en équilibre

avec des tuiles et des bouchons, les restes d'un déjeuner. L'or
nement de service se composait de belles assiettes en porcelaine aux couleurs éteintes et aux contours dédorés; une eau
limpide trahissait sa crudité dans des bouteilles autrefois pleines de malvoisie et de madère. Au milieu de ces cristaux et de
ces porcelaines, nageaient un morceau de fromage et quelques
fruits secs. Une vive rougeur m'apprit combien l'orgueil du
vieux gentilhomme saignait à me voir témoin de ces somp-
tueuses misères. Intelligent à toutes les faiblesses de son maître, le vieux serviteur se hâta de rejeter les pans de la nappe
sur la table.

Je fis semblant de ne pas avoir vu.

De causeries en causeries, il en vint, par une inévitable pente,
à parler de son château.

— Pierre, que vous voyez là, me dit-il avec un sourire mélancolique, Pierre et moi, voilà tout ce qui reste du passé. Ils
n'ont pas osé nous démolir. Pierre a été mon serviteur, le premier de mes domestiques; c'est un digne homme. Il est né
sur les limites de mon château, il y veut mourir. Nous y mourrons ensemble. Pierre! le pauvre diable! le croiriez-vous,
monsieur? tout infirme qu'il est, il me nourrit, il me loge, il
m'habille, il supporte mes mauvaises humeurs mieux que s'il
avait encore des gages, et Dieu sait!

— Monsieur le marquis!

Et pourtant un beau château a été à moi! Le soleil n'en éclairait certainement pas de plus solidement bâti, ni de plus commode, ni de plus somptueux; n'est-ce pas, Pierre?

— Oui, monsieur le marquis.

— Quelles fêtes se sont données ici! quelles fêtes! Pauvre jeunesse! Nous avons connu cette galanterie française
si décriée maintenant, monsieur; et de notre temps, si nous
n'avons pu nous élever à la hauteur de celle du grand siècle,
du moins nous en avions conservé les traditions. Ce parc aujourd'hui si clair-semé, si nu, était sillonné de plus de gibier
qu'il n'y en a dans votre Saint Germain et votre Vincennes. Un
cerf y fut tué de la main du roi. (*Les deux vieillards s'inclinèrent.*) Autant que votre œil vous le permet, voyez! Toutes
ces plaines, tous ces espaces déshonorés par le foin et la lu-

zerne, en faisaient partie; et des repos partout, des pavillons,
des kiosques, des abris, des rendez-vous de chasse, des bosquets
de cèdres, des eaux vives, des labyrinthes, des fourrés, des
carrefours, des allées découpées en corbeilles, en colonnes, en
éventail. C'était une merveille du fameux Le Nôtre. Trois cents
statues en fonte, sur le modèle de celles de Versailles, vomissaient pour nos fêtes autant d'eau que la cascade de Saint-Cloud.
Ma serre était l'admiration des étrangers; cent mille écus d'o-
rangers, cent mille écus de citronniers; des navires enfin allaient exprès à Saint-Domingue pour m'en rapporter les fleurs
les plus rares en couleurs, les fruits les plus difficiles à conserver. Mon colibri fut chanté par M. Delille. On a bu, ici,
monsieur, du café obtenu sur les lieux de la plante même, et
mangé deux ananas qui avaient fleuri et mûri dans ma serre.
Il est vrai que les dames de la cour préféraient ma *folie* à toutes les *folies* du temps. C'est par une illumination, qu'on
venait admirer de la capitale, qu'il fallait voir étinceler mon
parc jusqu'aux plus lointaines, aux plus frêles branches, jusqu'aux sinuosités perdues à l'horizon. Et que de jolies femmes
en folles robes de satin, pâles, fardées, rêveuses, le mouchoir
à la main, rafraîchies par des éventails bruyants, en paniers, en
mules cramoisies, entraient, circulaient dans les corridors, au
milieu des statues, des domestiques, des vases et des flambeaux!
Elles caquetaient, se déchiraient avec esprit, jouaient leurs
amants, leurs diamants, leur âme, hélas! Elles riaient, s'embras-
saient, se perdaient avec leurs parfums et leur voix dans le
parc, avec quelques beaux cavaliers : et ici et là, et dans le
lointain, ce n'étaient que larges ombres, musique et lumières,
murmure de la brise, chants d'oiseaux, parfums indiens, paroles d'amour interrompues, lueurs d'épées et bruit de soies,
jusqu'au moment où des gerbes d'artifice, lancées du château,
vinssent éclairer de leurs foudroyantes clartés bien des mépri-
ses, bien des séductions commencées, bien des défaites irrépa-
rables! Et au château, le jeu, la danse, les chants, les soupers;
dans la cour d'honneur, un peuple de valets arrêtés en groupe,
des chaises à porteurs blasonnées, et des mules d'Espagne,
qui piaffaient dans mes belles écuries ornées de glaces et pa-
vées de marbre, si belles que le duc de Villa-Hermosa disait

que c'était profanation d'y loger des chevaux. N'est-ce pas,
Pierre?

— Oui, monsieur le marquis!

— Vous aviez peut-être oublié le vassal qui gémissait à la
grille?

— Erreur, monsieur ; ne confondez pas la noblesse ancienne
avec la noblesse de mon temps. L'une était fière, haute, mal-
faisante, sans pitié, quoique brave; l'autre profita, je le sais,
des abus, mais elle n'en créa aucun : elle fut moins fanatique
que le clergé, dont elle neutralisa souvent l'influence; moins
tyrannique que la cour, dont elle devança de loin, de trop loin
le progrès vers les idées philosophiques. Demandez aux habitants de la campagne qui a restauré le clocher où sonne la
prière; qui a ouvert des chemins dans des sables, dans des
montagnes ; comblé des marais fétides, pavé les routes, amené
de bien loin les eaux pour désaltérer les bourgs et féconder la
terre, tracé des villages, rallié les populations errantes des
champs, agité les ailes de moulins, prêté même les premiers
fonds à vos gros fermiers d'aujourd'hui; et tous vous répon-
dront : c'est la noblesse! c'est la noblesse!

Avant la révolution, avant son fatal nivellement, elle avait
déjà déchiré beaucoup de titres abusifs. Elle était brave, monsieur; si elle salua les Anglais à Fontenoy, elle releva la tête, et
sut mourir et vaincre. Vous savez que, pour son roi et son
pays, elle alla à la Grève comme à Fontenoy, et que sur l'écha-
faud, elle salua encore une dernière fois ses ennemis ; mais ce
n'étaient pas des Anglais. Sa tête ne se releva point. N'est-ce
pas, Pierre?

— Oui, monsieur le marquis!

Et Pierre roulait de grosses larmes : ces deux débris s'entendaient et se répondaient régulièrement comme l'aiguille et
le timbre d'une horloge. L'un indiquait la marche du temps,
l'autre la ratifiait par un bourdonnement creux.

Depuis que la conversation s'était élevée à ce degré de chaleur, Pierre était mal à l'aise; il semblait souffrir de l'exaltation progressive du marquis ; sa préoccupation décelait la
crainte d'un danger prévu et contre lequel il ne voyait d'autre
remède que la conspiration de nos deux volontés. Il provoquait

la mienne par des défenses furtives, des prières silencieuses, des regards suppliants, des perquisitions sombres autour des murs décharnés de l'appartement; mais cette pantomime de peur, de sollicitation et de réserve n'éclaira pas ma perspicacité en défaut. Le vieux domestique était désespéré.

Ses craintes n'étaient que trop justifiées.

— Venez, s'écria le marquis, venez! il est temps de vous montrer le château.

— Ne le souffrez pas, monsieur! me dit à voix basse le fidèle serviteur; quand il fait ce qu'il vous propose, il est malade pour quinze jours.

— Venez! Et le marquis s'élança vers un angle de la salle où mes yeux ne s'étaient pas portés: j'y aperçus alors, suspendues à des cercles de fer, une centaine de clefs grandes, petites, bizarres, lourdes, légères, découpées, en cuivre, en bronze, dorées, une entre autres en argent.

— C'est tout ce qu'ils nous ont laissé, me dit Pierre: quand monsieur le marquis les voit, ou se les rappelle, il se croit encore possesseur du château; ces malheureuses clefs lui causent une espèce de folie dont vous allez sans doute être le témoin. Dieu ait pitié de nous!

Le marquis prit les clefs; il ouvrit la porte, et me pria de le suivre; ce que nous fîmes, Pierre et moi.

Arrivés à l'endroit où fut le château, le marquis prit la plus grosse des clefs, et fit un geste de fatigue comme s'il ouvrait péniblement une porte.

— Entrez! nous dit-il ensuite; voilà le vestibule; il est en marbre de Carrare. A droite c'est la salle d'introduction. Attendez.

Il répéta un geste illusoire comme le premier, et la porte de la galerie fut censée ouverte.

— Entrez!

Ce lustre à girandoles vaut 10,000 francs; ce sopha est en velours d'Utrecht; Puget a sculpté ces bas-reliefs; ils sont transportés de la Villa-Albani; lisez Winckelmann.

Ce tableau est de Rubens; c'est au couronnement du roi qu'il a été donné au château.

Cet autre salon (il l'ouvrit encore) est celui d'été. Des siéges en joncs de Madagascar ; des volières chères au goût de madame. Cette épinette m'a coûté cent louis. Admirez ce plafond ; c'est l'apothéose d'Hercule par un élève de Boucher ; la cuisse d'Hercule est un chef-d'œuvre : le reste est un peu incorrect ; mais n'importe, l'ouvrage est admirable.

Et quelle vue ! Voyez le soleil se coucher ; il marque les heures en lignes d'or sur le parquet ; Lalande a dessiné ce gnomon. Quel homme que Lalande ! les astres ont beaucoup perdu à sa mort.

Passons à gauche ; et il fit le simulacre d'ouvrir trois portes. — N'admirez-vous pas cette belle disposition ? Pierre, annoncez-nous.

— Oui, monsieur le marquis.

Pour complaire à son maître, Pierre se découvrit, et d'une voix émue, avec la pénible complaisance d'un ami qui exécute la capricieuse volonté de son ami mourant, il nous annonça. Hélas ! cette voix triste et flétrie tomba sans écho dans l'espace.

—C'est bien ! cria le marquis, comme ébloui du faste qui le frappait. Asseyons-nous sur cette ottomane, et que je vous dise.

Il s'assit sur les cailloux : c'était pitié.

Il serra familièrement ma main, jeta son bras autour de mes épaules ; et les jambes nonchalamment croisées, avec cette fatuité de jeune homme qui laisse déjà lire sur son visage la bonne fortune qu'il va révéler, il me dit tout bas : — C'est aujourd'hui réception au château. Ce beau jeune homme en frac vert (je suivis l'indication de son doigt), c'est un fermier général qui se meurt d'amour pour Sophie Arnould ; il est pourtant marié avec une des plus belles demoiselles de l'ancienne noblesse. Savez-vous son aventure ? Ennuyée de ses persécutions, la Sophie a profité d'une absence en Belgique de cet amant pour envoyer à sa femme deux enfants et une toilette en porcelaine du Japon qu'elle a de lui. Et Sophie est là. Je voudrais qu'elle vous chantât la *complainte du maréchal de Soubise;* elle est un peu libre, mais c'est pétillant d'esprit. On l'attribue à Boufflers, à ce charmant vaurien.

Regardez bien ce buste en biscuit, cette figure énorme sur un corps mal équilibré, qui sourit et qui est laid. Singulier homme, si c'est un homme. Il y a de l'enfer dans sa figure, dans son avenir.

Il a trouvé le moyen de séduire par tout ce qui repousse; les femmes en raffolent ; il est capable de tout, même de dignité, de bravoure et d'honneur. On cite ses débauches, on l'accuse de lâcheté, quelques-uns d'escroquerie. C'est un résumé de son temps, peuple et noble à la fois; noble par ses désordres, son inconduite et ses bonnes manières ; peuple par sa fougue brutale, par sa laboriosité quand il n'a ni femmes perdues ni orgies sous la main. On lui élèvera des statues; il serait parfaitement aux galères; c'est le premier, c'est le dernier de tous. Il doit couver bien de la haine dans cette âme vingt ans et plus froissée dans les cachots. Il doit se trouver bien de l'éloquence dans cette bouche qui fut muette si longtemps. C'est Mirabeau! C'est l'avenir et la perte de la patrie, celui qui doit clore le nobiliaire de France, qui doit mourir à la peine pour nous tuer. Qu'est-il par lui seul, et qu'a-t-il d'extraordinaire? Rien. Tissu de médiocrités, si bien su par cœur qu'il y a de l'insolence à lui de parler d'âme; phraseur sans nerfs, dialecticien sans portée, orateur dont le masque a du grotesque, il est né pour cumuler ces mille défauts et s'en faire un piédestal. Cet ensemble fait sa force. Je le hais, je le crains. Un peu plustôt il eût pourri dans la Bastille ; un peu plus tard, il eût été le valet du valet de mon médecin, de Marat.

Maintenant montons à l'étage supérieur. Pierre, suivez-nous.

Alors avec la même ardeur de jeunesse qu'il avait mise à parcourir la galerie disparue, il simula vivement l'ascension des marches, levant tantôt un pied, tantôt l'autre, tournant à chaque embranchement, et regardant avec orgueil la magnificence orientale des plafonds. — Hélas! nous n'avions au-dessus de nous que le dôme du ciel, et, pour tout palais sur le sol patrimonial, le rejeton octogénaire d'une vieille race n'avait plus qu'une baraque ouverte à tous les vents, perdue dans des touffes de genêts et de bruyère.

— A part celui de Versailles, bien entendu, dites-moi, monsieur, si jamais vous avez vu un plus somptueux escalier?

Voici la bibliothèque : trente mille volumes. Là c'est ma galerie de tableaux. Voyons d'abord la bibliothèque. Etes-vous curieux de connaître le premier exemplaire de l'Encyclopédie? admirez! c'est le premier, monsieur. Diderot l'a possédé, et je l'ai acquis de ses héritiers. Les fautes sont notées en marge. Ce livre nous a fait beaucoup de mal, mais j'y tiens. Ici les histoires, là les romans, tous les romans de Crébillon. Hélas ! monsieur, cette charmante littérature est perdue : on y reviendra.

Cette porte communique à ma galerie de tableaux. Pierre, la clef !

Ici, monsieur, vous n'aurez pas la douleur de voir étalés les produits de cent écoles insignifiantes ; je n'ai admis que les Vanloo et les Boucher. Ce beau portrait de Diane, suivie de trois levrettes ; cette triple déesse, comme l'appelle le grand lyrique Rousseau, et que vous voyez couronnée d'étoiles, en robe à la Médicis, en mules de satin, un arc d'une main, un éventail de l'autre, c'est, pardonnez ma douleur, feu madame la marquise. Ce Troyen, c'est moi. On m'a représenté en Troyen parce que j'ai rempli de hautes fonctions jadis auprès de la sénéchaussée de Troyes en Champagne. Ce fleuve, c'est mon beau-frère ; cette Aréthuse, ma cousine, ancienne abbesse de Chelles.

Pierre osa engager son maître à borner là notre visite au château ; il se faisait tard, je pouvais être fatigué.

— Tu as raison, répondit le marquis en lui frappant sur l'épaule, tu as raion ; mais encore une, mais encore celle-ci, et ce sera la dernière. Et il s'empara de la clef d'argent.

A peine eut-il tourné la clef dans la serrure imaginaire, à peine eut-il, dans son illusion, posé le pied sur le seuil de l'appartement, que lui et le vieux serviteur se découvrirent. Je me laissai aller au même sentiment de vénération.

— Voilà mon oratoire, s'écria-t-il en faisant un signe de croix et en tombant à deux genoux ; voilà, monsieur, où je viens expier les horreurs de mon temps, ma fatale condescendance aux idées philosophiques. Vous ne savez pas avec quel funeste engoûment nous adoptâmes des innovations qui devaient nous anéantir. La raison qui succédait à d'aussi déplorables frivolités ne pouvait être qu'une étrange chose dans ses résultats. Le retour d'une vieille folie à la raison, c'est la mort. Eh bien ! nous l'eûmes cette égalité ; nous avions dit à ces hommes, hier vassaux : Imitez-nous, cultivez la philosophie. Ils devinrent athées ; nous prêchâmes la tolérance religieuse, ils abattirent les églises ; nous proclamâmes la simplicité des mœurs, ils déchirèrent nos habits de soie, soufflèrent sur nos lustres, éteignirent nos fêtes ; nous déclarâmes l'égalité des hommes, et ils nous coupèrent la tête.

Enfin, ils me prirent ma femme, monsieur ; un jour ils vinrent au château ; c'était en 92 ! ils entrèrent et trouvèrent madame la marquise, qui attendait mon retour de la chasse. Belle et vertueuse, ils la frappèrent au visage, crachèrent sur son fard, la lièrent avec des cordes ! et ils lui dirent : Marche ! C'était huit lieues à faire d'ici à la capitale, et au mois d'août ; elle que nos allées de sable et de mousse fatiguaient, comme elle dut souffrir ! Ah ! le peuple est bien méchant, monsieur ! Que lui avait-elle fait au peuple ? Elle voulut se reposer, on lui dit : Marche ! Elle eut soif, on lui dit : Marche ! Et puis on l'accusa d'être aristocrate ; elle ne comprenait pas ; ses cordes la faisaient tant souffrir ! Enfin, on la jugea. Elle demanda un prêtre ; un prêtre de la Raison lui dit : Marche ! Et puis on la délia....... Le soir la chaux républicaine avait calciné ses membres.

Le marquis chancelait sur ses pauvres jambes ; car il s'était levé pour se frapper la poitrine, pour dire en face d'un Christ qu'il croyait voir. — Mon Dieu ! qui êtes mort pour les crimes de tous, pardonnez ! Pardonnez à ceux dont les folies ont perdu cette France, cette France dont vous aviez détourné la vue.

Puis le marquis pria plus bas, et il élevait la voix en frappant sa poitrine.

— *Meâ culpâ*, disait-il.

— *Meâ culpâ*, répétait machinalement Pierre.

Cependant le vent de la nuit fraîchissait, et le soleil enluminait de pourpre et de feu ce drame qui se jouait sous le ciel, au milieu de la solitude et du calme.

Enfin, l'émotion étouffa le marquis ; il tomba de toute sa longueur sur les cailloux. Dans sa chute, il s'ouvrit la lèvre.

Nous nous hâtâmes de le transporter dans son lit.

— Voilà ce qui arrive, me dit Pierre, chaque fois que monsieur le marquis répète cette malheureuse scène. Il est nconsolable de la perte de son château, qui a été vendu 40,000 francs à la bande noire, sans qu'il lui en soit revenu un sou.

Et voyez ce que je puis faire avec mon travail! Si monsieur le marquis allait tomber malade; c'est demain la Pentecôte, et il n'a pas de souliers pour se rendre à l'office. C'est la quatrième fois que je les lui raccommode !

Fidèle aux anciens usages, Pierre tint la bride du cheval jusqu'à ma sortie du château, et pesa sur l'étrier.

En fuyant j'entendis des cris qui partaient de la fabrique : deux cents ouvriers, tous les habitants, exprimaient par des danses, des chansons, des exclamations de bonheur, la joie qu'ils éprouvaient à voir enfin bondir l'eau au-dessus du puits ; cette eau si désirée, si bienfaisante, cette eau qui allait enrichir la moitié d'un département !

Je partageai sans doute cette joie de l'industrie ; mais, en me perdant dans la brume, plusieurs fois je détournai la tête, j'allongeai mon regard pour voir blanchir, à travers les peupliers, la chaumière du pauvre gentilhomme, du vertueux Pierre, le modèle des serviteurs.

CHANTILLY

Chantilly est un lieu admirable de repos et de grandeur. On y respire une oisiveté noble, une paresse de héros. Les sens n'ont qu'à s'ouvrir. Tout y est paysage, lacs, gazons, solitude et parfums. Comment Le Sage a-t-il fait pour mourir au beau milieu de la forêt de Chantilly ?

C'est sous les beaux tilleuls de cette forêt que je fus abordé par un vieillard appuyé sur un bâton blanc ; un vieillard comme il n'en existe pas dans Paris, où personne ne veut être vieux ; un de ces véritables vieillards, tels que Fénelon aime à les peindre dans son *Télémaque* : chevelure blanche, front pur de toutes rides, corps légèrement voûté, mais fort, comme ces aqueducs dont quelques arches seules ont cédé : ils datent des Romains.

« Monsieur aime à relire ce nom gravé sur ce beau chêne ? me dit-il.

— C'est celui de Santeuil, j'ai plaisir à le retrouver ici.

— Je l'ai presque connu, M. Santeuil.

— Vous avez presque connu M Santeuil ! Je n'ai jamais vu d'aussi vieux rentier que vous, monsieur, car vous êtes rentier : il n'y a à Chantilly que des rentiers et des tilleuls.

— Vous êtes étranger, je le vois à votre méprise. Mon habit devrait vous apprendre que je suis cadet.

— Cadet ?

— Oui, pensionnaire de l'hôpital de Chantilly fondé par le grand Condé ; — sa grande âme soit en paix ! — où l'on n'entre qu'à soixante ans. Il y a trente ans que je suis cadet. C'est le nom qu'on donne aux pensionnaires.

— Vous avez quatre-vingt-dix ans !

— Je vous ai dit d'abord que j'ai presque connu M. Santeuil, dont vous lisiez le nom sur ce chêne, car il m'en a été souvent parlé par un pensionnaire qui mourut quelques mois après mon entrée dans l'établissement ; et ce pensionnaire avait cent ans. Il avait vu M. Santeuil.

Nous nous assîmes au pied du chêne de Santeuil :

— M. Santeuil, comme vous devez le savoir, me dit-il, a composé de fort beaux vers latins sur toutes les merveilles de Chantilly. Il en a fait sur le bois de Sylvie, sur le labyrinthe, sur ces jets d'eau qui, selon M. de Bossuet, *ne se taisaient ni jour ni nuit*; sur les parterres, sur les statues. Ah! c'était un grand homme, M. Santeuil!

Un jour que mademoiselle de Clermont lui avait jeté un verre d'eau au visage, Santeuil s'était retiré dans les profondeurs du bois de Sylvie pour méditer une vengeance à sa façon, c'est-à-dire une épigramme à la manière de Martial. Selon son habitude, il avait chassé avec ses pieds, dans sa marche poétique et précipitée, toutes les feuilles sèches, toutes les branches tombées. Les oiseaux étaient partis épouvantés à sa voix rauque et bruyante. Déjà il avait jeté dans les haies son chapeau, sa canne et ses gants ; il avait défait son pourpoint, son haut-de-chausses, les boucles de sa chaussure ; il n'avait plus qu'à déchirer sa chemise, la muse se révélait. Santeuil ne composait pas différemment. Au milieu d'une strophe, et suant comme s'il fût revenu de la moisson, il aperçoit, debout contre

un arbre, la figure pensive, une jeune et belle fille qui le regardait. Tant bien que mal, il noua en rougissant tout ce qu'il
avait dénoué, et s'approcha de la jeune fille. De près il la trouva
encore mieux que de loin. Il reconnut même qu'elle avait la
peau blanche et le visage ovale. Les visages ovales étaient
alors en vogue. C'est tout ce qu'il vit, et ce fut assez pour lui
faire oublier ce jour-là le verre d'eau de mademoiselle de
Clermont et l'épigramme latine, et Martial. En très bon français, et avec beaucoup d'emphase, il exprima son admiration,
et finit, d'enchantement en enchantement, de métaphore en
métaphore, par avouer à la belle inconnue qu'elle était la muse
qu'il cherchait, puisqu'il l'avait rencontrée en un tel moment
et sous les ombrages de Sylvie. Un pentamètre expira sur ses
lèvres.

— C'est vous que je cherche aussi, monsieur Santeuil, lui
dit Rose; — c'était le nom de la jeune fille. — Venez demain,
au point du jour, au carrefour de Diane, j'ai à m'entretenir
avec vous.

Elle disparut.

Le soir au château Santeuil fut fort soucieux. Pour la première fois de sa vie, on n'eut de lui au dessert ni distique ni
épigramme. C'était presque manquer de dessert. Mademoiselle
de Clermont fut tentée de lui jeter une carafe au lieu d'un verre
d'eau à la tête, tant il fut maussade.

Sa nuit fut très agitée; on vit de la lumière dans son appartement jusqu'au jour, circonstance remarquable dans les
habitudes du poète, dont le sommeil précoce sonnait ordinairement le couvre-feu à neuf heures, que ce fût Bossuet ou Molière, Boileau ou Racine qui tînt le dé de la conversation.

S'il y eut combat livré entre le caractère de Santeuil et la
bonne fortune qui lui arrivait, il dut se terminer au grand
avantage de l'amour-propre, car les garde-plaines le virent
traversant la pelouse, à une heure où on n'y trouve encore
que des lapins et de la rosée, en costume recherché, gants
frais, linge éclatant.

Rose l'avait devancé au rendez-vous. Quelle joie pour l'a-
mant et pour le poète! Il lui vint dans l'imagination mille com-
paraisons ravissantes; mais il aurait fallu les exprimer en la-

tin, et de ce temps-là les blanchisseuses de Chantilly n'étaient pas très fortes sur le latin. Il déshonora ce qu'il éprouvait en le traduisant en prose et en français.

— Ce que vous me dites, monsieur, doit être fort beau ; mais je crois que vous vous êtes trompé sur l'objet qui me fait vous attirer ici, répliqua Rose. Je suis trop honnête fille pour vous laisser plus longtemps dans l'erreur.

— Que me voulez-vous donc ? reprit le poète déjà singulièrement désappointé par cette réception.

— Je voudrais...

— Parlez !...

— Sortir du mauvais pas où je me trouve engagée bien innocemment, je vous jure.

— Auriez-vous un amant ?

— C'est pis que cela, monsieur.

Santeuil commençait à s'apercevoir que l'air du matin ne vaut rien pour la santé.

— En auriez-vous deux, quatre, six ?

— Ne vous fâchez pas, monsieur, je n'en ai qu'un ; mais il ne s'agit pas d'amant à cette heure.

— Et de quoi, mademoiselle ?

— Je suis grosse de neuf mois, et je suis bien étonnée que cela ne vous ait pas tout de suite donné dans l'œil.

— O Santeuil ! se dit Santeuil, tu as pris pour une muse une blanchisseuse grosse de neuf mois ! Dorénavant tu regarderas les muses jusqu'à la ceinture. — Après, mademoiselle ? je puis tout entendre maintenant.

— Eh bien ! je voulais vous prier de parler au prince, vous qui êtes son ami, monsieur Santeuil, afin qu'il ne me renvoyât pas pour ma faute.

— Hum !

— Ah !...

— Qu'avez-vous donc, mademoiselle ?

— Ah ! soutenez-moi, je vous prie. Une douleur, une terrible douleur ! ici, là, au côté.... Mon Dieu ! c'est l'effet de cette entrevue, de l'émotion... Que vais-je devenir ? Il y a bien loin d'ici au château... Vous n'êtes pas médecin, vous, monsieur Santeuil ?

— Mademoiselle, cette plaisanterie...

— Oh ! mon Dieu, une autre dans les épaules... Savez-vous, monsieur, si c'est la bonne ?... Dites-moi si c'est la bonne...

— Je ne suis pas accoucheur, et je vais vous laisser...

— Me laisser! quelle cruauté!... lorsque dans un instant...

— Ah! le sot rôle que je joue ici!

Rose tomba sur l'herbe.

Santeuil croyait en Dieu : il eut pitié de Rose évanouie. Il courut au château, où il mit tout en rumeur, demanda un médecin, lui raconta sa mésaventure, et se rendit en toute hâte avec lui auprès de la patiente, qui n'avait pas attendu le médecin.

Inutile de dire si l'on tympanisa Santeuil. Les dames rougissaient en le regardant, les gentilshommes avaient de sanglantes allusions, les pages firent gorge-chaude de l'aventure, jusqu'aux livrées qui trouvaient qu'il était messéant aux gens de qualité de chasser sur les terres des domestiques. Santeuil n'y tint plus : il voulut d'abord se battre avec toute la maison du prince; ensuite il composa avec les moins acharnés; enfin il descendit à la prière pour réhabiliter son innocence. Il prit les pages chacun à part, et, avec les armes de la persuasion, il essaya de leur faire avouer qu'un d'eux devait être forcément l'auteur de la séduction exercée sur la blanchisseuse. Les pages nièrent, et nul ne tint à honneur d'obliger le désolé Santeuil.

Enfin, quand le scandale déborda, le grand Condé jugea à propos de le faire cesser.

— Monsieur, dit-il à son fils le prince de Bourbon, vous avez séduit la blanchisseuse du château : vous allez lui donner 30,000 liv. de dot, la marier à votre palefrenier, et reconnaître d'avance son fils pour votre louvetier, quoi qu'il advienne.

Santeuil respira.

Cette histoire est inconnue, reprit le centenaire avec cette assurance de vieillard toujours sûr d'être écouté; mais elle ne l'est pas plus que celle de monsieur l'abbé Prévost, dont il n'est pas impossible, après tout, que vous ayez entendu parler dans le monde.

—Est-ce l'abbé Prévost, l'auteur de *Manon Lescaut*, des *Mémoires d'un homme de qualité* ?...

— Lui même. Dans sa jeunesse, et à la suite d'un mouvement irréfléchi d'abnégation, l'abbé Prévost s'était fait recevoir moine à Saint-Firmin ; caractère théologiquement indélébile, mais dont il n'aimait guère à se prévaloir, comme si le repentir eût suivi presque aussitôt la détermination. Soit que déjà la société du temps ne respectât plus beaucoup les ordres monastiques, soit que lui-même eût honte d'avoir cherché sa place ailleurs que dans l'humilité religieuse à laquelle il s'était d'abord voué ; par pudeur pour lui ou par respect humain, l'abbé Prévost n'osa jamais avouer pendant sa vie qu'il était moine et de la règle de saint Benoît. Mais son ordre le savait. C'était un sujet dont il fallait tirer parti ; comme gloire ou comme scandale, l'abbé Prévost appartenait à l'ordre. Il eut beau s'effacer derrière un renom littéraire, se perdre dans le tourbillon du monde, se brouiller avec le ciel, on gardait soigneusement, et avec toute la haine lente des cloîtres, dans le monastère de Saint-Firmin, son nom inscrit sur le livre d'affiliation et sa discipline pendue au clou. A l'office du soir on l'appelait trois fois par son nom. A la prière du matin, le portier faisait la simagrée de l'éveiller par ces mots répétés dans la longueur des corridors : *Frère Antoine-François Prévost, les matines !* Si des étrangers visitaient le monastère, on dirigeait leur attention sur la stalle du réfectoire où se lisait gravé dans le chêne le nom européen de l'abbé Prévost ; par une raillerie presque chrétienne, on le citait comme le frère le plus humble aux offices, le plus strict sur les macérations. Bien des années s'écoulèrent, et la tradition maligne des moines ne se perdit point. Les jeunes la reçurent des vieux. Elle serait allée jusqu'à la fin du monde si les moines avaient dû aller jusque-là, et surtout l'abbé Prévost. Mais l'abbé Prévost vieillissait ; il sentit le besoin de respirer l'air natal. Ses médecins lui conseillèrent de revoir Saint-Firmin. Lui, qui ne se souvenait plus d'avoir été moine une pauvre fois dans sa vie, qui avait même oublié qu'à défaut il était resté abbé, n'imagina aucun inconvénient à revoir Saint-Firmin. Les moines apprirent bientôt son retour : les moines se réjouirent. Pour les vieux c'était une vengeance à accomplir, pour les jeunes une légitime à toucher. Ce fut fête au monastère. On secoua la discipline, on brossa la haire, on cria de plus fort : *Frère Antoine-François Prévost,* descendez! Les matines sont sonnées, frère Prévost. Voilà l'office de minuit! Frère Prévost, c'est aujourd'hui jeûne. Frère Prévost, par-ci; frère Prévost, par-là. On eût dit qu'il était le seul moine de l'ordre.

Au dehors on le guetta comme une proie.

Et l'excellent abbé Prévost ne songeait pas seulement à faire une visite simple de politesse au monastère. Au fond il n'aimait plus les moines, il ne lisait guère que des romans anglais et *le Mercure de France :* son seul ami était un curé plus jeune que lui de quelque vingtaine d'années, chez lequel il allait boire et jouer. Probablement Prévost ignorait même l'existence du monastère de Saint-Firmin.

Un soir l'abbé Prévost, en sortant de chez M. le curé de Saint-Firmin, tomba de toute sa hauteur sur le seuil de la porte, frappé d'une attaque d'apoplexie. Le curé sort et le prend par la tête afin de l'entraîner chez lui. Mais il trouve une forte résistance, une résistance invincible : c'était un moine qui tirait l'abbé Prévost par les pieds. — Il est à moi! disait le curé. — Il est à moi, disait le moine de Saint-Firmin : je l'aurai. — Vous ne l'aurez pas !

Et chacun d'eux tiraillait en sens contraire l'infortuné abbé Prévost, qui mourut ou fut tué dans ce double zèle pour avoir son corps.

Le curé triompha : les souliers seuls de l'abbé Prévost restèrent aux mains du moine, qui courut, éperdu, cette relique à la main, raconter à ses confrères ce qui venait d'arriver.

— Puisque nous ne l'avons pas eu vivant, il nous le faut mort. Tel fut le cri général de la congrégation.

— Nous l'aurons mort! répéta le supérieur.

Et seul chargé de cette grande mission, il se rendit chez le curé de Saint-Firmin, emportant sous sa robe quelque chose de volumineux.

Sans dire un mot, sans employer les arguments, repoussés avec perte, du premier moine; sans recourir à la violence, le supérieur, étant entré dans l'appartement où gisait, à côté du curé, le cadavre de l'abbé Prévost, ouvrit sa robe, et en sortit un sac assez enflé, qu'il vida sur le parquet. La vue d'une centaine d'écus qui couraient de droite et de gauche éblouit le curé ; il se précipita dessus avec voracité ; et tandis qu'il courait les ramasser sous les tables, sous les armoires, sous le lit, dans les trous du plancher, le vigoureux supérieur jeta le corps de l'abbé Prévost sur ses épaules, et l'emporta au monastère. La joie y fut immense. Depuis quarante ans on aspirait à ce jour de triomphe ; il était arrivé !

L'abbé Prévost fut aussitôt dépouillé de ses habits laïques : on le revêtit de la robe de moine. On fit à son corps toutes les cérémonies usitées dans les couvents à la mort d'un frère. La cendre et le cilice ne furent pas oubliés. Saint Benoît et saint Firmin rayonnèrent de cierges. La cloche fit son devoir ; on ne lésina sur aucun détail.

Le lendemain on l'enterra dans le cimetière du couvent, et sur la pierre de sa tombe on se garda bien d'écrire ses titres nombreux à la postérité. On y grava seulement : *Ici repose frère Antoine-François Prévost d'Exiles, moine indigne de Saint-Firmin.*

Après ces deux histoires, le cadet de Chantilly se leva et me demanda si je n'étais pas curieux de visiter le château de Chantilly, ou plutôt ce qui reste de l'ancien château de ce nom. Je le suivis, et nous nous y acheminâmes à pas lents.

Pendant le trajet j'ouvris un petit livre précieux de vétusté que j'avais porté avec moi en venant à Chantilly ; j'en fis tout haut la lecture à mon compagnon. C'est sous ce titre qu'il parut en 1688 : *La Feste de Chantilly, contenant tout ce qui s'est passé pendant le séjour que monseigneur le dauphin y a fait, avec une description exacte du château et des fontaines.*

Par ce récit très consciencieux, trop consciencieux souvent, d'une fête donnée à un fils de France, on voit ce qu'était le vieux château de Chantilly avant d'avoir été renversé par la révolution, et l'on a une idée exacte de la vie intérieure des grands au dix-septième siècle.

« Monseigneur partit de Versailles le dimanche 22 d'aoust, et arriva dans la forest de Chantilly par le chemin de Lusarche. M. le duc et M. le prince de Conty le reçurent au bout de la forest, vers le milieu de la vieille route. Comme c'estoit le lieu où monseigneur devoit chasser, M. le prince y estoit pour lui faire commencer la chasse. Il prit ce divertissement jusqu'à cinq heures du soir. Ce fut le premier plaisir que monseigneur prit en approchant de cette délicieuse maison de Chantilly. Il alla jusques au lieu nommé *la Table*, qu'on dit estre justement au milieu de la forest, toujours accompagné de M. le prince. La figure de ce lieu est ronde; il a vingt-trois toises de diamètre et est partagé en douze routes qui ont pour centre le point du milieu de cette place. Elles sont toutes bordées de charmilles et ont chacune cinq toises de large et environ une lieue de long. Dans le milieu de ce rond on avoit eu soin d'élever une feuillée, dont la forme suivoit le mesme plan. La table où la collation fut servie estoit au milieu de cet édifice.

« On mit sur cette table le couvert de monseigneur, vis-à-vis le milieu de la route qui va à Chantilly.

« Ce prince arriva dans l'instant qu'on venoit de poser le dernier plat chaud sur la table. Comme il n'y avoit que le couvert de monseigneur, il ordonna qu'on en mist d'autres, et la table en fust aussitost garnie ; mais on n'en mit point vis-à-vis de ce prince. M. le prince, M. le duc et M. le prince de Conty furent placés à costé de monseigneur, et les seigneurs de sa suite occupèrent le reste des places. On releva les entremets chauds pour en mettre de froids. Je n'entre point dans le détail des fruits et des confitures, cela iroit à l'infiny. Un moment après que l'on eut servy le fruit, le bruit de guerre, formé par les trompettes et par les timballes, cessa tout à coup, et dans le même instant on entendit dans la route qui estoit vis-à-vis monseigneur une harmonie de hautbois, de flûtes, de musettes et de divers autres instruments champestres. L'harmonie ayant diverty les oreilles pendant quelque temps, on aperçut de loin le dieu Pan, qui estoit suivy par quatre-vingt-dix faunes, sylvains, satyres et autres divinitez, qui ont accoutumé d'accompagner ce dieu dans les bois.

« Le dieu Pan, que l'on voyoit à la teste, estoit représenté par M. de Lully, surintendant de la musique du roy, qui battoit la mesure avec son thyrse. Les danseurs, au nombre de vingt et un, qui avoient tous des massues, estoient montés sur les épaules les uns des autres et formoient des groupes surprenants. S'étant pris par la main, ils dansèrent autour de monseigneur. Pendant qu'on dansoit autour de la table, les musiciens se rendirent dans une allée que l'on voyoit à costé de celle par où tout ce divertissement estoit venu. Ils y trouvèrent les piqueurs endormis avec leurs chiens. On entendit alors toute la forest retentir du bruit de ces paroles :

> Debout ! Lysiscas, holà ! debout !
> Pour la feste ordonnée
> Il faut préparer tout !

Les piqueurs se levèrent, et après avoir fait toutes les actions qui pouvoient marquer qu'ils estoient profondément assoupis. On entendit ensuite un grand bruit de cors, et dans cet instant un cerf ayant traversé la route à la vue de monseigneur, ce prince s'écria comme souhaitant d'avoir des chiens. Dans le mesme temps on vit paroistre une meute que l'on découpla après le cerf. Monseigneur, voyant que les chiens chassoient si bien, témoigna estre fasché de n'avoir des chevaux que pour tirer au volant. En ce moment, on en vit paroistre d'autres, sur quoy ce prince monta pour suivre la chasse avec tous les seigneurs qui l'accompagnoient. Il courut le cerf, qui fut pris dans l'étang de Cormeille, après l'avoir couru environ une heure.

« Cette chasse estant finie, monseigneur prit le chemin du chasteau et dit qu'il avoit eu beaucoup de plaisir.

« Monseigneur arriva à Chantilly par l'une des grandes routes de la forest, au bout de laquelle on trouve une grande demy-lune par laquelle on entre dans une avant-cour qui n'est pas encore entièrement achevée ; elle est toute entourée d'eau, et située entre un étang nommé l'étang de Sylvie et le grand chasteau. On voit deux pavillons à droite et à gauche du pont-levis. Cette demy-lune aboutit à un fer-à-cheval par lequel on monte sur une terrasse, au milieu de laquelle est une statue équestre de bronze du dernier connestable de Montmorency. Cette statuë se trouve vis-à-vis de l'entrée du grand chasteau. C'est un édifice fort ancien et très irrégulier, assis sur une roche, au milieu de plusieurs sources qui forment un grand fossé. Cependant plusieurs grosses tours ne laissent pas de le rendre très agréable à la vuë. A costé gauche du fer-à-cheval est un grand logement détaché du chasteau, dont le rez-de-chaussée

est à fleur d'eau du grand fossé. C'est dans ce lieu où le logement de monseigneur avoit esté marqué. Ce second chasteau
avoit esté autrefois bâti par M. de Montmorency, et on l'appe-
loit la *Capitainerie*. Le logement d'en bas est composé de deux
appartements dont la salle est commune à l'un et à l'autre.
Cette salle est ornée de tableaux représentant les plus belles
maisons de campagne de Paris.

« De ce logement, lorsqu'on a passé par un vestibule qui est
ouvert par deux grandes arcades du costé de la cour et du
petit parterre, on monte dans l'appartement où se trouve une
galerie de tableaux représentant, chacun par ordre des temps,
une campagne de feu monsieur le prince. Le premier tableau
représente la campagne de 1643, c'est-à-dire la bataille de
Rocroy; le second tableau la campagne en Allemagne en 1644.
Le troisième tableau, la bataille de Norlinguen, donnée le
3 aoust 1645, entre l'armée du roy, commandée par M. le
prince, et celle de l'empereur. Les autres campagnes doivent
estre peintes sur d'autres tableaux pareils dont les places sont
marquées dans la mesme galerie, mais qui ne sont pas encore
dessinez.

« Tout cet appartement estoit éclairé par un nombre infiny
de lustres et de girandoles de cristal. Lorsqu'on eut soupé,
monseigneur tint appartement.

« Après vous avoir fait une description des deux chasteaux, je
crois vous devoir parler, non pas de toutes les beautez des
jardins, car je ne vous en entretiendray qu'à mesure que je
vous parleray des promenades qu'y fit monseigneur, mais de ce
qu'ils offrent à la vue de ceux qui sont dans les appartements.

« En arrivant sur la terrasse, où je vous ay dit qu'estoit la
figure du grand connestable de Montmorency, on découvre un
escalier, au bas duquel est un grand rondeau, et au milieu de
ce rondeau une gerbe de plusieurs tuyaux. Au-delà de ce rondeau on découvre un parterre séparé en deux par la croisée du
grand canal.

« Le lundy, monseigneur alla courir le loup aux environs
d'un village appelé la Chapelle; et au retour de la chasse, ce
prince entra dans son appartement, d'où il sortit quelque temps
après pour prendre le plaisir de la promenade.

« Il descendit dans le parterre par un escalier de quatre ou cinq marches fort grandes et fort belles. Aux deux costez de cet escalier sont des nappes d'eau perpétuelles belles et bien fournies, qui tombent dans des bassins quarrez, avec des bouillons et bruits d'eau. Dans ce mesme parterre sont des piceas, dont le moindre a plus de soixante pieds de haut. Du costé du canal, l'allée est garnie de platanes, dont le plus vieux a plus de cent cinquante ans. Cet arbre est fort rare en France; sa feuille est à peu près comme celle de vigne, et il se dépouille tous les ans de son écorce. De ce parterre, monseigneur entra dans une isle par un portique de treillage.

« A l'issue de la promenade, monseigneur alla voir l'opéra, que monseigneur le prince avoit fait faire exprès, son altesse sérénissime ne voulant point donner de divertissement qui eut esté déjà vu. Le lieu mesme fut construit pour ce seul spectacle, et M. le prince ayant choisi l'orangerie de Chantilly, qui règne tout le long du parterre avec une superbe terrasse, dit à M. Berrain d'y construire, non-seulement un théâtre, mais aussi une salle magnifique. Il seroit difficile en effet de trouver rien de plus magnifique et dont les ornements fussent plus diversifiez. Plus on approchoit, plus on voyoit que la magnificence alloit en augmentant; la dernière salle estant infiniment plus riche que la première, et le théâtre encore davantage.

« Le vestibule estoit orné de grands arbres qui cintroient et cachoient toute la voûte. Il estoit éclairé de plusieurs lustres; ce qui, parmi la verdure, produisoit un effet très réjouissant. Au bout de cette galerie on montoit trois marches pour entrer dans la troisième pièce, qui estoit la salle de l'opéra ; elle avoit cent quarante-deux pieds de long, en y comprenant le théâtre et l'orchestre. Ce fut sur ce théâtre que l'on représenta l'opéra. Les vers n'en pouvoient estre que beaux, puisqu'ils estoient de M. Leclerc, de l'Académie françoise. Ils avoient été mis en musique par M. Lorenzany, maistre de chapelle de la feue reyne, dont les ouvrages sont fort estimez, et M. Pecour avoit fait les entrées qui composoient les divertissements, hors deux qui estoient de M. Lestang. Cet opéra, intitulé *Orontée*, fut chanté par l'Académie de la musique de Paris, et il y avoit outre cela trois des meilleurs musiciens de la musique du roy.

« Lorsqu'on eut levé la toile, on vit le dieu **Pan** dans le fond d'une forest. Toute sa suite, sylvains, satyres et faunes, estoient en groupes en divers endroits. Il commença le prologue.

> J'ai veu tous les règnes des rois
> Célèbres par leurs exploits,
> Et dans mon souvenir j'en conservois la gloire ;
> Mais depuis que Louis s'est fait voir à mes yeux,
> Tous ces mortels sortent de ma mémoire,
> Et je ne mets que luy dans le rang de nos dieux.

« Pan eut à peine achevé ces vers qu'une troupe de dryades et d'hamadryades se fit voir. Voicy ce que chanta une des dryades :

> O gloire incomparable
> De Louis !
> Les siècles seront éblouis
> A l'éclat admirable
> De ses faits inouis !

« L'opéra finit par une feste galante que fit une troupe d'Egyptiens pour se réjouir d'une aventure qui leur donnoit un roy si digne de l'estre.

« Monseigneur marqua avec l'honnesteté qui lui est ordinaire, qu'il s'estoit beaucoup diverty à cet opéra.

« Le mardy, qui estoit la troisième journée, Monseigneur conclut se donner le plaisir d'aller tirer dans le parc. Ce parc est d'une beauté merveilleuse ; on y voit des costeaux, des plaines, des bois, disposez par la nature comme pour servir de retraite à toute espèce de gibier. On y trouve une ménagerie ; on y voit un grand salon orné de peintures représentant l'histoire d'Isis. Beaucoup de terrasses et de jardins champêtres font l'ornement de cette maison, dont une des cours est bordée de huit pavillons, tous séparez les uns des autres, et destinez à loger les animaux rares que monsieur le prince a fait venir des pays étrangers.

« Le prince, après avoir tiré toute la matinée dans ce parc, alla l'après-diner à la chasse du cerf.

« Le vendredy, Monseigneur alla à la chasse aux perdreaux. Il se promena l'après-diner ; il traversa d'abord le parterre des orangers, et alla ensuite dans la partie du jardin qui est du

II.   5

costé du village de Chantilly. Il y entra par une grande porte qui est au milieu de la galerie des Arts. Cette galerie s'appelle ainsi, parce qu'elle est ornée de beaucoup de figures de cerfs au naturel, portant tous au col l'écusson des armes de MM. de Montmorency, et des maisons avec lesquelles ils avaient fait alliance.

« Monseigneur s'embarqua, avec tous les seigneurs de sa suite, pour aller prendre le divertissement de la joûte sur l'eau, et pour voir tirer l'oye. A mesure que monseigneur avança, il découvrit de nouvelles beautez. Après la faisanderie, on trouve un grand jardin en terrasse, qui se termine au pavillon de Mars. Toute cette partié s'appelle le bois de *Lude*. Les arbres en sont parfaitement beaux. Au sortir de ce lieu-là, son bateau entra dans un canal de traverse qui porte ses eaux au pavillon de Manse. De ce canal on découvre toute la prairie qui va jusqu'à la chaussée de Gouvieux. Tous ces canaux et toutes ces terrasses ont au moins onze à douze cents toises de long. De là on vint dans une écluse à trois portes.

« Si-tost qu'on les eut ouvertes, on vit comme une mer qui auroit rompu ses digues, se précipiter à grands flots roulant les uns sur les autres avec un bruit effroyable. Les bateaux ayant esté élevez à la hauteur du grand canal, on y entra au son des trompettes et des concerts de plusieurs sortes d'instruments, qui estoient au bord du canal et sur le canal mesme, dans des bateaux.

« Le divertissement de la joûte et de l'oye estoit préparé dans le grand canal. Ce paysage estoit tout rempli de peuples, de même que les bords du grand canal. Quand ce divertissement fut finy, monseigneur entra dans un bâtiment tout doré, construit à la manière de ceux dont se sert le roy de Siam, et que l'on nomme *balons*, dont sa majesté a fait présent à monsieur le prince. Il y avait des luths, des téorbes, des basses de violes et des voix choisies dans la poupe de ce balon.

« Monseigneur eut le plaisir de voir pêcher. On prit plus de cinq cents poissons d'un coup de filet. Ce prince retourna en carrosse et y tint appartement avant et après souper. Madame la Princesse et madame la princesse de Conty arrivèrent ce jour-là à Chantilly entre minuit et une heure.

« Le sixième jour, qui estoit le vendredy, Monseigneur alla courre le cerf avec les chiens de monsieur le duc de Mayne. On alla jusqu'à un étang qui est au milieu de cette forest, et qui est appelé *l'étang de Comelle*. Cet étang peut avoir environ un quart de lieue de long, sur un demi-quart de lieue de large. Il est dans un fond. On avait dressé une feuillée sur la chaussée, avec des tentes au milieu pour y mettre les dames. On trouva sur l'étang des bateaux couverts de leurs tendelets. A peine avait-on achevé de s'embarquer, qu'on entendit retentir de tous costez le son de plusieurs troupes de hautbois et de trompettes, et, peu de temps après, un bruit de cors et de chiens qui firent lancer dans l'étang, à plusieurs reprises, un grand nombre de sangliers, de cerfs et de biches. Tous ceux qui estoient dans ces bateaux prirent leur party pour les attaquer, les uns avec des pieux, les uns avec des dards, et les autres avec des épées. Cette chasse dura environ deux heures et causa beaucoup de plaisir. On revint ensuite au chasteau, où il y eut appartement et opéra.

« Le lendemain, Monseigneur alla à la chasse au loup dans la forest. Les dames demeurèrent ce jour-là au chasteau, parce que le beau temps cessa.

« Il y eut ce jour-là appartement et opéra, et ensuite *média-noche:*

« Jamais on n'a vu tant de divertissements dans un seul jour, et de tant de différentes manières, qu'il y eut le dimanche, qui estoit la huitième journée. Ce jour-là, après la messe, Monseigneur alla à la chasse avec les chiens de M. le grand-prieur. Au retour de la chasse, il se rendit avec ces dames dans la maison de Silvie, pour le repas que M. le prince lui donnoit.

« Silvie est une espèce de petit chasteau qui n'est composé que d'un appartement bas de quatre pièces seulement, et aboutissant aux allées champestres d'un grand bois. On appelle aussi ce bois le *bois de Silvie*. On dit que ce nom lui a esté donné par le fameux Théophile qui estoit attaché au service de M. de Montmorency, et qui passoit une partie de son temps à faire des vers au bord d'une fontaine, pour une maîtresse qu'il avoit appelée Silvie.

« Ce fut dans cette maison que monsieur le prince fit servir un retour de chasse à Monseigneur. On se leva de table pour aller dans le labyrinthe, qui est au milieu d'une partie de la forest. On y dòit trouver à l'entrée deux figures de marbre que M. le prince à fait faire à Rome ; l'une représentant Thésée qui entre dans le labyrinthe, et l'autre Ariane qui luy présente le fil dont il doit se servir pour assurer son retour. Une figure de minotaure, qui se fait aussi à Rome, doit estre au milieu.

« Il semble qu'après tous les divertissements qu'on avoit déjà eus, on n'en devoit plus attendre d'autres. Cependant il y en eut encore deux des plus grands dont on ait oüy parler depuis longtemps ; ce furent un feu d'artifice et une illumination.

« Monseigneur sortit de la salle de l'Opéra à neuf heures du soir, par la galerie des Cerfs qui est au bout de l'orangerie. Il monta dans une grande calèche avec toutes les dames. Il estoit conduit par M. le prince. On fut surpris de voir tout le canal en feu. Lorsque Monseigneur arriva dans cet endroit, d'où l'on peut découvrir le chasteau, il parut étonné ainsi que toute la cour. C'estoit le grand canal qui, estant illuminé, paroissoit comme s'il eust esté basty de pierres précieuses éclairées par le soleil.

« Le lendemain matin Monseigneur, après avoir fait à monsieur le prince mille honnestetez qui partoient du cœur, prit le chemin de Versailles.

« Je ne sçaurois trop vous entretenir de Chantilly, et pour vous dire encore un mot en gros, il est situé dans un vallon, au milieu de deux forests, dont l'une est celle de Chantilly, et l'autre celle de Dalatre. Les jardins ont au moins deux mille cinq cents toises de longueur jusqu'à l'étang de Gouvieux, et il y a autant de navigation. Il ne faut pas considérer seulement Chantilly par toutes ces choses ; la postérité le doit toujours regarder comme un lieu fort considérable, quand il ne le seroit que parce qu'un grand prince, accablé du poids de ses lauriers, a donné ses soins à une partie des embellissements qu'on y voit, et y a passé les dernières années d'une vie féconde en miracles, et dont tout ce qu'il y a d'historiens parleront avec éloge. »

Nous étions arrivés au château bâti sur les ruines de celui dont je venais d'achever la description.

Des très ordinaires appartements qu'on vous fait parcourir, vous ne garderiez le souvenir d'aucun sans un salon dont nous parlerons plus loin, et sans une petite chambre de cinq ou six pieds carrés, haute en proportion, toute grise et dorée, que désigne par ces mots votre dogmatique cicérone : *Cabinet de Watteau, représentant les amours de Louis XV avec madame Du Barri.* Passez sur l'anachronisme du cicérone. Mort dans les premières années de la régence, comment Watteau aurait-il représenté les amours de Louis XV, tout enfant, et de madame Du Barri, encore à naître ? On est ébloui d'abord du luxe de cette bonbonnière, dont le parfum s'est envolé, car je n'ose vraiment lui donner le nom de cabinet. Et en l'acceptant comme boudoir, eût-il été destiné à la gracieuse Allart, à la folle Arnoult, à la voluptueuse Guimard, nulle d'elles, renversée à l'asiatique sur le sofa, n'eût même, dans cette attitude commode, empêché ses jolis pieds d'écorner les dorures, ou d'estomper de ses talons rouges les caprices de Watteau.

Quelles amours du régent, et non de Louis XV, Watteau a-t-il eu l'intention de parodier ? C'est ce qu'il serait hasardeux de dire à propos d'un prince qui commença de si bonne heure et finit assez tard. Assurément je me tromperais d'une dynastie de courtisanes, et je me perdrais dans la chronologie des cotillons. Pour éviter l'anachronisme, seul tort dont je pourrais me rendre coupable envers la mémoire du régent, qui n'a pas à souffrir du scandale, Dieu merci ! je ne dirai donc ni quelle est la femme ni quelle est l'intrigue qui ont fourni matière au pinceau impertinent du peintre.

Non, je ne connais rien de neuf, de gracieux, de fou, sans préjudice des rêveries de la laque chinoise et des extravagances bleues de nos vases japonais, comme ce boudoir peint par Watteau. Six panneaux de bois à filets et à moulures d'or tapissent le mur ; et, du premier au dernier, se déploient, comme sur les lames d'un éventail, le début et la fin d'une passion royale. Asseyez-vous : c'est presque un roman à écouter.

Le premier panneau représente une guenon assise devant sa toilette. Deux dames d'atours, guenons comme elle, épuisent tous leur soins à la parer. Une guenon lui fait les ongles, les lui polit, tient respectuesement une patte dans sa patte tandis que l'autre lui noue une touffe de rubans. Rien n'est languissant comme les yeux de la grande guenon, qu'on met dans tout son éclat pour recevoir son amant. Il faut que le coup porte, que l'entrevue soit décisive. Son museau noir frémit d'impatience, et son œil jaune laisse lire le plaisir qu'il promet. C'est la première scène du sofa dans le roman de ce nom. Heureux le singe qui posera ses dents sur ce museau.

Si le peintre n'a voulu faire qu'une plaisanterie, il s'est trompé, il en a rencontré quatre. Il a parodié le régent, la maîtresse du régent, et Boucher, avec ses femmes à lèvres courbées en as de cœur, et Vanloo avec son dessin étriqué. Et tout est également singes, griffes, grimaces, dans les emblèmes, supports et allégories des panneaux. Dans le fond du sujet, courent, se balancent, folâtrent, se promènent, batifolent, dans l'air ou sur un cheveu ployé en escarpolette, des singes bleus verts, rouges, gravés, narquois ; les uns portant des fées en palanquins, les autres traversant des fleuves pour aller cueillir une rose au Bengale. C'est Callot qui a rêvé de l'Inde au lieu de l'enfer, qui, avant de rêver et de peindre, a lu les *Voyages* de Tavernier. Le tout s'encadre dans deux singes indigos d'une proportion démesurée qui déploient une ombrelle chinoise sur le tableau.

Au second panneau, la toilette de la guenon est achevée : elle roule dans un magnifique traîneau, à côté du singe ducal. Il est impossible de ne pas reconnaître un prince, au riche manteau écarlate bordé de loutre qu'il porte, car il fait froid : le cocher singe a le museau surpris par la bise. Enveloppée dans un chaperon de drap bleu, et cachant ses pattes dans un manchon, la guenon ne se sent pas d'aise. Scudéry lui-même serait bien embarrassé de dire à quel point on en est sur la carte de Tendre.

A défaut, on serait tenté d'être réservé dans ses suppositions : car plus loin on aperçoit le mammifère couronné poussant sur la glace, avec toute l'anxiété d'un amant et la grâce d'un parfait cavalier, le traîneau où s'épanouit sa femelle. Ici Crébillon seul lutterait d'esprit avec Watteau. S'il eût peint, à coup sûr, il n'eût pas dit autre chose. Le trait est délié, net, élancé, l'expression cavalière, la couleur effrontée. Cette peinture-là est un pamphlet. Elle se lit.

Cette fois nos amoureux n'ont probablement plus rien à s'apprendre. Je vois mes singes dans le troisième panneau, avec leurs figures allongées, cherchant à se distraire dans les cartes. A leurs côtés une guenon de bonne compagnie leur parle de la chronique galante qui préoccupe en ce moment le peuple des sapajous.

L'impitoyable Watteau abuse de la permission. Il est vrai que, lorsqu'un prince du sang commande un pareil tableau, le peintre aurait mauvaise grâce à n'être pas aussi séditieux que possible dans l'exécution. Nous avons vu le singe et la guenon en traîneau et au whist : voici maintenant la guenon au bain. Sous la fine chemise de batiste se dessinent des formes souples et paresseuses. Il y a toute la nonchalance de la mollesse et de la volupté dans le mouvement de la patte de derrière, qui laisse glisser la mule sur le parquet. Plus tard, le roman de Rousseau donna beaucoup de vogue chez les femmes à l'abandon calculé de la mule dans le suprême instant de la séduction. La guenon a deviné *la Nouvelle Héloïse.*

Sortons du bain. Dans l'avant-dernier panneau la passion expire. En pet-en-l'air, en paniers, des mouches et du fard jusqu'à la gorge, la guenon, sous le costume de bergère des Alpes, est à cueillir des cerises. Elle fait valoir avec coquetterie le jeu de ses articulations sur une échelle qui ploie. Ce panneau est le plus embarrassant à expliquer. Comment dire la maitresse qui a su captiver le régent depuis la saison des glaces jusqu'à la saison des cerises? Je n'en connais point. Quoi qu'il en soit, c'est peut-être le dernier jour : le beau singe n'arrive pas, l'ingrat! La guenon descend tristement, le museau soucieux et tourné vers l'horizon. C'est la paraphrase de la fameuse chanson du temps : *Attendez-moi sous l'orme.*

Il est enfin venu! Mais quelle froideur de part et d'autre! Dans le dernier panneau, où on les voit presque dos à dos, à cheval, lui et elle en costume du matin exactement semblables, comme il est grave et cérémonieux avec sa queue qui se trahit sous la soie, ses hauts talons et la poudre! Elle, comme elle est triste, sous son tricorne, dans son habit d'amazone! Adieu, mon singe! Adieu, ma guenon! semblent-ils se dire. Les chevaux ont déjà fait leur conversion opposée : « Adieu, singe,

« va manger la France! Adieu, guenon, va la corrompre! »
— Et le drame est fini.

Jamais caricatures publiées à Londres contre la cour de
France, jamais mémoires secrets imprimés à La Haye *aux dépens de la compagnie*, n'ont poussé si loin que ce chef-d'œuvre de Watteau le mépris pour l'alcôve du régent. Il dut être
composé dans ces moments de haine fréquente qui s'élevaient entre Chantilly et les Tuileries. On sait que depuis Henri IV l'impossibilité pour les Condés d'approcher du trône les avait rendus
la famille la plus sévèrement attentive aux mœurs de la cour.
Les Condés ont toujours été à la dynastie régnante ce que les
protestants furent aux catholiques : supérieurs, moins par
vertu que par esprit d'opposition.

« Le régent, dit Saint-Simon dans ses mémoires, était cu-
« rieux de toutes sortes d'arts et de sciences, et, avec infini-
« ment d'esprit, avait eu toute sa vie la faiblesse, si commune à
« la cour d'Henri II, que Catherine de Médicis avait entre au-
« tres mœurs rapportée d'Italie. Il avait tant qu'il avait pu cher-
« ché à voir le diable, sans y avoir pu parvenir, à ce qu'il m'a
« souvent dit, et à voir des choses extraordinaires, et à savoir
« l'avenir. » (Tome 5, page 121.)

Dépouillons le fait, vrai ou faux, cité par Saint-Simon, de son
exagération, pour nous souvenir seulement des connaissances
profondes que le duc d'Orléans possédait en chimie. Ces connaissances, rares pour le temps, plus rares chez un prince,
commencèrent par le rendre ridicule aux yeux de la cour, et
faillirent plus tard, à la mort du dauphin, le faire passer pour
un empoisonneur de profession.

La seconde salle du château de Chantilly, peinte par Watteau,
est une illusion ironique aux goûts scientifiques du duc d'Orléans, goûts présumés si meurtriers. Toujours sous les traits
d'un singe, — les Condés tenaient singulièrement à cette figure
allégorique, — ce prince souffle dans des fourneaux, distille
des poisons, pèse des venins, et fait des essais à la façon de
la Brinvilliers. Aucun talent descriptif n'est assez patient, assez
riche, assez vrai, pour caractériser les trésors d'invention mis
en œuvre par Watteau dans ces petites scènes, qui sont l'origine et la source de la bonne caricature française.

Après avoir encore traversé deux ou trois salles dans le goût de celles de Versailles, chamarrées d'arabesques d'or, sur les murs, aux plafonds, sur le bois des portes, nous arrivâmes à la salle des Victoires ou salle des Conquêtes. Inclinez-vous !— Plus bas encore si vous êtes militaire. Ici sont toutes les batailles, c'est-à-dire toutes les victoires du grand Condé.

Tout est pour le grand Condé : cent cinquante pas de toile couverte de gloire ! On y a mis jusqu'à sa rébellion contre la cour, jusqu'à sa défaite à Lérida. Ceci est sublime, c'est plus encore, c'est chrétien. En cela, Vandermeulen a été plus éloquent que Bossuet, car Bossuet n'a pas osé parler de cette défaite le grand jour où il dit : « Je réserve au troupeau que je « dois nourrir de la parole de vie les restes d'une voix qui « tombe et d'une ardeur qui s'éteint. »

Chaque tableau de bataille, haut de dix pieds environ, est divisé en trois parties, dont deux destinées à retracer l'ordre de la bataille et l'engagement ; le troisième, à offrir, dans six médaillons qui tournent en collier autour du tableau, la configuration des villes voisines du champ de bataille, les places conquises ou à conquérir durant la campagne, enfin la carte du pays.

Outre les belles et larges notions historiques qu'on puise dans l'examen de ces tableaux, l'esprit est émerveillé du dessin et de la couleur que Vandermeulen a prodigués aux différentes batailles. Malgré le vif éblouissant de l'outremer et la dégradation de quelques teintes, notre époque ne peut citer aucun peintre aussi consciencieux dans ses effets, aussi local pour la couleur. Vernet ne fait pas mieux les chevaux ; Petitot n'a pas mieux réussi dans la miniature. De près et de loin, Vandermeulen est un grand peintre.

En continuant la revue des appartements, on est frappé du contraste de la salle des Victoires du grand Condé avec les salles consacrées à rappeler les victoires de ses descendants. L'une déroule, sous le pinceau de Vandermeulen, les plus beaux faits d'armes du grand règne ; les autres n'offrent que des bois de cerfs, très artistement empilés et portant chacun la date de leur prise de possession. Il y a là de l'illustration pour sept ou huit Condés au moins et de quoi faire quatre mille manches de couteaux.

— Vous ne sauriez croire, monsieur, me dit le cadet de Chantilly, qui n'avait pas osé interrompre mon admiration, quelle passion ont toujours eue les Condés pour la chasse. La plupart en sont morts; quelques-uns en ont été presque ridicules.

A la Saint-Hubert, illustre et vénéré patron des chasseurs, on célébrait ici la messe des chiens, afin d'attirer sur eux, sur les chiens, l'adresse et le flair, si nécessaires au meurtre du gibier. Cette chronique, monsieur, n'est pas une impiété : c'est un fait. La chapelle était parée comme aux grands jours; c'était fête au chenil. Des fleurs étaient répandues sur les saintes dalles, des fleurs jonchaient le chenil. Vous que le rapprochement offense, vous n'apprendrez pas sans étonnement que le chenil du château de Chantilly est composé d'une aile entière de la seconde cour circulaire.

A la Saint-Hubert donc, selon l'antique usage, et avant même les Montmorency, le plus vieux gentilhomme, monté sur le plus vieux cheval, suivi du plus vieux chien, accompagné du plus vieux piqueur, ouvrait la marche religieuse des chiens se rendant à la messe.

Il est inutile de dire que ce jour-là le peigne, la brosse et l'éponge donnaient au poil tout le lustre de l'étiquette, et que les queues et les oreilles adoptaient la forme la plus grave, la plus analogue à la sainteté de la cérémonie. Les remontrances et l'eau de savon venaient à bout des plus rebelles. A défaut, la diète pour les uns, un excellent déjeuner pour les autres, répondaient de la décence de tous. L'hypocrisie se glissait parfois dans la tenue de quelques-uns; mais il faut bien pardonner ce vice, surtout lorsqu'on l'exige.

Dans l'ordre du cortége du chenil à la chapelle :

Venaient d'abord les grands dignitaires du chenil, le ban et l'arrière-ban des bouledogues d'Allemagne, à la tête ronde, aux oreilles coupées, au collier hérissé de pointes de fer. Chanoines de l'ordre.

Suivaient les bouledogues d'Angleterre, joufflus et ridés, grande espèce. Aumôniers.

Suivaient les grands lévriers à poil ras, aux jambes peureuses, au ventre affamé, au museau de fouine; — enfants de

chœur; les grands lévriers à poil long, métis du grand lévrier
et de l'épagneul : bon œil, pas d'odorat, moitié de courtisans;
Suivis des lévriers de la moyenne espèce.

En sixième ordre, et perdant beaucoup à cause du voisinage
des lévriers, arrivait pesamment, comme des membres du parlement, la députation des braques : grande gravité d'oreilles.

Puis les limiers, chiens muets, ressemblant aux braques
comme les huissiers aux présidents : oreilles plus épaisses,
courte queue.

Puis les bassets, originaires de la Flandre et de l'Artois, la
terreur des blaireaux, et qui répondent au cri de *coule, coule,
bassets!*

Puis les chiens couchants d'Espagne, qui chassent du haut
nez, et *piquent la sonnette.*

Puis encore des lévriers charnaigres, qui bondissent; des
lévriers harpés, sans ventre; des lévriers nobles, au râble
large; des lévriers gigotés, aux os éloignés; des lévriers nobles, de longue encolure; des lévriers œuvrés, au palais noir.

Après se pressaient les chiens courants de race royale ou
chiens français.

Enfin, on voyait les chiens allants, les chiens trouvants, les
chiens batteurs, les chiens babillards, les chiens sages, les
chiens de tête et d'entreprise, les chiens de change, armés,
belle gorge, butés.

Introduits, dans le même ordre, au centre de la chapelle,
on les arrangeait de front, d'après l'âge ou le mérite, devant
le tableau de Saint-Hubert, exposé sur le maître autel.

Et quand les chiens avaient pris leur place, aussi respectueusement que possible, l'aumônier du château commençait le
sacrifice de la messe, sous l'invocation de saint Hubert.

Il montait ensuite en chaire, et prononçait le panégyrique
du grand saint dont on allait fêter la journée. Malheur au
bouledogue qui eût bâillé à l'exorde! malheur au lévrier char-
naigre qui eût dormi sur ses pattes au second point!

Cette cérémonie religieuse, que nous nous serions bien
gardé d'imaginer, n'était pas plus une impiété pour ceux qui
s'y prêtaient qu'elle n'en doit être une pour nous qui la rap-
portons avec la même innocence d'esprit. Elle avait d'ailleurs

un but : c'était de prier le ciel d'éloigner des chiens les morsures des serpents, les piqûres de plantes vénéneuses, les blessures du sanglier, et surtout la rage.

Sans être un casuiste profond, on reconnaît dans cette sollicitude religieuse pour les chiens moins le désir abstrait de leur conservation que celui de ne pas perdre des animaux précieux dont quelques-uns ne s'élevaient pas à moins de cent louis. Si précieux, qu'ils étaient enregistrés, à leur naissance, à l'état civil du chenil; leur accouplément aussi y était inscrit, leur mort également. C'était là leur livre de noblesse, leur livre d'or ; quelques-uns même ont eu leurs poètes et leur Panthéon. Les curieux qu'un doux loisir amènera à Chantilly verront dans le cabinet d'histoire naturelle du château un chien sous verre. Le votif animal est exposé, non en souvenir de sa grâce ou de sa force, — il est très laid et très chétif, — mais en mémoire d'un service éminent qu'il rendit à son maître. Un chasseur allait être broyé par un sanglier; le chien se jeta entre son maître et l'animal furieux. Dans la lutte, le chien et le sanglier moururent; le chasseur fut sauvé. C'était monseigneur le prince de Condé, le grand Condé! ce trait-là n'est pas dans son histoire. Bossuet le funèbre, qui était fils d'un vacher, n'aurait pas dû oublier ce chien dans son oraison.

Pour parler une dernière fois de ces illustres chiens, voici quelle fut leur destinée fatale. A la mort du dernier des Condés en 1830, ils furent vendus par lots à des bouchers de Poissy ; quelques-uns aux écorcheurs de Montfaucon. — Eux qui avaient jadis une messe en musique!

Après l'historique d'une fête donnée à Chantilly, sous le grand Condé à un fils de Louis XIV, il n'est pas sans intérêt peut-être d'apprendre comment, un siècle plus tard, un descendant du même Condé était traité dans son propre château, au retour d'une campagne heureusement terminée. Un siècle d'intervalle avait singulièrement changé les mœurs des propriétaires féodaux du palais de Chantilly, quoiqu'on fût encore à vingt-six ans de distance de la grande révolution. Entre les rangs de la noblesse, la bourgeoisie s'était glissée. Elle fut aussi de la fête : elle eut aussi son couvert à table, et sa place au bal.

Assis tous deux dans l'une des salles du château, nous lû-

mes, mon compagnon et moi, la relation rapide et fidèle que
je transcris.

LE TRIOMPHE DE CHANTILLY,

Ou Lettre de M. Quix à M*** sur les fêtes qu'on y a données
depuis trois mois.

Ces fêtes furent données à l'occasion de la jonction qu'opéra
le corps d'armée du prince de Condé avec celui de Hesse
(1762).

Il y eut deux fêtes, celle du 26 septembre et celle du 27 novembre suivant.

« La journée du 26 septembre fut ouverte par une décharge de
vingt-quatre pièces de canon du château, le *Te Deum*, à cinq
heures du soir, chanté dans l'élégante église de Chantilly, con-
formément au mandement de M. l'évêque de Senlis, par la
musique de la cathédrale. Les dames furent prises après le *Te
Deum* dans les carrosses du prince pour être menées au palais
d'Oronthée, qui était décoré d'une grande quantité de lustres
et de lumières pour le bal.

« Sur les dix heures, la compagnie se rendit au château,
d'où elle vit tirer un feu d'artifice sur le beau fossé qui borde
le petit château, avec continuelle musique dans les îles et plusieurs barques revêtues de lanternes coloriées, qui voltigeaient
régulièrement dans toutes les parties du fossé.

« Accès ouvert à tous les étrangers qui ont voulu se faire
connaître par leur nom.

« Dans une des salles du château il y eut un souper splendide, de plus de quatre-vingts couverts, pour les
dames de distinction, entre lesquelles on comptait madame
la princesse de Robec, madame la duchesse de Rohan, et
MM. d'Estissac, qui étaient venus de Liancourt pour prendre
part au divertissement. Les dames étaient servies par les messieurs : et dans une autre salle il y avait une table pour les
hommes, qui n'avaient pu manger avec les dames. Deux autres
tables étaient dressées, l'une de deux cents couverts dans l'Oran-
geie, pour les bourgeois de Chantilly et des environs, et l'autre

II.   1.

de cent couverts dans le pavillon des étuves, qui termine la galerie des cerfs, pour l'équipage de S. A. S. et toute sa livrée.

« Décharge de l'artillerie, fanfares, harmonie de tous les instruments pendant les santés.

« Après le souper, un second feu d'artifice pour servir de couronnement au dessert.

« Trois bals ensuite : l'un pour les personnes de distinction dans le grand salon du palais d'Oronthée; le second dans le petit salon du même palais, pour la bourgeoisie, et le troisième dans la galerie des cerfs, pour le peuple, à qui on distribua une abondance de vin et de toutes sortes de vivres. »

La seconde fête à laquelle assista le prince en personne, honneur qu'il ne put faire à la première, étant encore à l'armée, eut lieu le 27 novembre. Quoique le prince eût désiré rentrer sans faste dans son château, il fut reçu de la manière qu'on va voir. Le même historiographe poursuit :

« Rien n'est impossible au zèle. M. de Belleval et M. Peyrard se consultent, ils ne sont pas effrayés de se trouver resserrés dans l'espace d'un seul jour. Ils imaginent une fête moitié militaire et moitié champêtre. Ils veulent aussi qu'elle paraisse un peu littéraire : M. l'abbé Prévost, qui passe une partie de l'année dans le canton, attaché à sa retraite par la beauté du séjour, par le plan de ses études (Il compose actuellement l'histoire de la maison de Condé et de Conty), et sans aucun doute encore plus par les témoignages particuliers dont S. A. S. l'honore, est prié de le complimenter à son arrivée; il accepte avec empressement l'honorable invitation.

« La révolution ordinaire des vingt-quatre heures amène le samedi, et le soleil du matin annonce un beau jour. Vers neuf heures, S. A. S. arrive au pont de Chaumontel, où recommencent proprement ses domaines, à deux lieues de Chantilly. Elle était dans une voiture légère, accompagnée de M. le comte de Montrevel, de M. le marquis d'Amézague et de M. le marquis de la Vaupalière, tous en habit de chasse, de l'ancienne livrée de ce bon roi de Navarre, chamarrée d'argent comme on le sait, pour le prince et les chasseurs du cortége. Le premier objet sur lequel tombent ses yeux est une cavalerie leste, composée des principaux officiers de ses chasses.

Son altesse les reçoit d'un air obligeant, traverse la plaine, prend l'allée qu'on nomme des Princes, qui le rend à l'ancienne et noble route du Connétable. Elle ne fait qu'un vol, jusqu'aux *Lions*. Au moment qu'elle y paraît, vingt-quatre pièces de gros canon, disposées sur la grande pelouse du vaste et magnifique édifice des écuries, font entendre leur tonnerre, pendant qu'une foule de peuple, répandue des deux côtés de la route, perce l'air de ses acclamations et du cri mille fois redoublé de *vive le roi et son Altesse!*

« Le prince continue d'avancer, passe la grille, entre dans l'esplanade qui forme l'avant-cour du château. Il y trouve tous les habitants notables de Chantilly et des paroisses circonvoisines rangés en deux haies pour le recevoir, et les deux haies prolongées jusqu'à l'entrepont pour les gardes à pied et à cheval, tant de sa livrée que de celle de la capitainerie.

La porte d'entrée du château était ornée de deux grands palmiers soutenant un ample cartouche aux armes de S. A. S., entouré de drapeaux étrangers, d'instruments militaires et de palmes, surmonté d'une couronne de lauriers; au-dessous du cartouche était un ruban en festons, sur lequel on lisait : *Vivat! vivat Condœus!*

« Son altesse trouva dans la cour, auprès des degrés de la salle à manger, un grand nombre d'officiers militaires, tous décorés de la croix de Saint-Louis, quantité d'honnêtes gens de tous les ordres, invités de la ville et des châteaux voisins, le clergé de Chantilly et les chapelains du château, plusieurs dames et les jeunes filles du bourg vêtues en petites nymphes, pour la partie champêtre de la fête. Elle descendit de sa voiture, elle reçut la respectueuse révérence de toute l'assemblée, et l'honora de la sienne avec un air admirable de noblesse et de bonté, en passant dans la salle à manger.

« L'honorable compagnie l'ayant suivie dans la salle, on attendit l'orateur. Il manquait dans l'assemblée; on le cherche, il paraît quelques moments après, mais essoufflé de sa marche. Sa demeure étant à quelque distance du château, il avait été trompé par la vitesse du prince. Il perce la foule déjà fort grossie, il se présente, et n'espérant plus de pouvoir se faire entendre, il exprime respectueusement ses intentions et son regret. S. A. répondit obligeamment qu'elle ne le tenait pas quitte, et qu'elle désirait par écrit ce que les circonstances ne permettaient plus de prononcer. Ce désir était un ordre auquel il s'empressa d'obéir.

« Comme la fête supposait un compliment, je le donne tel qu'il fut remis le lendemain à S. A.

« L'abbé Prévost aurait donc fait ouvrir l'assemblée en cercle, au milieu duquel il se serait placé, et il aurait dit :

« Monseigneur..... nous le voyons luire enfin, ce jour si lent pour l'impatience de nos désirs ! L'éclat de votre glorieuse campagne a fait notre admiration, sans doute, mais souvent aussi, trop souvent, le sujet de nos alarmes pour la sûreté de votre précieuse vie. Grâces à nos plus heureux destins, elle est échappée à tous les dangers auxquels votre valeur ne l'a que trop exposée ! Qu'il soit permis, monseigneur, à nous, habitants de votre Chantilly, à nous, vos heureux sujets, dont le bonheur est attaché à la conservation du meilleur et du plus aimable des maîtres, de nous livrer tout entiers à ce tendre sentiment ! L'avenir amènera d'autres jours, où des circonstances plus tranquilles et des mouvements de cœur moins tumultueux nous permettront de célébrer à loisir vos glorieux exploits. Aujourd'hui, monseigneur, nous ne connaissons pas d'autre bien, d'autre joie, nous ne sommes capables de sentir que l'inexprimable satisfaction de vous revoir.

« Le déjeuner, qui suivit immédiatement, se fit à la vue de toute l'assemblée, et fut animé par une conversation aimable et légère, mais souvent interrompue par l'artillerie et les fanfares. Enfin l'ardeur de la chasse fit descendre S. A. dans la cour, où elle était attendue par un autre spectacle fort convenable au goût de la fête ; c'étaient tous ses chiens amenés par leurs valets et précédés des piqueurs. On observa qu'après avoir reçu les caresses du prince, ils demeurèrent attentifs à le regarder avec un murmure extraordinaire d'ardeur et d'impatience.

« Le prince monte à cheval et force successivement deux cerfs dans l'espace de trois heures !

« Vous devez, monsieur, cette petite relation au chagrin que j'ai eu de voir la fête du 26 septembre demeurée sans écrivain

La crainte que celle-ci n'eût le même sort m'en a fait suivre
toutes les circonstances, pour me hâter de les recueillir. Tout
autre, sans doute, l'aurait fait avec plus d'esprit et d'agrément,
personne avec plus d'exactitude et de vérité.

« J'ai l'honneur, monsieur, d'être votre très humble et très
obéissant serviteur.

« QUIN.

« Inspecteur général des jardins de S. A. sérénissime. »

« A Chantilly, ce 20 décembre 1762. »

— Vous auriez tort de croire pourtant, me dit le cadet de
Chantilly, que les princes de Condé n'ont ici passé le temps
qu'à la chasse ; ils ont enrichi ce pays, qui n'était qu'un village
avant eux. Ces jolies habitations, si uniformément encadrées
de jardins, sont des concessions de terrain faites par le château.
Rien n'existerait sans la munificence de cette famille, une de
celles que la révolution française a le plus maltraitées. Lorsque
le prince Louis-Joseph de Condé, père du prince de Bourbon
qui vient de mourir, revit Chantilly après vingt-cinq ans d'exil,
il fut bien étonné des changements arrivés pendant son
absence.

— Avez-vous retenu quelques-unes des impressions qu'il
éprouva?

— Ce fut une singulière matinée d'audience, celle où le
prince attendit, selon l'usage, que ses vassaux et vavassaux
vinssent, saluant son retour, mettre un genou en terre sur le
perron et que personne ne parut. Personne. La cour fut vide,
le perron désert, et les immenses échos du château ne lui ap-
portèrent que le bruit suspect du cor, célébrant quelque chasse
dont le gibier ne lui reviendrait pas. Alors sa douleur fut
grande.

En soupirant, en fermant les croisées de la cour, il se dit :
« Peut-être se sont-ils trompés sur le jour et sur l'heure ; vingt-
six ans d'absence n'habituent pas les vassaux à l'exactitude.
Je ferai replacer la grosse cloche du château. »

Vers le soir, quand les habitants de Chantilly et des environs
eurent retrouvé l'heure de loisir délicieusement remplie par

des promenades sur la plus belle pelouse du monde, ils se dirigèrent vers le château pour rendre leur visite au prince.

Sa pauvre tête n'y tint plus de joie ; il avait retrouvé ses vassaux. « Vite, mon costume de cérémonie ; monsieur le gen-
« tilhomme, mon épée d'acier ! vous, monsieur, mon ceinturon,
« — l'auriez-vous laissé à Munich ! — Hâtez-vous, messieurs.
« — Bien ! l'autre manche ! — Fixez donc mieux cette boucle.
« Ah ! l'émigration vous a gâté la main aussi, messieurs ! on
« dirait que vous n'avez été de service que dans les cours
« du Nord au quinzième siècle. Allons donc ! ce sont mes vas-
« saux qui attendent. Les pauvres gens, comme ils ont dû
« souffrir pendant vingt-six ans ! que je vais les trouver chan-
« gés, vieillis, misérables. Mettez de l'or dans cette poche,
« beaucoup d'or dans celle-ci ! — Il est temps de me rendre à
« — leurs désirs. — Messieurs, devancez-moi ! — Ces pauvres
« vassaux ! »

Bon prince ! au lieu de pauvres serfs en guêtres déchirées, en pantalons brûlés par la boue, à la figure livide, il aperçoit la population la plus éclatante de santé et de luxe. C'est l'élégance de Paris et la fraîcheur de la campagne.

« Où donc ces pauvres vassaux ont-ils pris tant de beau
« drap, tant de beau linge ? de malheureuses vassales tant de
« soie et de plumes ? »

Il ne reconnaissait plus le passé dans ces visages, dans ces riantes figures, et d'hommes et d'enfants et de femmes, qui semblaient dire par tradition : *Bonjour, monseigneur*, et au fond :

« Qu'est-ce donc qu'un seigneur ? »

Il aurait bien voulu questionner ses gentilshommes, mais ses gentilshommes n'en savaient pas plus que lui. Ils étaient à Londres quand il était à Coblentz.

Enfin, plus courageuse que les autres, une dame s'approche la première, vassale de vingt ans, belle et parée à ravir ; elle monte le perron ; monseigneur tend la main pour qu'on la lui baise ; pour toute réponse à ce geste suranné de grandeur et de féodalité, on lui pose une autre main plus blanche à la hauteur des lèvres. Vengeance de femme ! Monseigneur baisa la main de la vassale, et la conduisit jusqu'au salon. Monseigneur venait de consacrer la révolution malgré lui : c'était grave ! —

maïs il ajouta mentalement : « Vingt-six ans d'absence changent bien des choses, et les vassales surtout ! »

A l'intérieur il se passa aussi des scènes fort curieuses. La foule y pénétra, non comme jadis avec cette stupide curiosité de vilains, mais avec cette décence que donnent la dignité personnelle et la conscience de son rang. Il y avait du silence et de l'amour comme dans un temple ; la voix seule de monseigneur le prince de Condé dominait ; il fut même obligé de la modérer. En Allemagne il parlait un peu haut.

« Vous, monsieur, dit-il en s'adressant au plus âgé de la foule, me reconnaissez-vous ? ma mémoire n'est pas aussi généreuse à votre égard. Votre nom ?

Ce nom fut dit.

Et le prince ajouta : « C'est cela ! ancien palefrenier de mes juments poulinières. Ai-je raison ? »

Il y avait du triomphe dans le succès de mémoire du prince, et un dépit calme dans la personne interrogée, qui répondit avec une fermeté respectueuse :

— Oui, monseigneur, votre ancien palefrenier, mais depuis, blessé à Lodi. — Voyez ma tête et cette croix ! — depuis, amputé du bras gauche à Salanieh en Egypte ; aujourd'hui rentier à Chantilly.

Le prince s'inclina. Il passa à un autre.

— Et vous, monsieur, votre nom ? — Tout juste ! Votre père était bûcheron de la partie de mes forêts de Mortefontaine ; c'était un grand braconnier, Dieu lui pardonne !

— Monseigneur, ce bois m'appartient aujourd'hui ; et j'offre à Votre Honneur de lui rendre les lapins tués par mon père

— Ce bois vous appartient !

Le prince déroba une larme. C'est dans le bois de Mortefontaine que fut coupé le bâton de maréchal du grand Condé ; ce bâton qui alla tomber dans les lignes de Fribourg, et qui en revint avec la victoire.

— Merci de votre offre, monsieur ; je ne chasse que sur mes terres.

— Et vous, dit-il au troisième, vous ressemblez beaucoup à Jean-Pierre ; seriez-vous parent de Jean-Pierre, ancien employé à mes carrières de Creil ?

— Monseigneur, je suis son petit-fils. Mon père acheta ces carrières de la commune ; j'en ai hérité de mon père. Aujourd'hui, avec les pierres et la chaux de ces carrières, j'ai bâti une manufacture qui fait vivre le pays.

Après un moment d'émotion le prince répondit :

— C'est bien fait ; je vous reconnais pour le véritable seigneur de l'endroit, vous m'avez remplacé dignement.

Le pas était franchi, et monseigneur de Condé continua avec moins d'amertume son interrogatoire.

— Et vous ?

— Moi, monseigneur, je me rappelle avoir vu ici de belles fêtes, car j'étais votre piqueur.

— Vous pouvez l'être encore, mon ami.

— Monseigneur, c'est impossible.

— Pourquoi cela?

— Parce que vous m'avez fait pendre.

— Pendre !

— Oui, monseigneur, j'ai été condamné à être pendu par votre conseil des chasses, pour avoir tué un chevreuil le jour de la Saint-Hubert.

— Nous te ferons avoir tes lettres de grâce.

— Monseigneur, je les ai déjà obtenues.

— Et de qui?

— De moi-même. Je suis président dans le canton ; et je viens au nom de la cour vous offrir ses compliments bien sincères pour votre heureux retour.

— J'accepte avec reconnaissance les vœux de la cour, par — l'organe de mon piq... — je veux dire de son président. Diable ! monsieur, comme vingt-six ans d'absence changent une commune.

Enfin, découragé, le prince de Condé comprit, en dépit de ses plus chères illusions, qu'il ne lui restait plus de tant de puissance et d'autorité du passé que le rang de propriétaire éligible à Chantilly. Ses immenses bois, domaines et forêts étaient tellement réduits, que plus tard, et à l'abri du despotisme de Louis XVIII, il exerça pour les ravoir des vexations sans nombre sur les légitimes acquéreurs. Enfin son mobilier seigneurial était si pauvre à son retour qu'on fut obligé d'emprunter un bonnet de coton pour le coucher de monseigneur, qui avait cru probablement retrouver encore son bonnet, après vingt-six ans d'émigration.

La nuit descendait, et pour un centenaire la fraîcheur de la forêt devenait bien vive, bien pénétrante.

— C'est peut-être mon dernier soleil, me dit le cadet de Chantilly, mais il est beau ! aussi beau que celui qui brilla sur le château le jour où je vis fouler cette pelouse, aujourd'hui veuve de tant de beaux équipages, par le comte du Nord, plus tard Paul Ier, empereur de toutes les Russies.

—Encore cette histoire, lui dis-je ; car, sans vous qui me la racontera ?

Il s'appuya sur moi et parla :

— Le comte du Nord voyageait en Europe, il vint en France, à Paris. A la cour on lui parla de Chantilly : il voulut le voir.

La réception fut majestueuse : elle parut froide. Après le dîner, après la promenade, après le jeu, il y avait encore de l'ennui, comme pendant le jeu, la promenade et le dîner.

Alors Monsieur le prince proposa au comte du Nord, pour passer plus agréablement le reste de la soirée, une partie de chasse dans la forêt. Cette invitation, faite à dix heures de la nuit et d'un ton sérieux, étonna beaucoup le Comte qui se la fit répéter, et qui n'y adhéra que sous forme de plaisanterie, n'imaginant pas qu'il fût possible de courre le sanglier et le cerf au milieu de l'obscurité.

Aussitôt à un signal donné par le prince, les chevaux, tout sellés, tout bridés sont conduits dans la cour des écuries, les chiens réunis en groupe, les piqueurs rassemblés : gentilshommes, valets, coureurs, tout met le pied à l'étrier. Le cor sonne ; les princes de Condé et le comte du Nord s'élancent sur leurs chevaux ; quelques dames osent suivre ces aventureux chasseurs.

La soirée est belle : la lune rayonne sur les magnifiques bois de Sylvie ; la pelouse, vaste lac de gazon, jette son parfum à la nuit ; on la foule quelque temps en silence. Il y a de l'étonnement dans ces chiens et dans ces chevaux éveillés au milieu de leur sommeil pour obéir à l'impérieuse voix de la chasse, à l'heure où tout dort, jusqu'aux arbres. Ils cherchent leur soleil et leur rosée si fraîche du matin et ces masses sonores d'air, qui répètent, avec la pureté du cristal, les aboiements, les hennissements, les fanfares : ils ne comprennent pas pour quel étrange courre on a réuni leurs meutes. Humbles comme tous les animaux le sont la nuit, les chevaux battent le gazon d'un galop douteux ; les chiens, l'oreille basse et le museau en quête, ne savent où chercher leur piste, sous un ciel sans vent connu, plein d'exhalaisons où ne se mêle aucune trace de gibier. Le gibier dort, le sanglier dans ses joncs sauvages et ses mares ; le cerf sous les charmes immobiles, sous les oiseaux immobiles, sous un ciel immobile. La grande âme de la forêt, avec toutes ses agitations et ses intelligences, repose.

Et les chasseurs ont déjà passé la grille du château ; ils sont deux cents ; maîtres et valets. C'est la grande route du connétable. Le cor retentit.

Une lumière brille, deux lumières, vingt lumières, mille ; on y voit à vingt pas, à une lieue, à droite, à gauche, partout ; mille sinuosités, trente ou quarante lieues de lignes courbes s'embrasent ; les lumières ruissellent comme des fleuves ; les routes qui s'entrecoupent, étroites et rapides, s'illuminent aussi et vont comme une flèche jusqu'à ce qu'elles rencontrent une table, un carrefour qui les fasse tourner ou jaillir en nouvelles routes de feu, pour, plus loin, après avoir encore couru, être brisées de nouveau jusqu'aux limites indéterminées du bois, de carrefour en carrefour, de poteau en poteau, de rond-point en rond-point. Le jour n'a pas cet éclat. Sur le feuillage ou sous le feuillage, les mêmes tremblements de lumière ; les mêmes gouttes de clarté sur les branches intermédiaires, comme à midi, l'été ; et à ce jour factice, les oiseaux s'éveillent, battent des ailes, et chantent ; les chiens ont retrouvé leurs voix, les chevaux leurs pas. Dans les fourrés, le cerf remue ; dans sa bauge le sanglier grogne. Toutes les harmonies s'éveillent sans l'ordre de Dieu. En avant les chevaux, les chiens et les hommes ! en avant les limiers, qui débusquent le cerf, trompent toutes ses allures, qui saisissent dans l'air le cri qu'il y a jeté, sur la terre le souffle qu'il y a répandu, dans l'eau la trace qu'il y a laissée, qui vont, qui bondissent, qui nagent, avec cette rectitude de volonté dont la pensée s'épouvante! En avant donc les chiens! puisqu'il est midi! qu'on va sonner la curée! Il est midi, le ciel est rempli d'étoiles.

Quelle magnifique surprise pour M. le comte du Nord que cette forêt, qui contient près de huit mille arpents, illuminée comme un palais le jour de la naissance d'un souverain! Ce fut dans cet instant qu'il dit au plus âgé des princes : « Jusqu'à « présent les rois m'ont reçu en ami ; aujourd'hui Condé me re- « çoit en roi. »

Le prestige de cette illumination était dû à des torches de résine portées par les vassaux de monseigneur. De dix pas en dix pas un paysan à la livrée du prince était le chandelier immobile d'une torche.

— Continuons la fête.

Les cerfs de la forêt, à ce midi sans aurore, reconnurent leur ennemi, l'homme, et s'élancèrent dans les allées par troupeaux, croyant à la réalité du jour. C'était vraiment grand et digne d'un prince que ce spectacle d'animaux courant sur une ligne de feu, entre d'immobiles flambeaux, surtout lorsqu'ils apparaissaient au fond de la perspective, alors qu'on ne distinguait plus que leur bois, et que les torches semblaient des étincelles. — C'était vraiment grand et beau! Le bruit du cor dans une nuit semblable, où le plaisir avait l'aspect du désastre, la joie le caractère de l'effroi, la fête celui d'un incendie.

Le cerf fut débusqué; alors un spectacle toujours neuf, toujours admirable à la clarté du jour, emprunta de la clarté des flambeaux un étrange aspect. Chevaux, chiens et chasseurs dérobent en courant à ce bariolage de couleurs, tranchées de vert sombre et de fumée de résine alternativement, des ombres fortes ou effacées par les lumières. Obligé de parcourir sans déviation la ligne de feu qui brûle ses deux prunelles, le cerf renverse, tantôt à droite, tantôt à gauche, six hommes ou six flambeaux, peu importe. Les vassaux se rapprochent, et la symétrie n'a pas à souffrir. Pauvre cerf! comme il va malgré les chiens pendus en grappe à ses flancs, malgré les chevaux, autres chiens plus forts qui hennissent, malgré les hommes, autres chiens qui parlent! Il devance ces chiens, ces hommes, ces chevaux, le vent, la pensée; mais il ne peut devancer ce qui est immobile et qui ne finit pas, des hommes debout, des torches enflammées. Il sait le carrefour du Connétable; il y pense; il y est; c'est une lieue. Il en franchit d'un bond la colossale table de pierre; autour de la table encore du feu! Il sait le carrefour de l'Abreuvoir; il y est; il est déjà plus loin, il a encore vu du feu. Alors sa vitesse n'est plus un élan, c'est un vol; ses quatre jambes pliées sous le ventre, sa tête disparue dans la ligne allongée de son corps, entièrement masquée par le massacre de son bois, il parcourt les espaces avant de les avoir conçus; les espaces ne sont plus que des êtres de raison; les hommes et les arbres sont des lignes noires, les torches une ligne rouge, lui une pensée. Il ne doit plus compter ni sur l'air ni sur la terre; la terre et l'air sont peuplés de bruits qui sonnent sa mort. Aux étangs! aux étangs! Il y en a cinq au milieu de la forêt. A des heures plus douces, et quand la lune les éclairait, il y est venu avec les faons et les biches y boire et s'y rafraîchir.

Aux étangs! il y court.

Aux étangs, les chiens ont devancé le cerf, et là comme ailleurs la fatale illumination des torches l'attend. Rien n'est beau comme les étangs, pourpres des flammes qui les cernent, réfléchissant les étoiles immobiles et la fumée qui court à leur surface. Le cerf y plonge, et le bruit de sa chute se perd au milieu du bruit des chevaux et des hommes qui arrivent, des chiens qui sont arrivés. Ce fut un moment dont le souvenir ne se perdra pas, celui où les princes, et leur innombrable suite, penchés curieusement sur leurs chevaux, à la lueur de ce lac, alors véritable miroir ardent, furent témoins de la prise et de la mort du cerf. Tout était rouge; eaux, ciel, cavaliers, dames, chasseurs, chevaux, chiens; auprès et au loin tout était rouge.

On déchira le cerf; les chiens eurent le morceau d'élite; des dames de la cour rirent comme des folles; le cerf pleura. Cette fête coûta prodigieusement, mais monseigneur le comte du Nord avait eu une chasse au flambeau.

Au château le souper attendait le retour des chasseurs. Ils furent reçus sous une tente parée d'emblèmes analogues à la fête : des bois de cerf soutenaient les rideaux et les draperies.

Au dessert, quand les prestiges du cuisinier et de l'échanson, deux emplois où les premiers mérites se sont toujours mis en relief dans la maison des Condé, témoin Vatel, eurent achevé d'éblouir l'imagination septentrionale de l'auguste étranger, le prince se leva et dit au comte du Nord : « Où monsieur le « comte croit-il être ? — Je crois être, répond celui-ci dans le « château de Condé, le plus noblement hospitalier des princes, « et dans son plus riche appartement. » (1)

Les rideaux s'écartent, les deux côtés du pavillon s'ouvrent, et le comte du Nord, à son inexprimable étonnement, se trouve au centre des écuries du château. Trois cents chevaux, chacun dans sa stalle, ceux-ci hennissant, ceux-ci courbés sur l'avoine, ceux-là perdant la sueur sous l'éponge, ceux là frappant les dalles, tous sous la main d'un domestique, complètent cette surprenante perspective.

C'était en effet une bizarre idée du prince d'avoir traité un futur souverain dans les écuries du château. Mais personne n'ignore que les écuries du château de Chantilly sont une des merveilles architecturales de la France. Aussi, lorsqu'en 1814, au retour des princes dans leurs propriétés, une délicate précaution voulait leur éviter d'abord la vue de leur château démantelé par la bande noire, le prince de Condé se hâta de demander à son introducteur : « A-t-on respecté les écuries ? — « Oui, monseigneur. — Maintenant, ajouta-t-il avec joie, vous « pouvez tout m'apprendre. »

Il était nuit, nous étions à la porte de l'hospice de Chantilly. le centenaire me dit adieu.

(1) Cette noble hospitalité fut dignement récompensée. Lorsque les malheurs de l'exil poussèrent le prince de Condé, d'émigration en émigration, jusqu'en Russie, Paul Ier se souvint de l'accueil fait au comte du Nord. L'hôtel de Tzernichef fut décoré à la française et dans le goût de Chantilly. Les domestiques furent habillés à la livrée du prince, et sur la porte de l'hôtel était écrit en lettres d'or, *Hôtel de Condé.*

ÉCOUEN

La ruine des châteaux n'est pas l'œuvre exclusive de la révolution de 89. Il n'est ni vrai ni juste d'attribuer à la colère seule du peuple une tâche d'anéantissement mûrement méditée, poursuivie sans interruption, pendant trois siècles, par la monarchie, en lutte corps à corps avec la féodalité. Quand le peuple souverain brûla les ponts-levis, il y avait longtemps que les rois avaient nivelé les bastions. Richelieu ouvrit la brèche à Robespierre. Bien avant la révolution, il n'était pas plus dans les mœurs d'élever des habitations fortifiées qu'il n'entrait dans la constitution politique du royaume de les souffrir. La reddition des châteaux suivit la soumission des provinces.

Ceux qui furent ravagés par une population dont le droit de représailles ne peut pas plus être approuvé que contesté ; ceux, en plus grand nombre, que la bande noire a passés au crible pour les convertir en plâtre, les uns et les autres, à quelques gran-

des exceptions près, n'étaient que des résidences seigneuriales, sans âge, sans époque, sans caractère dans leur architec-
ture. La corruption de l'époque antérieure à la révolution les
avait déjà avilis du nom frivole de *folies*, avant que la mine
du démolisseur à la toise ne les eût jetés sur l'herbe.

Les châteaux-forts, les seuls, je présume, dont nos regrets
se soucient, furent démolis par la suprême bande noire des
rois Louis XI, Henri IV, Louis XIII et Louis XIV, et surtout
par l'implacable révolutionnaire Richelieu, qui tua la tortue
dans l'écaille, le seigneur dans la seigneurie. Il faut donc établir une foule de distinctions nécessaires entre les constructions féodales et les maisons seigneuriales faussement confon-
dues aujourd'hui sous le nom de châteaux.

Toutefois, si pendant l'ère féodale, les nobles méprisèrent,
avec un instinct parfait de leur conservation, le séjour des ca-
pitales et des villes, mortel à l'inégalité, il y aurait erreur de
croire que tout grand vassal fût un rebelle, toute retraite écar-
tée un château-fort. Pour un haut baron qui bâtissait sur la
montagne et arborait la désobéissance à sa grosse tour, il
existait des milliers de seigneurs qui, fidèles à la couronne,
suivant leur roi à la guerre, accompagnant leur reine au conseil, ne s'entouraient de fossés que par tradition, ne se retran-
chaient derrière des murs de douze pieds d'épaisseur que par
une routine de maçonnerie; et n'avaient des bastions, des doubles enceintes et des donjons, que pour obéir à la beauté de
la symétrie. D'ailleurs, tout seigneur avait sa terre, chaque
terre son château.

Maintenant, montez avec moi par l'escalier creusé à vif dans
le roc, à la tourelle d'un de nos vieux manoirs, pour distinguer
de là avec les yeux du passé et à la distance d'une flèche, d'abord
çà et là, rares, clair-semées, et couvertes de chaume, quelques huttes de bergers, quelques huttes de pêcheurs; semence
invisible d'une colonie à naître, bourgeon douteux d'une civilisation fermée. Voyez l'enfant sauvage et nu grandir, la cabane
s'adosser à la cabane, la hutte à la hutte, et la famille à la rue,
celle-ci s'allongeant, celle-là s'augmentant; voyez l'une partir
de la grande avenue du château, l'autre se grouper, faible et
nécessiteuse, sous la large main protectrice du seigneur. Sui-

vez d'un regard attentif la parenté qui s'éparpille, a famille dont le vent jette le grain partout, dans les limites et en dehors, séparée sans jamais 'se perdre; car elle se retrouve au puits commun, à la fontaine qu'on enclave, au four banal; mieux encore au monastère, où l'on prie pour le maître qui protége le four, le puits et la fontaine; car le monastère, est bâti, il est debout. On voit de loin les tourelles du château, de loin on entend la cloche du monastère. C'est un attrait pour qu'on vienne; c'est un motif pour qu'on n'approche pas : hospitalité pour les bons, menace pour les mauvais. Nous en sommes déjà aux relations de voisinage, aux défiances de la guerre; et tout a procédé de là, remarquez bien : du château et du monastère. Ce sont les deux plus vieilles pierres de la fondation française. Partez de là et revenez-y, vous ne vous égarerez jamais : l'histoire est à terre.

Le bourg s'entoure de murs : c'est pour résister; d'eau : c'est pour se défendre. Nous avons donc déjà des murs et des fossés. Le sujet de la guerre, la position du bourg nous l'indique : c'est une rivière que les deux populations qu'elle divise se disputent; c'est une route où chacune d'elles prétend seule avoir le droit de passer; un lac dont la pêche est contestée; c'est un bois dont chacun veut la coupe et le gibier. De là des prétentions fondées sur des origines obscures, la tradition; de là des coutumes grossières, berceau du droit; de là des habitudes de vivre, l'histoire des mœurs. Avec les différences qui leur sont propres, tenez compte de ces mille traditions, de ces mille coutumes, et vous aurez réuni toutes les pièces éparses de l'armure solide que portait le géant de la féodalité quand il couvrait la France.

Mais les époques de guerre sont passées; le château reste encore debout pour vous dire ses jours de magnificence, à l'abri de la royauté qui le protége : ses embellissements, et parallèlement ceux des villes vassales. Si le château a sa belle avenue, c'est pour la joindre au pavé de la ville. Les largesses du seigneur balancent sa souveraineté. Sa générosi é demande grâce pour sa puissance. Déjà la ville a ses priviléges; le paysan a son champ. Le privilége, c'est de ne pas suivre le seigneur à la guerre. Peut-être le paysan empêchera-t-il bientôt le seigneur de chasser dans son champ. Voyez : l'histoire n'a pas changé de place, tout est sous vos yeux ; autrefois le seigneur gouvernait depuis l'endroit où nous sommes jusqu'à l'horizon, — tout un pays ; — puis, il ne fut plus maître que jusqu'à cette colline, — traqué par Louis XI ; — puis, que jusqu'à ce moulin, puis, que jusqu'au bout de son bois, — limé jusqu'à la chair par Richelieu ; — puis, que jusqu'à sa grille, puis, que jusqu'à sa porte ; puis, il ne fut plus maître de lui-même, et on le coupa en deux. Les châteaux nous disent cela, et voilà pourquoi il faut les aimer, ou plutôt les étudier. On s'exhausse sur eux comme un nageur sur un rocher élevé, afin de plonger plus profondément dans les eaux du passé.

Quand, parti de Paris, on a couru quatre lieues vers le nord, en laissant Saint-Denis derrière soi, on est dans le bourg d'Ecouen.

Gravissons le sentier stratégique, ouvert dans le roc, qui isole le château sur une hauteur. Avec le temps, l'industrie a flanqué ce chemin de défense de petites maisons bourgoises, et de magasins où se vendent les épiceries pour la consommation locale, la poudre du roi et le tabac de la régie. Puissants Montmorency ! hauts barons ! là où vous attendaient autrefois, sur deux haies, des hommes d'armes immobiles, espèce d'escalier de fer, par où vous passiez pour vous rendre à votre manoir, il n'y a plus que les chandelles de bois de l'épicier, le petit plat à barbe du perruquier, et la carotte rouge des contributions indirectes. La fin des plus belles choses de ce monde est triste, et ce serait à ne pas se consoler, si, par un regard jeté en arrière, on ne découvrait, au fond du passé, toute la misère des origines.

L'origine des Montmorency, personne ne l'ignore, a devancé de beaucoup la fondation du château d'Écouen, bâti au xve siècle sur l'emplacement d'un autre château d'une date perdue, relevé par Anne la connétable pendant le règne de François Ier. Ils habitaient, plus loin, le bourg de leur nom, véritable berceau de leur famille, et qui a dû être, il faut bien le croire, une ville autrefois importante, puisqu'il est dit dans les chroniques que les Anglais, en 1356, après la bataille de Poitiers, firent le siége de Montmorency, prirent le château et le brûlèrent.

On explique les violences exercées par les Anglais sur les terres des Montmorency par la fraternité de bonne et de mauvaise fortune qui liait ces derniers à la cause des rois de France. On sait aussi que, par la mauvaise délimitation de leurs propriétés, ils étaient continuellement en collision avec les puissants abbés de Saint-Denis. A l'époque où le nom de cette famille se cachait derrière celui de Bouchard, pour l'éclipser plus tard et l'effacer complétement, la tradition place de naïves anecdotes, toutes ayant trait aux prétentions réciproques de l'abbaye de Saint-Denis et de ses redoutables voisins. Mais elles pèchent par beaucoup d'obscurité. Par un temps de brouillard il y a moins de ténèbres amassées autour de la flèche de Saint-Denis qu'il ne s'en trouve, lorsqu'on remonte, à la surface des événements dont cette flèche est la véritable sœur en âge (1).

Si cette belle flèche avait une voix, comme au temps des fées, elle vous dirait, sous sa responsabilité, comment le noble Bouchard, dont les descendants épurés furent des Montmorency, avait choisi pour théâtre de ses excursions ce plateau montueux qui part de Saint-Denis et se circonscrit entre les buttes de Champlâtreux et l'Ile-Adam. Bouchard n'avait pas encore de château seigneurial avec ponts, fossés et tourelles; pas de palais, si ce n'est celui du ciel, où ses collatéraux devaient loger un jour une parente divine, protectrice spéciale de leur famille. Cette parente, on le sait, fut tout simplement la sainte Vierge, mère de Dieu, cousine des Montmorency; excellente cousine qui, priant, un jour d'été, l'un de ses cousins de se couvrir devant elle, en obtint pour réponse: — Ma cousine, c'est par commodité.

Bouchard, malgré sa céleste parenté future, ne croyait ni à Dieu ni à diable; ce qui ne l'empêchait pas d'être un hardi détrousseur de grandes routes. La nuit venue, il endossait sur ses membres velus une casaque couleur d'écorce d'arbre, s'armait d'une lance ou d'un bâton; et, placé à la Patte-d'Oie de Saint-Denis, limite qu'il ne franchissait jamais, à cause de certaines précautions de l'abbé du monastère, ou bien en embuscade sur le chemin de Beaumont ou de Senlis, il guettait le

____
(1) Elle n'existe plus.

chariot de vivres se dirigeant vers Paris, la mule opulente de l'homme d'église ; à défaut, le simple piéton, pour peu qu'il eût une allure aisée; la villageoise, pour peu qu'elle fût jolie.

L'erreur topographique serait des plus graves si l'on se figurait le terrain parcouru par le sire de Bouchard tel qu'il ne fut que des siècles après, coupé de larges routes ombragées d'ormes, peuplé de jolis hameaux, dont les noms sont aussi frais que leur paysage; Pierrefitte, cellier vineux des moines de Saint-Denis, Sarcelles Villiers-le-Bel, Épinay, Sannois, Eaubonne; terrain couronné par Montmorency, la ville des cerises; la cerise! royauté que le temps ne lui a pas enlevée, après avoir abattu le formidable château de ses ducs.

Bouchard ne voulait être ordinairement accompagné de personne pour mener à bien ses entreprises, que sauvaient d'une qualification injurieuse des prétextes de guerre; il allait seul à travers des lacs dont celui d'Enghien n'est plus qu'une goutte oubliée, par des bois pleins de loups qui semblaient le connaître, ou le long de la Seine, dont les flots solitaires ne réfléchissaient que de rustiques cabanes de bûcherons. Vainqueur, il entraînait sa proie dans sa demeure, et là il la dépouillait jusqu'à la dernière plume, ce que constatent les chroniques.

Elles racontent des merveilles du musée de rapines qu'il s'était composé, grâce à ses représailles de guerre envers les abbés de Saint-Denis. Il faut croire que la poésie de la tradition aura exagéré l'amour de la collection chez le redoutable Bouchard. Il avait, assure la chronique, des chambres pleines de soutanes d'abbés, ce qu'il appelait plaisamment son concile; des greniers encombrés de selles de chevaux, le long desquels il aimait à se promener, comme dans un jardin de cuir et dans le Panthéon de sa gloire. Il avait encore des salles comblées de cornes de bœufs qu'il avait volés; mais sa plus riche, sa plus étincelante, sa plus ambitieuse pièce, sa salle du trône, était celle dite des *fers à cheval*. Aux quatre murs de cette salle étaient cloués du haut en bas, de long en large, des milliers de fers à cheval, rangés avec symétrie, autre souvenir de ses guet-apens nocturnes. Bouchard avait ainsi déroulé autour de lui une suite d'images mémoratives de ses conquêtes.

La structure de Bouchard répondait à l'idée qu'on pouvait

s'en faire d'après de pareilles mœurs. Il était trapu, velu et fourbu, dit en maligne assonnance un moine chroniqueur de Saint-Denis. Sa force était prodigieuse, sa rapacité celle d'un loup, sa figure celle d'un sanglier. Il avait des bruyères de cils qui lui cachaient les yeux ; sa barbe était si atrocement mêlée, tressée, tordue, impénétrable au peigne, qu'on le désignait et qu'on le désigne encore, dans les arbres généalogiques des Montmorency, dont il est le tronc robuste, sous le nom de *Bouchard le Barbu ou Bouchard à la Barbe-Torte.*

Barbe-Torte était donc la terreur des environs de Paris. De Senlis à Chantilly et de Chantilly à Pontoise, dans ce vaste circuit où courent la Seine et l'Oise, son nom était suspendu comme une flamme au-dessus des chaumières. Dans toutes les transactions qui avaient lieu pour des échanges de marchandises à l'époque de la foire de Saint-Denis, on faisait la part de Bouchard, comme on fait la part de l'inondation et du feu. C'était un temps de jubilation pour le vindicatif Bouchard, car la foire de Saint-Denis était célèbre dans le monde entier. « Les marchands s'y rendaient non-seulement de toutes provinces de France, mais encore des pays étrangers, de Saxe, de Hongrie, de Lombardie, d'Angleterre, d'Espagne et des autres royaumes. » Il n'y a que Barbe-Bleue et Barbe-Rousse qui, à des degrés différents d'authenticité, aient laissé une réputation d'effroi égale à celle de Barbe-Torte.

Ce furieux Barbe-Torte commit tant de méfaits que l'abbé de Saint-Denis résolut de s'offrir en sacrifice pour délivrer le pays de ce monstre, de ce Minotaure, qui n'avait pas encore rencontré son Thésée.

Sublime dévoûment ! Mais comment pénétrer dans l'antre du dragon sans en être dévoré, avant d'avoir essayé de la persuasion sur son esprit ? car le bon abbé ne voulait et ne pouvait avoir recours qu'aux armes de la parole pour opérer une sainte conversion dans l'âme de Barbe-Torte, âme plus torse encore que sa barbe.

Tout est possible à ceux qui croient. L'abbé fut inspiré par son dévoûment. Habillé en marchand de bestiaux, il monte sur sa mule et se met en route par une nuit d'hiver, chassant devant lui un troupeau de bœufs.

A peine était-il par le travers des propriétés de Barbe-Torte, entre Andilly et le Plessis-Bouchard, qu'un coup de bâton ferré le renverse et l'abat aux pieds de sa mule. En se relevant, l'abbé reconnaît Barbe-Torte. — Dieu soit béni! Celui-ci lui commande de le suivre, ainsi que ses bœufs. Il est obéi.

Le saint abbé ferma les yeux en entrant dans la caverne de Bouchard qui semblait murmurer derrière son ironique sourire : — Avant demain, les quatre fers de ta mule, mon hôte, seront cloués là; ta selle là-haut; toi où il me plaira.

Minuit! c'était l'heure du souper de Barbe-Torte. Bouchard mangea avec un énorme appétit. Au second coup qu'il but, il s'informa avec intérêt si le commerce des bestiaux était florissant aux environs. Le bon abbé, qui n'entendait rien au commerce des bestiaux, toussa; si la foire de Saint-Denis en France promettait d'être meilleure cette année : même indécision de la part de l'hôte de Bouchard, qui, le regardant de travers, lui dit : — Tu n'es pas marchand de bœufs, maître rusé, tu me trompes. — Si tu étais un voleur!

L'accusation était étrange dans la bouche de Bouchard; elle fut une inspiration pour le faux marchand de bœufs, qui mettant sa confiance en Dieu, répondit : — Oui, je suis un voleur!

Barbe-Torte pâlit.

— N'aie pas peur, Bouchard, lui dit l'abbé, qui s'imaginait, dans l'excès de sa candeur, que le criminel avait réellement peur de lui. N'aie pas peur, répéta-t-il.

— Mon vœu est près de finir, s'écria Bouchard; voilà ma peur.

— Quel est donc ce vœu?

— J'ai juré de ne renoncer à la vie que je mène que le jour où ce château verrait entrer en même temps par sa porte deux voleurs, dont un saint. Nous sommes entrés cette nuit tous les deux par la même porte.

Tu es voleur; mais es-tu saint ? réponds!

Sommé de répondre s'il était voleur, l'abbé par humilité et par espoir de sauver une âme, avait dit oui; mais avouer au même prix qu'il était saint lui semblait un sacrilége; c'était jouer gros jeu. Il répondit : — Non, je ne suis pas un saint.

— Tu m'as sauvé! reprit Barbe-Torte. Bois; car si tu eusses

été un saint, que serais-je devenu, obligé de quitter cette vie dont tu connais tout le prix puisque tu es du métier, ou forcé, pour la continuer, d'être parjure ? Oui, tu m'as sauvé. Fêtons un si beau moment. Buvons. — Attends! je vais chercher du meilleur. Nous boirons à notre santé et à l'heureux espoir de ne pas quitter de sitôt cette vie. Attends-moi; je vais à la cave et je remonte.

Resté seul, le prélat songea, dans l'amertume de son âme, à l'endurcissement de ce pécheur, qui plaçait son salut, comme tant de gens sans religion, dans l'accomplissement d'un vœu impossible à réaliser. Il fut sur le point de se repentir de n'avoir pas avoué qu'il était un saint. Il pria jusqu'au retour de Barbe-Torte, qui, en rentrant dans la salle, fou, désespéré, hors de lui, courut se précipiter aux pieds de l'abbé.

— Oui, je vous reconnais; vous n'êtes pas un marchand de bœufs, mais abbé de Saint-Denis. Comment en douter ? votre mule a un fer d'argent à l'un de ses sabots, un fer d'argent! ce que les abbés de Saint-Denis ont seuls le droit de faire porter à leur monture.

Mon vœu est fini!

Bouchard Barbe-Torte exhala un long soupir.

Sans raisonner le mérite d'une conversion résultant évidemment du vol des fers de sa mule qu'allait commettre Barbe-Torte, l'abbé, attendri jusqu'aux larmes, pardonna et bénit le pénitent.

Bouchard promit, de son côté, de vivre en chrétien, de faire ses pâques. Il reconnut l'abbé de Saint-Denis, qui, à son tour, le reconnut pour seigneur de Montmorency et d'Ecouen. La paix fut faite, du moins pour quelques années. Les environs, pendant cette trève, furent à l'abri de beaucoup de rapines.

Du même coup, l'abbé de Saint-Denis passa pour un saint, et Bouchard fit paisiblement souche de premiers barons chrétiens.

Il n'est pas facile de dresser l'inventaire historique des innombrables salles du château d'Ecouen.

Dès que vous avez franchi le seuil de la première porte et gravi l'escalier en colimaçon du premier étage, vous êtes dans la salle des Gardes. On y voyait autrefois des tableaux représentant les campagnes du grand Condé, entre autres le campement de Villeneuve-Saint-Georges, le siége de Gravelines et celui de Montmédi. Ces tableaux doivent être aujourd'hui dans la *Galerie-des-Victoires* de Chantilly, peinte par Vendermeulen. La salle des Gardes vous prépare au sentiment de lugubre viduité qui vous attend plus loin. Passez. Entrez dans les quatre autres salles. On se croirait dans un hypogée d'Egypte (1).

Rien n'offre un appui à l'imagination perdue dans ces solitudes de murailles. Il n'y a pas un vieux siége de chêne où asseoir quelque grand vassal de la Couronne pour le saluer en passant et lui baiser la main ; pas un lambeau de rideau à faire crier sur sa tringle rouillée, et qui laisse à découvert un lit de parade, occupé par une pâle châtelaine, morte depuis d siècles. Quatre murs blancs comme une tombe, de hautes croisées de cachot, murées jusqu'aux dernières travées ; un parquet efflorescent de moisissure ; des poutres saillantes, décharnées, vieux ossements d'un squelette de château ; d'immenses cheminées pleines de vent : on a peur.

Graduellement l'esprit se familiarise avec ce sépulcre, et on ose en toucher les parois. Peu à peu, habitués au jour avare qui s'échappe, les yeux croient distinguer quelques nuances, quelques filets de peinture évanouie derrière la vapeur répandue autour des poutres ; c'est de l'or. Prenez garde. Votre souffle l'enlèverait. Cet or serpentait autrefois au soleil et aux flambeaux en d'interminables arabesques. Quelles richesses resplendissaient donc ici, dans ces appartements, pour que les poutres fussent d'or ? De quoi étaient recouverts les murs et le plancher ? qui logeait ici ?

En portant de plus près mon attention sur la couche de plâtre qui voile les murs, et qui est si peu en harmonie avec les dorures du plafond, je remarquai des couleurs troubles sous ce plâtre. Je lavai par place le mur et je mis à nu, à mon grand étonnement, les merveilles d'une fresque. Primatice

(1) Cette description a été écrite avant l'avénement du nouvel Empire qui a rendu quelques salles du château à l'éducation des jeunes filles de la Légion-d'Honneur.

embellit le château d'Ecouen. Primatice a donc peint ces fleurs, ces guirlandes aux plus gracieux enlacements, ce jardin vertical sur lequel pèse un nuage de chaux. L'illusion n'avait plus rien à faire. Je vivais au milieu des pompeuses réalités que j'avais découvertes. En un instant, et sans effort, j'étendis, par la pensée, mon travail autour de moi. Les poutres dorées s'appuyèrent sur une salle royale. La vaste cheminée de marbre rouge s'alluma, les croisées s'ouvrirent sur le parc, plein de cerfs, plein d'oiseaux ; les fauteuils, les tentures frisées sur frise, les portières de damas, venues d'Orient, gonflées, exhalant le musc, complétèrent cet ameublement. Quand je me tournai vers le concierge pour lui demander s'il savait qui, dans les temps passés, avait occupé cette salle, j'étais presque sûr de sa réponse.

— Chambre de Madame Claude, me dit-il.

— La femme de François Ier, n'est-ce pas ?

— Oui, monsieur.

Je me recueillis.

Le premier janvier 1540, sous le règne de François Ier, Paris, qui était presque aussi vaste et proportionnellement aussi peuplé alors qu'aujourd'hui, s'éveilla au bruit du canon et des cloches. Les rues étaient jonchées de fleurs ; peine de mort à qui aurait souillé le pavé d'un jet de paille ; les fontaines coulaient du vin ; moyen économique pour n'en donner à personne. Aux croisées chargées de curieux flottaient des tentures de mille couleurs. C'était plus beau que pour l'entrée d'un souverain ; on le croira sans peine, puisque deux souverains entraient dans Paris.

L'un était François Ier ; l'autre n'était pas, comme on serait tenté de le supposer, un roi allié, visitant à la manière des anciens princes d'Orient un ami couronné. Le plus dangereux ennemi de François Ier, son vainqueur sans générosité à Pavie, son tyran implacable à Madrid, son détracteur en plein consistoire de Rome, son rival en tout, excepté en délicatesse, Charles-Quint, empereur d'Allemagne, roi d'Espagne et des Indes, passait, monté sur un *beau cheval moreau*, sous la porte Saint-Antoine. Et François Ier, ce qui n'était pas moins étonnant, était allé à la rencontre de Charles-Quint jusqu'à

Châtellerault; il avait voyagé côte à côte avec lui jusqu'à Paris, et tous deux y faisaient leur entrée aux bruyants noëls de la noblesse et du peuple.

Voilà pourquoi les cloches sonnaient.

Contre l'avis de son conseil, plus prudent et non pas plus fin que lui, Charles-Quint avait demandé à François Ier la singulière permission de traverser la France, afin d'aller apaiser une révolte qui avait éclaté à Gand, où il était né, où il avait été baptisé, et dont il se disait le premier bourgeois.

Si Charles-Quint n'était pas directement descendu en Allemagne pour se rendre à Gand, c'est que ses finances n'étaient pas en assez bon état alors pour lui permettre de se montrer dans son empire avec la pompe convenable; s'il n'avait pas fait non plus le trajet par mer jusqu'en Hollande, c'est que Henri VIII, avec lequel il n'était plus dans de bons termes, depuis l'entrevue d'Aigues-Mortes, entretenait une flotte menaçante sur les mers d'Allemagne ; et si, en dernière ressource, il s'était décidé à demander le passage par la France, c'est qu'il savait combien il flatterait l'orgueil de François Ier en se reposant sur sa foi chevaleresque.

Il arriva ainsi que Charles-Quint l'avait prévu. Excepté de le nommer roi à sa place, François Ier lui prodigua toutes les preuves d'amitié imaginables.

Contradiction étrange! faiblesse des résolutions humaines ! une fois dans Paris, Charles-Quint fut surpris, dépaysé, ébloui: il eut peur de cette innombrable population, idolâtre de François Ier, et de la vivacité de laquelle il n'avait jamais eu aucune idée; population qui pouvait bien, sans crime, manquer de générosité, en se souvenant de celui qui en avait eu si peu pour le glorieux vaincu de Pavie.

Il raconta lui-même plus tard avec beaucoup de franchise le supplice comique de sa situation, lorsqu'il se trouva dans le guêpier de la ville de Paris, où il avait fait naître, treize ans auparavant, par la détention de François Ier, la famine, la peste, l'incendie et la guerre civile.

Quand le premier président du parlement de Paris le harangua, il s'imagina qu'il allait lui lire l'ordre du roi de l'arrêter et de le conduire à la Bastille. Il en fut quitte pour être comparé à Hercule.

En touchant aux clefs de la ville que le prévôt des marchands lui tendit dans un plat, il songea à la clef de l'Alcazar de Madrid qui était restée près d'un an sans ouvrir à François Ier. Il fut frappé de la mauvaise mine de ce prévôt.

Nombreuse aux croisées, pendue aux murs, serrée sur ses pas, tumultueuse, courant à ses flancs, lui faisant un rempart d'une lieue d'épaisseur devant, un rempart d'une lieue d'épaisseur derrière, la population parisienne l'envahit, et il se vit, non sans effroi, seul avec François Ier, le plus élevé sur ce socle hurlant. — Vous possédez une superbe population, dit-il à François Ier. — Vous n'avez encore rien vu, mon frère, lui répondit celui-ci: — attendez.

S'il voyait de jeunes filles vêtues en nymphes chanter et danser autour de lui, il était forcé de se rappeler qu'il avait employé la même galanterie envers François Ier pendant les premiers jours de sa captivité. Ces jeunes filles lui parurent belles, mais perfides. Son imagination, ébranlée par les assauts continuels de la même préoccupation, lui montra dans chaque habitant l'acteur convenu de la comédie dont il était le jouet. Pourquoi n'avait-il pas préféré le trajet par mer? Quelles tempêtes égalaient en péril ces six ou huit cent mille récifs bouillonnants?

A chaque coup de mousquet qu'on tirait à ses oreilles, en signe de réjouissance, il tressaillait, et regardait, pour se rasseoir un peu, François Ier, qui souriait. Évidemment il y avait de la raillerie dans ce sourire.

A la place Baudoyer, un échafaudage sur lequel on jouait un mystère s'étant écroulé, et cet accident ayant produit quelque agitation, il eut la fatale pensée que c'était un coup monté pour l'enlever à la faveur du tumulte.

A l'Hôtel-de-Ville, le corps des marchands lui ayant offert un bouillon, il le but avec appréhension. Il avait été soupçonné, en 1536, d'avoir fait empoisonner, par Montécuculli, le dauphin, fils aîné du roi. Ce bouillon lui parut avoir un goût étrange.

Enfin, arrivé au Louvre, comblé d'acclamations, rassasié

d'effroi, il se trouva face à face avec tous les capitaines blessés, mutilés, faits prisonniers à la bataille de Pavie, avec le grand connétable Anne de Montmorency, contre l'avis duquel cette bataille avait été livrée, et dont la rançon fut estimée cent cinquante mille écus. François Ier les lui désigna tous par leur nom. Dans ce moment sa mémoire effrayée lui rappela qu'il avait osé dire à Rome, en présence du pape, du sacré collége, des ambassadeurs de France et de ceux de presque toute la république chrétienne, que si ses soldats et ses capitaines ressemblaient aux capitaines et aux soldats français, il irait, les mains liées et la corde au cou, implorer la clémence de son ennemi.

Quelque haute idée qu'il eût de la loyauté de ces capitaines, Charles-Quint ne découvrit sur leurs figures martiales qu'un respect glacé.

Il passa la plus horrible nuit de sa vie au milieu des illuminations et des feux de joie dont il était l'objet.

Et comme le matin, selon son habitude, il se promenait à cheval, feignant un calme qu'il n'avait pas, il sentit quelqu'un qui, ayant sauté derrière lui en croupe, le saisit, l'atteignit par dessous les bras, et lui cria : — *Ah ! je vous tiens ! vous êtes mon prisonnier !*

C'en était fait de Charles-Quint.

En se retournant il vit un bel enfant qui riait et s'appelait d'Orléans.

Il voulut rire : mais il se souvint qu'il avait retenu ce bel enfant en otage jusqu'à l'entier acquittement des promesses jurées par son père pour sortir de la prison de Madrid.

Brûlé par ces craintes toujours renaissantes, il obtint de François Ier, sous le prétexte d'aller le plus promptement possible apaiser les Gantois, qu'il partirait dans trois jours pour Gand. Il désira, en outre, passer ces trois jours à la campagne. L'air de Paris ne lui était pas bon.

François Ier s'empressa de mettre à sa disposition le château de Chantilly qui appartenait alors au connétable de Montmorency.

Au connétable ! recevoir l'hospitalité du maréchal de Montmorency, qui, quatre ans auparavant, l'avait chassé de la Provence, comme à coups de fourche, pendant que lui, le grand empereur, s'informait avec fatuité combien il y avait de journées pour se rendre à Paris; étouffer cette honte pour se loger chez celui qui lui avait tué ses meilleurs généraux : Antoine de Lève, Baptiste Gastaldo, le comte de Hornes, Garcilaso de la Véga (1)! Pourtant il n'osa refuser. Il partit pour le château de Chantilly.

Chantilly n'est qu'à sept lieues d'Ecouen.

La salle qui porte le nom de Madame Claude est changée en chambre de conseil. Des généraux, des membres du parlement, les princes du sang, le connétable de Montmorency et le roi lui-même, François Ier, sont assis autour d'une table. A la clarté d'une lampe qui verse sa lueur du plafond, ils délibèrent au milieu du silence qui règne dans le château.

Il s'agit de décider si l'on retiendra Charles-Quint prisonnier en France jusqu'à ce qu'on ait obtenu de lui la restitution de la rançon qu'il fit payer au roi, l'investiture du Milanais pour le duc d'Orléans, ou bien si on le laissera sottement partir, au risque de recommencer avec lui une guerre ruineuse.

La délibération ouverte, François Ier débuta par les protestations chevaleresques passées en habitude chez lui; et il finit par dire qu'il ne prétendait pas se priver du droit de se plaindre toute sa vie du manque de foi de Charles-Quint en trahissant la sienne propre.

— De chevalier à chevalier ces maximes sont bonnes, s'écria la duchesse d'Etampes, — que, par une faiblesse blâmée chez François Ier, ce prince admettait à ses conseils; — mais de chevalier à geôlier elles sont une duperie. Il vous a tenu dans une cage où vous avez été la risée du monde. Votre corps s'est voûté, votre tête a blanchi dans la captivité. Puis, pour garantie de la rançon promise, il a demandé vos fils en otage; pour rendre vos fils, il a exigé trois bateaux chargés d'or, et des provinces : puis il a voulu toutes vos provinces; et sans M. de Montmorency, nous serions tous Allemands à l'heure qu'il est. Quatre soldats à sa porte, une lettre à Henri VIII, un ambassadeur aux princes protestants, et ce

_____

(1) Il fut aussi au xvie siècle, et il est encore aujourd'hui un des plus grands poètes de l'Espagne.

nouveau Charlemagne ne sortira de la Picardie qu'à i ... nes fins. Laissez ensuite crier à la violation de l'hospitalité. Vous demanderez à ceux qui vous accuseront de l'avoir violée, si vous ne valiez pas bien la peine d'attirer leur pitié, qui se tut parce que vous étiez le vaincu. Vous êtes vainqueur, faites : on se taira.

Profitant de l'hésitation qu'avait fait naître dans l'esprit de François Ier l'opinion de la duchesse d'Etampes, le cardinal de Tournon se hâta d'y conformer la sienne. Il prouva que le roi n'avait pas eu raison de prendre des engagements de générosité qui excédaient sa puissance ; d'ailleurs, qu'une fois hors de la France, Charles-Quint se moquerait de la crédulité ajoutée à ses promesses de remboursement et d'investiture ; que le peuple de Paris n'était déjà que trop mécontent de ce que le roi avait eu l'inexplicable faiblesse de refuser sa protection aux Gantois.

Peu à peu François Ier se montra moins chevaleresque ; il consulta ses capitaines, qui n'osèrent pas être d'un avis contraire à celui de la duchesse d'Etampes et du cardinal de Tournon, l'une maîtresse, l'autre confesseur du roi.

Ils se levaient déjà pour monter à cheval et aller s'emparer de Charles-Quint, quand le connétable, qui n'avait encore rien dit, parla :

— Je ne connais pas d'empereur, pas d'homme plus astucieux que Charles d'Autriche, plus faux que lui : il a l'âme d'un lansquenet et le cœur d'un reître ; il vend le pape aux électeurs, les électeurs au pape deux ou trois fois par an ; il a trois récoltes de trahison, comme mes paysans de leur foin.

Il ne sait vaincre que par les autres. Il lui a fallu l'épée d'un Français pour triompher des Français ; il spécule sur les prisonniers comme les bouchers sur la chair ; il fait la guerre pour avoir des rançons : c'est son métier. Il n'est pas un de nous qui n'ait à se plaindre des souffrances qu'il lui a fait subir dans la captivité ; abhorré des Allemands, des Espagnols, des Italiens, des catholiques, des réformés, du ciel et de la terre, il prend l'argent des uns pour faire couler le sang des autres.....

— Eh bien ! qu'attendons-nous ? s'écrièrent tous les membres du conseil à ces paroles du connétable ; partons et emparons-nous-en.......

— Eh bien! plus lâches que lui seraient ceux qui, trahissant l'hospitalité, toucheraient à un fil de son pourpoint. Ne comparons pas deux positions différentes, madame la duchesse, monsieur le cardinal, sire. A Madrid vous étiez son prisonnier, sire. C'est chance de guerre, et droit du vainqueur. Êtes-vous son vainqueur? êtes-vous en guerre avec lui? non! Il est menteur à sa parole; — que Dieu le juge : il est votre hôte. Il a brûlé Rome, que Dieu le frappe ; il est votre hôte. Permettez encore, sire. Charles a avec lui un de ses capitaines. Ce capitaine m'a ouvert le crâne d'un coup d'épée, et brisé l'épaule d'un coup de pistolet sur le champ de bataille de Pavie. Irai-je aujourd'hui dans le parc de Chantilly le lier à un arbre pour lui ouvrir la tête et lui casser le bras ? Si jamais je le rencontre face à face à la guerre, j'acquitterai ma dette : mais ici, sur mes terres, sous ma tente, — protection et sauve-garde ! — Je vous imite, sire ! soldat, je fais pour un soldat ce que roi vous ferez pour un roi.

Tandis que la discussion s'échauffait ainsi dans le château d'Écouen, respirant sous le beau ciel de la Picardie, Charles-Quint comptait les heures qui le séparaient du moment de son départ. S'il n'avait craint d'être arrêté en route, il serait parti de Chantilly, au milieu de la nuit, tant il était peu rassuré sur l'issue de sa résidence. — Chaque bruit qu'il entendait le faisait tressaillir. — Il n'avait pas moins joué que sa couronne de Flandre et d'Italie à cette témérité tout au plus pardonnable à l'étourderie de François Ier. — Puis le ridicule d'être pris au piége dressé par lui-même ! En s'interrogeant il n'osait se rejeter sur la bonne foi de son hôte. — Il pensa qu'il était peut-être dans la prison qu'on lui destinait ; que déjà les cavaliers gardaient les portes et les grilles.

Erreur de son imagination exaltée par la peur ou réalité, il vit passer devant ses fenêtres un homme couvert d'une cuirasse, armé d'une longue épée, et s'acheminant vers la porte de son appartement. Il se leva. Ce n'était pas une illusion. Quand cet homme se trouva devant lui, il se découvrit avec respect et se nomma.

C'était le connétable Anne de Montmorency.

— Sire, dans le conseil du roi qui vient de se tenir dans

mon château d'Écouen, il a été discuté si l'on vous retiendrait prisonnier en France ou si l'on vous laisserait partir

L'avis du roi a été qu'on vous laisserait libre.

Le mien qu'on devait vous retenir prisonnier.

Charles-Quint frémit.

— En donnant ce conseil, j'ai rempli mon devoir de sujet. En vous en faisant part, je remplis celui de votre hôte.

Sire, tenez-vous pour averti.

Charles-Quint partit le lendemain de Chantilly.

On sait qu'il ne lui arriva rien, — qu'il parvint sain et sauf à Gand, où il n'exécuta aucune des promesses qu'il avait jurées, mais où son premier soin fut de priver la ville de ses priviléges, après avoir fait trancher la tête à cinquante maîtres tisserands, qui étaient bourgeois comme lui.

Le connétable fut disgracié.

Depuis qu'il n'y a plus en France de grandes familles, à prendre cette expression dans le sens de large confédération qu'elle présentait autrefois, le souvenir s'est perdu de l'influence dont elles jouissaient dans l'État, et par suite s'est évanouie la mémoire des bons services qui justifiaient cette influence. On ne sait plus, et c'est de l'ingratitude autant que de l'ignorance, ce que ces familles tenaient en réserve de force, d'intelligence, de fidélité et d'union, pour venir en aide au pays, quand il était compromis soit par les atteintes de l'étranger, soit par les empiètements du souverain.

Anne de Montmorency, qui fit bâtir Écouen, est le formidable représentant, s'il en est la personnification expirante, de cette assistance infatigable, toujours en haleine, quelquefois brutale, qu'avait la noblesse à la disposition de la royauté. Il réunit les fières et rudes vertus du soldat, du vassal, du négociateur, du prince et de l'ami. Il naît presque la même année que son roi, en signe de la fraternité qui l'attachera à lui. Ce roi est François Ier, le dernier souverain en qui la valeur personnelle, le courage isolé, soient encore utiles au moment où ils vont disparaître pour toujours, et faire place à la lutte des armées. Le roi et le baron sont de taille à fermer la carrière. Celui-là a six pieds; celui-ci oblige un cheval à ployer en le pressant des genoux. Marignan, la bataille des géants, les voit combattre tous deux et demeurer vainqueurs ; Pavie les ramasse tous deux vaincus et prisonniers.

Un moment, il n'y a plus de roi en France : Charles-Quint retient François Ier, qui va mourir. Montmorency vend pour cent cinquante mille écus de terre, se rachète, vient à Paris et gouverne. Tout ce qui eut lieu de décisif contre l'étranger, qui essaya de profiter de l'absence du roi pour rentrer en France, fut l'œuvre de Montmorency. Il régna près d'un an. François Ier, au retour de sa captivité, nomma Montmorency grand-maître de France ; il serait tout aussi exact de dire que Montmorency nomma François Ier roi de France au retour de sa captivité.

Comme toutes les supériorités, qui n'ont que faire des petits suffrages du cœur, il ne fut jamais aimé ; il ne parut à la cour que pour chasser les courtisans du revers de son gantelet. Il préférait à la cour son château d'Écouen, retraite solitaire, où il lisait Plutarque, plantait des chênes et causait, assis par terre, avec ses vassaux. Des années s'écoulaient sans qu'il allât au Louvre. Entouré de sa maison, composée de la fleur de la noblesse militaire, il présidait, avec une simplicité pleine de religion, aux travaux dont il embellissait sa demeure. Il faisait construire par Bullant et décorer par Jean Goujon une merveilleuse chapelle, peinte, sculptée, dorée et ciselée comme les basiliques de l'Orient. Après trois cents ans sa gracieuse austérité la protége encore. Aux murs il suspendait une *Cène* de Léonard de Vinci et *la Femme adultère*, par Jean J. Belin. Bernard Palissy coulait avec sa terre cuite, sur un pavé de faïence, tous les Actes des apôtres. Quand le dimanche sonnait, il s'agenouillait devant l'autel de cette chapelle, avec sa famille, ses artistes et ses gentilshommes. Et ce devait être d'un aspect pieux que cette prière, sévère distraction du château, faite sous ces voûtes aux pendentifs dorés, sur ce pavé bleu et jaune, par le premier baron chrétien et sa femme, Madeleine de Tende, fille des Lascaris, empereurs de Constantinople.

Quand il sortait de son château d'Écouen, ce n'était que pour aller représenter le roi de France auprès de Henri VIII, ou pour mesurer sa longue épée avec les armées de Charles-Quint, auquel rien ne manquait pour abaisser la gloire de François Ier, ni les troupes, ni l'or, ni les capitaines, — les meilleurs capi-

taines du temps, Antoine de Lève, le duc d'Albe; Fernand de
Gonzague, André Doria. Au comble de sa puissance, envieux
de réaliser son rêve de domination, qui était d'unir le midi de la
France à ses États d'Italie et d'Espagne, Charles-Quint opéra
une descente en Provence. Le voilà en France, à quelques journées de marche de la capitale. Quand tous les plans de défense
sont reconnus impuissants pour repousser l'étranger, on appelle Montmorency. Chargé dès ce moment de la responsabilité
entière du pays, il s'établit dans le comtat. Là, il commence un
plan d'attaque dont les moyens épouvantent par leur désespoir;
il rase tout ce qui s'élève sur le sol; il coupe les forêts, abat
les bourgs, passe le râteau, fait courir la flamme sur les moissons, arrache les plantes; il ne laisse debout que des soldats
auxquels, sous peine de mort, il défend de tirer un seul coup
de fusil, et que des arbres chargés de fruits mûrs : c'était pendant l'été; puis il consigne le roi dans sa tente, se retire dans
la sienne et attend. L'attente dura plusieurs mois. L'impétuosité
française l'accuse enfin de faiblesse, d'ignorance, presque de
lâcheté; car l'empereur avance toujours : il est partout, à
Arles, à Toulon, à Marseille. François Ier, qui bouillonne dans
sa cuirasse, se mêle aux clameurs soulevées contre Montmorency: il veut se battre; il écrit au maréchal qu'il n'a pas une
épée pour remplir la charge d'un commissaire de vivres. —
Vous ne vous battrez pas, répond froidement Montmorency.
Malheur à qui touchera à un cheveu de l'ennemi! malheur à
qui cueillera un des fruits mûrs qui pendent aux arbres!

Enfin, accablés par six mois de chaleur, les soldats de l'empereur se jettent sur la seule nourriture qui leur a été laissée,
au milieu d'une contrée torride, sans ombre, sans abris; ils man-
gent des fruits, dorment au soleil et meurent au même instant.
Ces fruits les ont tués; vingt mille cadavres jonchent les routes; le reste regagne l'Espagne, mutilé dans la plus désastreuse
retraite qui ait jamais été exécutée.

La France est sauvée! c'est à Montmorency qu'on le doit. A
tant de gloire sans exemple il manquait une récompense plus
précieuse que celle du titre de connétable : la disgrâce! Il
l'obtint. Sa probité antique, on l'a vu, s'étant révoltée au projet
de la cour, qui avait résolu de retenir Charles-Quint prisonnier

à son passage en France, il fut perdu dans le cœur des favoris. Comme il n'avait encore servi le roi que depuis trente-cinq ans, il attendit qu'un autre roi le relevât de l'exil. Pendant sa disgrâce, les empereurs d'Orient lui envoient des ambassades. Sur la route d'Écouen, les tigres de Dragut et les lions de Soliman se croisent pour aller s'offrir en hommage au premier baron chrétien. Du haut de son perron de pierre, il salue les noirs envoyés d'Afrique, comme s'il s'appelait Richard Cœur-de-Lion. Des lèvres basanées baisent son gantelet de fer.

Mais la chevalerie s'en va, et il s'en va aussi, n'ayant plus rien à démêler ici-bas avec les guerres qui se font par peuplades, par multitudes, à la distance de la mitraille, et où le mathématicien est plus fort que le brave. Il tombe à Saint-Quentin; mais la blessure qu'il reçut à la hanche fut moins grave que celle dont il éprouva la douleur en arrivant à la cour. Sa défaite lui fut imputée à crime. François II le relégua plus tard à Chantilly. Ceci ne le décourage point; il n'a encore servi que cinquante ans la monarchie, il n'a versé son sang que pour trois rois, François Ier, Henri II, François II; son compte n'y est pas. Charles IX monte sur le trône, et la guerre civile recommence. Jusqu'ici nous n'avons vu que le baron, le chrétien va se montrer, et, terrible, il se montrera contre l'erreur, qu'il combattra avec plus d'énergie que de lumière. Il n'a d'ailleurs que soixante-huit ans, le grand connétable. Les réformés, selon lui, étaient ces rebelles qui, de tout temps, ont levé le drapeau démocratique contre l'autorité établie. Les calvinistes étaient pour lui un parti politique autant qu'un parti religieux. Il ne s'agissait pas seulement de les endoctriner, eux qui avaient à leur tête les meilleurs hommes de guerre, qui occupaient militairement Lyon, Rouen, Blois, Tours, Bourges, Angers, La Rochelle, Montauban, Nîmes, Montpellier, Castres, Grenoble, Châlons, Mâcon, le Havre, Dieppe, Caen! Fallait-il tant de villes pour prêcher et rompre du pain, au lieu de communiquer sous les apparences? Les calvinistes voulaient régner, asseoir un roi de leur communion sur le trône; n'était-ce pas là de la politique, un parti politique, des révoltés politiques? La Saint-Barthélemy, qui les extermina, fut un acte d'odieuse prudence, car l'assassinat ne se justifie jamais, mais concevable en politique, car, quelques années plus tard, les protestants auraient fait une Saint-Barthélemy de catholiques.

Le connétable ne vécut pas d'ailleurs jusqu'à cette funeste époque; mais il n'en mourut pas moins, comme il devait, pour la défense du pays, tout troublé par des prétextes de religion. A soixante-quatorze ans, il prend ses armes pour se rendre dans la plaine de Saint-Denis, et y combattre Condé à la tête des rebelles, des calvinistes. Blessé sept fois à la tête, et son épée sanglante et pendante au poignet, il reçut dans les reins un coup de pistolet d'un Écossais, nommé Robert Stuart. Il en mourut; il mourut bien. Un gentilhomme ne devait finir que de la main d'un homme du peuple; le serviteur de la royauté tomba sous le coup de l'homme de la révolte; le baron chrétien fut tué par le démocrate protestant. Cette belle mort a un sens historique : elle est une figure de la décadence monarchique.

Le siècle suivant, on trancha impunément la tête à un autre Montmorency.

Le siècle d'après, un autre Montmorency vint déchirer ses titres à la barre du peuple.

Ces trois fins sont à méditer. — Le dernier Montmorency l'emporte sur Louis XIII et Robert Stuart. Il ne tue pas, il ne décapite pas les siens : il les nie.

Et comme je reportais une dernière fois mes regards sur ces murs qui n'avaient plus pour moi leur triste nudité, une horrible inscription vint flétrir mes plus belles fresques. Je lus au-dessus d'une guirlande : *Section Marat.*

Pendant la révolution, se hâta de me dire mon guide, les patriotes des environs ayant fait un club du château, donnèrent le nom de section Marat à cette salle, celui de section Couthon à la suivante, ainsi des autres.

Et quelle est cette pipe dessinée en noir sur le mur? Est-ce encore un emblème patriotique?

— C'est un passe-temps de vélite.

— La salle où nous sommes a donc successivement appartenu à une reine, à des républicains et à des militaires en garnison?

— Et à madame Campan, ajouta mon guide, qui la transforma en dortoir : tenez, la place des lits y est encore.

Je vis, en effet, de distance en distance, indiquée par des places rouges sur le reste des carreaux déteints, l'empreinte des lits en fer qui garnissaient la salle.

A mesure que je m'initiais aux vicissitudes de cet appartement, il me semblait que j'assistais à la lecture des mémoires de quelque aventurier de haut renom, tantôt reçu à la cour, tantôt vivant avec les brigands, tantôt dans un hôpital.

— Je ne pense pas que ce nombre 80, tracé sur la porte, ait également sa signification historique.

—Mille pardons, ce chiffre indique le nombre de soldats russes que la salle pouvait contenir.

— Des soldats russes dans les dortoirs de madame Campan !

— Quand les étrangers vinrent à Paris, on eut un instant le projet de caserner les Russes au château : mais M. le prince de Condé, qui était rentré en possession d'Ecouen, s'y opposa, et le château ne reçut pas de garnison.

D'abord je n'avais rien vu dans l'appartement ; maintenant je perdais le souvenir de toutes ces résidences amoncelées.

Et qui donc a fait effacer les belles fresques des murs ?

—.C'est Napoléon, afin que la pudeur des élèves de madame Campan ne fût pas blessée.

— Il a donc blanchi tout le château ?

— Tout le château, trente ou quarante salles.

— La pudeur de l'empire nous coûte un peu cher.

Etrange intérêt qu'inspire le château à ceux qui le possèdent. Aux Condé ? un Condé renverse un corps de bâtiment ; à la république ? la république brise les statues et défigure les salles ; à l'empire ? l'empire badigeonne les murs.

Dans cette même salle, il y avait autrefois l'écusson en faïence de Palissy, le glorieux écusson des Montmorency. Brisé à coups de hache par les révolutionnaires de 93, il fut remis en place et rajusté par les carreleurs de la restauration. Seulement ceux-ci le descendirent à l'étage inférieur, et ils le collèrent au hasard, de telle sorte que es alérions sont en dehors de l'écu, et que le grand cordon est haché par bribes. Pour nous servir d'un terme typographique, les armes des Montmorency *sont en pâte.* Eux-mêmes s'y retrouveraient difficilement. Involontairement l'incident de l'écu nous rappela un incident de famille ; et le voici.

Possesseurs glorieux du plus beau nom de la noblesse européenne, les Montmorency ne se doutaient guère sous la restauration qu'il existait en Angleterre, au fond d'un canton pierreux de l'Irlande, une famille aussi antique, aussi illustre, aussi renommée que la leur. Ou cela est contestable, avaient à répondre les Montmorency en apprenant cette nouvelle, ou cette famille est la nôtre. C'était la leur, ce qu'ils ne contestèrent pas moins. L'étonnement valait avant tout un démenti Il fut donné.

En 1828 parut un ouvrage intitulé : « *Les Montmorency de France et les Montmorency d'Irlande*, ou Précis historique des démarches faites, à l'occasion de la reprise du nom de ses ancêtres par la branche de *Montmorency-Marisco-Morrès*, par le chef de cette dernière maison, avec la généalogie complète et détaillée des Montmorency d'Irlande. » Si ce livre eût paru il y a deux cents ans, toutes les cours d'Europe eussent été attentives à la discussion qu'il eût fait naître. Les juges-d'armes d'Irlande, d'Ecosse, d'Allemagne, de France et de Portugal, eussent couvert les routes de courriers. Les plus vieux arbres généalogiques auraient frémi dans leurs plus hautes feuilles. Le *Monasticon* se fût fermé de lui-même. D'Hozier en eût perdu le sommeil. Il n'y a pas d'exagération là-dedans ; un homme qui serait venu dire à Louis XIV : « Je suis votre frère aîné, Bourbon autant que vous et Bourbon avant vous, » n'aurait été guère plus hardi que celui dont la prétention ne s'élevait pas à moins qu'à se proclamer Montmorency en face des Montmorency.

Cette prétention ne souleva pourtant aucune rumeur en Europe, ni même dans le faubourg Saint-Germain, auquel on révèle, peut-être pour la première fois, qu'un étranger de par-delà la Manche demanda un jour à faire ses preuves et les fit pour avoir le droit de porter en France le nom, le titre et les armes des Montmorency, aussi bien que s'il n'eût jamais cessé d'être gouverneur pour le roi de France en ses provinces, ou connétable.

Rien ne se passa plus paisiblement que le conflit de famille élevé au sujet de la requête de M. Marisco-Morrès, colonel, en 1814, au service de la France auprès de Louis XVIII.

On ne saurait être plus loyal que M. Morrès lorsqu'il sollicite, pièces en mains, l'honneur de porter sans usurpation le nom des premiers barons chrétiens : on ne saurait être plus poli que MM. de Montmorency en refusant cette faveur à M. Morrès. De part et d'autre on sent la prudence la plus adroite à ne pas laisser pénétrer dans le public le bruit d'une dispute née un siècle trop tard. Les champions, en habit noir, en gants blancs, sans cuirasses, se défient à voix basse ; ils ne s'appellent pas en champ clos, mais sur la lice parquetée du cabinet ; enfin, ils ne s'en remettent pas au jugement de Dieu pour prononcer sur leurs différends, mais à celui d'un savant obscur, garde général des archives du royaume, à M. de La Rue, qui décide : « Qu'il lui est bien démontré que la maison de

Morrès, alliée constamment aux premières familles d'Irlande « et d'Angleterre, est une branche de l'illustre race des Mont-« morency. »

Tout est merveilleux de surprise dans ces deux races de Montmorency, qui, après huit cents ans de séparation, se trouvent face à face, n'ayant jamais soupçonné leur existence réciproque. Ce sont deux hémisphères ; il faut que l'un découvre l'autre. Séparées par une invasion, celle des Normands en Angleterre, en 1066, une autre invasion les rapproche, celle des Anglais en France, en 1814. Pendant huit cents ans, une race s'illustre en-deçà, l'autre au-delà du détroit, sans se voir, et pourtant avec émulation, comme si elles rivalisaient pour un but caché qui doit un jour se découvrir. Même vigilance d'un côté que de l'autre. On ne sait dire qui frappe le plus fort, de l'épée à deux mains ou de la hache de fer de l'irlandais. Les Montmorency français ont des tombes sur le couvercle desquelles ils dorment, couchés avec leurs cuirasses, leurs barbes sur leurs poitrines, leurs gantelets ; les Montmorency irlandais ont aussi leurs chevaliers étendus sur des tombes. Ici le château des Montmorency français, là, au bord de la mer, le château des sauvages Montmorency d'Irlande.

Ayant acquis une fois le droit d'être Montmorency en France aussi bien qu'en Irlande, M. Marisco-Morrès aura-t-il prétendu,

comme un Montmorency de ses aïeux, entrer en guerre avec
les barons de Dammartin? Mais où sont les barons de Dammartin? Aura-t-il, comme un autre Montmorency de ses aïeux, envoyé un cartel aux abbés de Saint-Denis en les menaçant de
faire des châsses de leurs corps; menaces d'un véritable baron
chrétien? Mais où sont les abbés de Saint-Denis? Aura-t-il été
de quelque conspiration, comme un autre Montmorency de ses
aïeux, contre l'autorité d'un autre Louis? Mais où sont les
nobles qui conspirent? où sont les Richelieu qui auraient assez
de cœur pour faucher à travers champs des têtes de nobles?
Aura-t-il, comme un autre Montmorency de ses aïeux, voyagé
en Terre-Sainte pour occire des Sarrasins? Les Sarrasins, où
sont-ils? Ils ont un ambassadeur fort bien en cour de France.
Aura-t-il, à une autre bataille de Pavie, comme un autre Montmorency de ses aïeux, reçu, tout couvert de sang, son roi dans
ses bras? Où sont les batailles de Pavie? Aura-t-il, comme ce
même Montmorency son aïeul, commandé le feu contre les
protestants à la porte Saint-Denis? Où sont les protestants
qu'on persécute?

Il est probable que M. de Marisco-Morrès signe aujourd'hui
le nom de Montmorency, qu'au fond, chose singulière, il portait déjà; car *Marisco* et *Morrès*, qui signifient l'un et l'autre,
en langue celtique latinisée, *pays marécageux*, sont visiblement
compris dans les trois dernières syllabes de Montmorency. Or
Montmorency n'étant que la jonction du mot *Mons* avec Morrès
ou Mariscis, *Mons-Morrès*, *Mons-Mariscis*, le prétendant irlandais ne se serait tant donné de mal que pour obtenir une syl-
labe de plus et un trait-d'union de moins: ce qui lui aurait été
cruellement refusé par les Montmorency.

En sortant de la chambre dite de madame Claude, on pénètre
dans l'ancienne galerie de tableaux où l'on admirait autrefois
les trente vitraux coloriés en grisaille, qui représentaient l'histoire de Psyché, d'après Raphaël. Après la révolution, ces
vitraux furent transportés par M. Lenoir, conservateur des
monuments français, au musée des Petits-Augustins et placés
dans la salle du seizième siècle. Ce savant archéologue rapporte, dans sa description des *Monuments de sculpture réunis
au Musée des monuments français*, qu'un vitrier d'Écouen,

voulant nettoyer les vitraux de la galerie dont il est ici question, « les frotta avec du grès en poudre ; il enleva par ce moyen toutes les demi-teintes et laissa de grandes parties de verre à nu. » En matière de barbarie, ceux qui brisent ne viennent qu'après ceux qui réparent. Vingt Attila sont moins à redouter qu'un vitrier.

Il n'y a plus que de l'espace dans cette galerie survoûtée ; elle n'a rien à envier à la lugubre nudité des autres salles. Pour comble de tristesse, elle paraît neuve, comme le reste du château. On dirait que les maçons sont partis, que les frotteurs viendront demain accompagnés du tapissier. Tout est fini ; rien n'est usé à Écouen. Je ne sais pas d'aspect plus désolant que des escaliers de trois siècles, dont les angles sont vifs comme si le ciseau achevait de les équarrir. Les ruines sont moins accablantes, on l'éprouve à Écouen, que cette implacable jeunesse du plâtre et du fer. L'Europe renouvellera huit fois, dix fois sa population, et cet arrangement de pierres n'aura pas subi la plus légère altération. Ce qui n'a pas d'âme est éternel, et notre fragilité en souffre comme d'un affront. A tous les coins du château s'avancent, pour vous saluer, des salamandres rieuses et folâtres, qui ont toujours quinze ans, qui ont souri à dix générations mortes ; elles nous sourient encore, à nous qui mourrons de même : elle riront sans cesse.

Autre déception ! Après avoir marché pendant une heure à travers des salles toutes plus froides et plus historiques les unes que les autres, où revivent en écho les noms de François Ier, de Henri II, de François II, d'Anne de Bretagne, de madame Claude et de Diane de Poitiers, vous espérez qu'en reculant toujours dans le passé, en vous enfonçant sans relâche dans les profondeurs du château, vous arriverez enfin à quelque appartement de roi chevelu ; erreur ! Vos courses aboutissent à une chambre bourgeoise, tapissée en papier bleu pâle, de 3 francs le rouleau.

Chambre de madame Campan ! proclame votre conducteur. Superbe chambre ! elle pouvait bien contenir six fauteuils et un lit à bateau. Je n'oublie pas la pendule d'albâtre.

Madame Campan, chacun le sait, fut la directrice de l'institution de la Légion-d'Honneur, fondée à Écouen le lendemain de la bataille de Friedland. Elle dirigeait auparavant, à Saint-Germain-en-Laye, une maison d'éducation où étaient élevées de jeunes personnes appartenant la plupart aux débris des rares familles distinguées qu'avait épargnées la révolution. Son emploi de lectrice à la cour de Louis XVI, sa fidélité inaltérable à Marie-Antoinette, ses principes de religion, un peu mêlés de dignité aristocratique, le choix de ses pensionnaires, prises dans un rang qui n'avait pas peut-être donné assez de gages à la république; son système d'éducation, imité de celui de Saint-Cyr, éveillèrent plus d'une fois la susceptibilité des divers gouvernements précurseurs de l'empire, qui n'eut aucun motif pour soupçonner, ni aucun désir d'arrêter, je pense, ses prédilections appliquées à l'enseignement.

Notre plan n'admet pas, même abrégée, l'appréciation des livres élémentaires d'éducation que les familles doivent à la plume expérimentée, claire, causeuse, sans prétention, de madame Campan. Si de nouvelles découvertes dans l'art si progressif d'enseigner relèguent jamais au rang des ouvrages, non sans mérite, mais sans application, son *Traité d'éducation*, les esprits curieux des événements qui précédèrent la révolution de 93 et qui y contribuèrent peut-être, consulteront toujours avec certitude les *Mémoires sur la vie privée de Marie-Antoinette*. Sans tomber même dans un défaut de proportion, difficile parfois à éviter, nous ne pourrions dresser une biographie complète des hautes qualités morales qui méritèrent à madame Campan l'attention de l'empereur quand il la choisit, entre une foule de concurrentes, pour diriger la maison d'Écouen. Nous aimons mieux citer sur l'intérieur et le personnel de cette institution quelques passages d'une lettre que nous devons à la mémoire obligeante d'une élève illustre de cette femme célèbre (1).

« Madame Campan avait une figure distinguée, mais je doute qu'elle ait jamais été belle ; elle était toujours mise en noir ; son organe était fort doux, fort calme ; elle s'écoutait parler comme une personne qui se sent sur son terrain, surtout quand elle racontait. Elle aimait la flatterie, qui même n'avait pas besoin d'être délicatement exprimée pour lui plaire.

(1) Madame Jenny Bastide.

« Madame de Montgelas était sous-intendante : — une grande femme remplie de dignité, qui assistait toujours au réfectoire et à l'église; on la craignait comme le feu. Venaient ensuite madame Vincent, sous-maîtresse; madame Mélanie Beaulieu, qui a fait un abrégé de l'histoire de France et trois ou quatre romans aussi prétentieux que ceux de mademoiselle Scudéry; madame la comtesse d'Hautpoul, femme d'esprit, rimant de jolis vers, et rêvant encore des romans en donnant des leçons de littérature. Elle est l'auteur d'un cours de littérature, à l'usage des jeunes élèves d'Ecouen, écrit avec la plus parfaite décence et sans que le mot amour y soit prononcé. L'empereur exigea qu'il n'y fût pas parlé de César. M. le baron de Pommereuil effaça lui-même les passages.

« On entendait une messe basse tous les jours, et les dimanches grand'messe et vêpres. Jamais les élèves n'étaient seules ni pour manger, ni pour jouer, ni pour dormir.

« La distribution des prix donnait toujours lieu à beaucoup d'apparat. C'était alors qu'on changeait de ceinture et de classe. La ceinture des commençantes était verte, puis venaient le violet, l'orange, le bleu, le nacarat; enfin la première classe était blanche. On restait à Ecouen jusqu'à dix-huit ans. Chaque élève travaillait à son linge et à ses robes.

« Madame Campan avait souvent des élèves à dîner à sa table; souvent aussi elle les réunissait le soir, et elle les menait tour à tour à Saint-Leu et à la Malmaison: mais c'étaient toujours les plus brillantes et les plus jolies. Il y avait une route charmante qui conduisait par le bois d'Ecouen, à Saint-Leu, qu'on appelait la route de la reine Hortense; elle était bordée d'un grand nombre d'hortensias.

« On apprenait à Ecouen à jouer de tous les instruments et à parler toutes les langues. Il y avait une jeune fille qui parlait le grec. Quelques élèves ont fait des vers à Napoléon : elles dansaient et poussaient des cris de joie aux nouvelles de la grande armée; mais quand arrivèrent les malheurs de celui à qui elles devaient tout, quelques-unes furent, dit-on, ingrates envers leur père. »

Ordinairement Napoléon se rendait seul à Ecouen et sans avoir fait prévenir personne. Son bonheur était de tomber au milieu des élèves, qui, à son aspect, se levaient toutes et rougissaient, comme s'il eût fixé son regard sur chacune d'elles à la fois.

Rien ne peut se comparer à la joie des pensionnaires quand elles avaient au milieu d'elles leur père, ainsi qu'elles appelaient Napoléon. Ni récréation, ni fête, ni distribution des prix ne faisait battre leur cœur comme ce mot, qui volait plus vite que le son de la cloche d'un bout du château à l'autre bout : L'empereur ! Le chapeau à la main, sous un costume d'une simplicité peu héroïque, il passait, le sourire sur les lèvres, entre les tables d'étude, et il examinait d'un coup d'œil la tenue de chaque division. Il aimait beaucoup le soin dans la coiffure ; s'il apercevait quelque natte égarée, il appliquait avec une familiarité toute paternelle une petite tape sur la joue de l'élève en défaut. La correction avait l'attrait d'une récompense. Il voyait tout à la fois le progrès des pensionnaires par les cahiers ouverts devant lui, leur santé à leurs visages solides et rosés, un peu mâchurés d'encre, et même leur petite tristesse, quand elles en avaient, à leur front, où il avait le don de lire. Aussi bien que le nom de ses soldats, il savait les noms des jeunes filles d'Ecouen, leurs familles, leur rang, le grade de leurs pères, dont il ne manquait jamais de les entretenir.

— Vous, disait-il à l'une, votre père a été nommé colonel ; écrivez-lui que je me réjouis de son avancement ; entendez-vous ?

Et si une voix indiscrète d'espiègle disait : « Elle ne sait pas encore écrire, » l'élève, confondue, cerise de timidité, émue d'un bel orgueil, s'écriait : « C'est vrai ! mais je saurai écrire dans un mois. » Même histoire que celle du conscrit qui demande la croix d'honneur. « Je la gagnerai ! » et son général la lui laisse.

Et le bon empereur était sûr, en effet, de l'engagement que contractait l'élève devant lui ; il passait.

Quand, sur son passage, il en rencontrait de celles dont les pères ou les frères étaient morts à son service, il les embrassait et leur parlait bas.

Soit qu'il n'ignorât pas la prédilection de madame Campan pour les jolies pensionnaires, aux dépens des autres, moins propres à rehausser l'éclat de la maison, soit qu'il eût le sentiment de tout ce qui est généreux, il montrait une préférence marquée pour les moins bien partagées en agréments du corps. Il les questionnait plus souvent, afin d'avoir plus souvent l'occasion d'applaudir leurs réponses.

Avant de quitter ces enfants, dont toutes les petites âmes rayonnaient autour de la sienne, il avait l'habitude de leur donner le sujet de la composition du jour. Une pensionnaire allait prendre ce mot d'ordre classique et l'inscrivait au tableau. Presque toujours le sujet était un siége, une bataille, une victoire ; et si, par exemple, on lisait sur le tableau : *Passage du mont Cenis!* on entendait de petites voix qui disaient : « Papa était à cette bataille. — Le mien aussi ; il était alors sous-officier.—Le mien lieutenant. » Madame Campan l'a écrit elle-même dans son *Traité d'éducation.* « Déjà, dans Ecouen, les élèves savent très bien la supériorité du grade du général de division sur celui de brigade, et de ce dernier sur le colonel, ainsi de suite ; la hiérarchie militaire leur est connue à presque toutes, aussi bien qu'à un chef de division de la guerre. »

Dès que l'empereur était sorti de la classe, vite on écrivait ses réponses, qu'on rétablissait avec le soin d'une tradition impérissable ; on gravait ces mots heureux dans la mémoire, on les brodait, ils étaient envoyés aux parents. Parmi les pensionnaires qu'il avait exaltées d'un regard, d'un compliment, d'une tape, d'une poignée de bonbons, les plus glorieuses étaient celles qui, l'ayant suivi pas à pas, avaient furtivement ramassé, grain à grain, sur ses traces, le tabac tombé de sa tabatière, et l'avaient enfermé, cousu dans un sachet, pour le porter sur leur cœur ; les fidèles pensionnaires d'Ecouen ont encore de ces sachets, reliques saintes qu'elles légueront à leurs filles.

L'empereur, à qui rien n'échappait, à qui rien n'était indifférent, voulait connaître, dans les moindres détails, l'intérieur domestique de l'établissement, qui, du reste, fut constamment tenu avec le plus grand soin. Il goûtait aux mets, visitait la lingerie, qui était placée où était autrefois l'ancien chartrier du château, dans une salle haute, touchant à l'une des tourelles, et aujourd'hui encore toute boisée, dorée et émaillée du chiffre des Montmorency. Accompagné du médecin de la maison, M. Desgenettes, il parcourait l'infirmerie, s'informant de la maladie, des progrès de la guérison des rares élèves qui s'y trouvaient. Il avait des encouragements flatteurs pour la salubrité d'un établissement qui, depuis 1804 jusqu'à 1814, pendant dix ans, n'a pas compté, sur deux mille élèves, un seul décès.

Puis, quand sa tournée était achevée, il demandait, en réjouissance de sa visite, récréation entière pour ses enfants.

Cette prière n'était jamais refusée.

C'était alors un cri de joie qui montait aux nues, à cette grâce toujours attendue et toujours nouvelle. On sortait, on s'enlaçait en rond, on courait, on dansait, on chantait sous les arbres des chansons où le nom du bon empereur revenait sans cesse; et lui, souriant, adoré, la main dans son habit entr'ouvert, respirait à l'aise, était heureux de la joie qu'il causait aux filles de ses braves; il l'était de la ressemblance de ses noirs capitaines avec leurs blondes filles, de leur son de voix mâle avec le son argentin de leurs filles; et quand ces petites bouches, ces petits cris disaient : Vive l'empereur! il passait la main sur ses yeux. — Il y avait tant de pères à Eylau!

J'ai fait toutes les recherches imaginables pour remonter à la source des bruits malveillants qui, à une époque malheureusement très rapprochée de la translation de la Légion-d'Honneur à Saint-Denis, ont couru sur la maison d'Écouen. J'ai été assez heureux pour ne recueillir que des renseignements peu d'accord avec ces bruits.

Un seul événement a pu fournir à la calomnie un texte qu'elle a brodé avec complaisance, mais qui, bien connu aujourd'hui, publié sans réticence, par une liberté que la circonspection de la presse impériale n'aurait osé prendre, trouvera grâce devant les contemporains.

Voici cet événement.

C'était l'été; le souper venait de finir.

Après le souper, la permission fut accordée aux pensionnaires d'aller, selon l'usage, respirer sur la plate-forme.

L'air était embrasé ce soir-là : voilées et laiteuses comme en Afrique, les étoiles scintillaient à peine dans le lac sulfureux d'Enghien; le couchant était enflammé, Montmorency en feu. Le bois qui enveloppe le château d'Écouen était immobile comme une peinture : rien qui agitât sa crête, ni les oiseaux, ni le vent, ni ce mouvement nerveux qu'ont les arbres, même lorsqu'il n'y a pas un brin de vent. Au sud, Paris était effacé dans une brume violette ; on ne le soupçonnait qu'à ce dôme blafard formé de poussière, de lueurs de réverbères et d'haleines d'hommes, éternellement suspendu sur ses neuf cent mille habitants. Frappée par la lune, la flèche de Saint-Denis allongeait une lieue d'ombre sur la campagne endormie. Oubliées à leurs ailes, les toiles blanches des moulins de Champlâtreux semblaient de larges nénuphars noyés dans la vapeur; au loin, des bruits divers, mais éteints, mais confus, se faisaient entendre. Dans l'espace sonnait doucement un cor de chasse de par-delà le Mesnil-Aubry, de par-delà les lacs de Comelle, et le cornet à bouquin des forêts d'Andilly y répondait, tandis que l'on entendait venir, troublant le cri du grillon, l'épaisse diligence sur la poussière mate, ou tandis que tintait, goutte à goutte, la sonnette de fer du roulier. Ces voix faibles, éloignées, distantes, qui se mêlaient aux haleines fortes de la terre, à l'odeur poivrée de la vigne, à l'odeur fade du chêne , à la fumée du romarin qui montait droite comme une colonne blanche des cheminées du village ; le ciel tout enflammé, la terre tout odorante ; tout semblait languir, s'évaporer, mourir.

Parées, selon leur division , de ceintures vertes, aurores, bleues, et nacarat, quatre cents jeunes filles, légèrement vêtues, en cheveux, simples dans leur négligé du soir, se répandirent sur la plate-forme, défendue par les fossés du château, et au-delà des fossés par une grille en fer. Une fois en liberté, elles se groupaient selon leur âge, s'appelant de leur nom d'amitié, second baptême de collége, se cherchant selon leur affection de pays. Elles allaient ordinairement par essaim, par flocons, parlant bas, causant de leur pays, qu'elles reverraient un jour, dotées par la nation, instruites aux leçons de Paris ; d'autres rêvaient, enlacées et cachées sous les ombres des sycomores, le premier prix et la couronne, ce prix donné par les mains du grand chancelier de la Légion-d'Honneur, cette couronne de lauriers que poserait sur leur front la grande impératrice Marie-Louise; d'autres, assises sur des bancs d'osier, chantaient en chœur des chansons de leurs contrées lointaines ; car Napoléon, qui avait à son service des soldats de tous les pays, de l'Italie, de l'Espagne, de l'Amérique, de la Grèce, de l'Égypte, des Indes même, avait ouvert Écouen à leurs filles aussi bien qu'aux enfants des militaires français. Et toutes ces jeunes filles, étrangères par leur accent, par leur figure, par leur teint, mais françaises par la gloire de leurs pères, s'élevaient dans cette majestueuse institution et y prenaient le caractère original des plantes rares transplantées. Quand elles et leurs pères retourneraient dans leur patrie, ceux-ci y deviendraient le témoignage de la pensée conquérante de Napoléon ; celles-là, de sa pensée fondatrice ; et par les uns et par les autres la langue forte et sage qu'il parla au monde aurait un mot significatif partout : il fallait que, dans tous les lieux où les hommes seraient assemblés, ce nouveau Christ se trouvât au milieu d'eux.

Les croisées du château étaient ouvertes : de l'une s'échappaient les sons du clavecin, de l'autre le frémissement de la harpe ; toutes dessinaient leur cadre de feu dans l'obscurité de la nuit qui enveloppait le château, en effaçait les angles, en prolongeait les tourelles jusqu'aux nues.

Quel frein possible donner à ces imaginations de jeunes filles, dont le plus grand nombre flottait entre quatorze et dix-sept ans ? Comment dire, sans dire trop, à leur cou de ne pas s'incliner, à leur front de ne pas être rêveur, à leurs paroles de ne pas être lentes, à leurs regards de ne pas être humides ?

Où sont les institutrices qui auraient, dans cette soirée d'Écouen, empêché leurs élèves d'être altérées d'émotion, accablées de leurs quinze ans, persécutées par leur jeunesse, avides de résoudre ces doutes qui leur arrivaient par leurs sens dilatés ?

Et quand l'heure de la prière eut sonné, les pensionnaires rentrèrent au château, deux à deux, défilant devant les sous-maîtresses qui les dirigeaient vers la chapelle. Cette inspection révéla à l'une des surveillantes l'absence de deux élèves, de deux sœurs. Elle s'étonne, cherche avec plus d'attention ; elle ne trouve pas les deux élèves ; compte par têtes toutes celles qui composent sa division : toujours la même différence. Elle va sur la plate-forme : rien ; dans la cour d'honneur : rien ; dans le dortoir, où il est pourtant défendu de monter pendant le jour : personne ; personne dans la lingerie ; au cune des deux sœurs, soit chez la trésorière, soit chez la tourière : et la prière est commencée.

La prière s'achève dans cette cruelle anxiété pour la sous-maîtresse, qui maladroitement laisse apercevoir son trouble aux pensionnaires. Les chuchotements s'entament à tête basse ; les suppositions, les réflexions affluent d'abord timides, puis plus hardies ; enfin deux opinions bien tranchées fixent toutes les opinions : les deux camarades ont été enlevées ou se sont évadées. La préférence est donnée à l'enlèvement : elles ont été enlevées. Au bout de dix minutes, toute la maison, depuis le concierge jusqu'à madame Campan, savait la catastrophe.

L'effroi fut dans la maison.

On sonne déjà toutes les cloches ; les corridors retentissent du nom des deux sœurs ; on sonde les fossés, on secoue les grilles ; les garde-chasse vont fouiller le bois, quand madame Campan, réunissant toutes les élèves, toutes les maîtresses et sous-maîtresses dans la salle de réception, leur apprend avec beaucoup de calme que les deux sœurs sont retrouvées, qu'elles n'ont même jamais été perdues, puisque depuis le dîner elles sont toutes les deux à l'infirmerie, l'aînée pour veiller auprès du lit de sa sœur cadette, légèrement incommodée.

Le calme rentra dans la maison.

Les pensionnaires allèrent se coucher, désespérées sans doute de voir un si beau roman si tôt fini.

Dix minutes après, le château était endormi.

Madame Campan seule était éveillée, écrivant au grand chancelier de la Légion-d'Honneur pour lui offrir sa démission d'intendante de l'établissement d'Écouen, à jamais perdu par le déplorable enlèvement de deux pensionnaires.

Les élèves ne s'étaient pas trompées : on avait enlevé les deux sœurs.

Comment ? C'est ce qui étonne, c'est ce qui effraie, lorsqu'on songe à la hauteur des murs, à la profondeur des fossés, au rapprochement des barreaux de fer, à vingt autres précautions intérieures que nous apprécierions mal aujourd'hui, telles que portes, doubles portes à ouvrir, gardiens à fasciner, gens d'É-couen à éviter, vigies naturelles de la maison, qui n'auraient pes manqué de ramener les deux fugitives.

Le grand-chancelier reçut la nouvelle de l'enlèvement au milieu de la nuit, et sa réponse, qui parvint avant le jour à madame Campan, fut qu'il en parlerait à l'empereur, n'osant prendre sur lui l'exécution de mesures capables d'attirer une attention scandaleuse sur l'institution.

Quand, au petit lever, Napoléon eut pris connaissance de l'événement, il fit quelques questions sur l'âge et la famille des deux pensionnaires; il demanda le règlement intérieur de la maison. Après l'avoir lu, il posa le doigt avec force sur un article, et sourit; puis il roula le règlement d'Écouen et recommanda au chancelier de ne rien entreprendre pour retrouver les deux pensionnaires.

Le soir, le chancelier remettait à l'empereur une lettre où madame Campan annonçait que les deux sœurs, rendues à leurs classes, ne s'étaient évadées que pour embrasser leur mère, qui les attendait dans un hôtel d'Écouen. Elles avaient été poussées à cette évasion par la rigueur du règlement, qui ne permettait aux filles de communiquer avec leurs mères qu'une fois tous les quinze jours. Elles n'avaient pu se résigner à une aussi longue privation.

— Écrivez à madame Campan, dit Napoléon, que les deux sœurs seront mises aux arrêts pendant une heure.

Mais ajoutez qu'à dater d'aujourd'hui il sera libre à toutes les pensionnaires d'embrasser leurs mères quand elles le demanderont.

Ne faites pas doubler les grilles; corrigez les règlements : je réponds du reste.

Créée par l'empire, soutenue par le triomphe des armes, la maison d'Écouen partagea toutes les vicissitudes de Napoléon. Lorsqu'il tomba, sa fondation s'écroula avec lui.

Nos revers militaires amenèrent, à la suite de la campagne de France, l'armée de la coalition dans les plaines de Paris. Après avoir bouleversé le sol de la Champagne, saccagé les villes sur son passage, incendié les chaumières, elle arriva de tous les points, haletante, affamée, en lambeaux, sur ses chevaux altérés et maigres, en vue de la capitale. La capitale, cette France d'un million d'hommes, ce corps de réserve intact, ce bataillon sacré du pays auquel il ne manqua pour vaincre qu'un Napoléon bourgeois, qu'un écolier de Brienne; moins que cela, qu'un de ces commissaires dévoués à la mort, dont la Convention nationale embrasait l'âme; moins que cela, une heure de la Terreur de 93; car l'épée était rompue, la plume des négociations écrasée, le dévoûment douteux, les soldats vieillis ou morts, les généraux amollis, le trésor épuisé, la gloire maudite, la trahison partout, la France envahie, l'ennemi là.

L'ennemi pressentait cette heure de désespoir qui sauve les pays. Il craignait tout du peuple depuis qu'il avait vaincu les soldats; il n'avançait qu'en hésitant. Il glissait sous le sabot de ses chevaux plutôt qu'il n'avançait. Jamais fuite n'eut l'épouvante de cette attaque; jamais redoute escarpée, à pic, hérissée de canons la tête en bas, ne glaça de terreur comme cette masse sombre, au niveau du sol, immobile : Paris. Trois cent mille hommes, cent mille chevaux retenaient l'haleine avant de pousser leur élan contre ce bloc noirâtre, immense, posé devant eux; forteresse de désespoir, sans drapeau, sans lumière, corps d'armée de pierre.

Sous un ciel éteint, sali par la brume, froid et vert comme l'océan, le jour montra Paris aux ennemis dans ses formidables proportions. Le soleil sévère de mars éclaira, et ils en eurent de l'effroi, le Panthéon et le dôme d'or des Invalides, deux capitaines, s'élevant avec leurs casques de bataille sur quarante mille maisons, immobiles soldats de la grande armée du sol. Les vainqueurs de la veille doutèrent de leur victoire de la journée. Montmirail leur avait bu tant de sang, qu'ils calculèrent s'il leur en restait encore assez pour arriver jusque-là, pour entrer dans ces murailles toutes pleines d'hommes, de canons, de pierres, de vengeances. Les avant-postes firent quelques pas en avant, mesurèrent la solitude menaçante de la campagne; puis ils s'arrêtèrent et regardèrent derrière eux. Derrière eux, les cavaliers de l'Ukraine se haussaient de leur orteil sur leur étrier de corde, et regardaient aussi; derrière les cavaliers et les artilleurs, nuées poussées par des nuées, les fantassins apparaissaient entre les échappées des bois, et pâlissaient après avoir vu; chaque espace supportait un étonnement, chaque tronc d'arbre laissait passer la moitié d'une terreur, chaque branche cachait une épouvante.

Pourtant les canons eurent du cœur pour les hommes; ils s'enhardirent, ils tonnèrent, ils lancèrent des boulets dans la terre rouge des campagnes; semence de fer, grêlons d'acier que le laboureur trouva plus tard dans ses sillons meurtris. Vers midi, ralliés sur une ligne courbe de quinze lieues, cheval contre cheval, bataillons pressés contre bataillons, ces myriades d'hommes qui coudoyaient l'horizon, s'avancèrent enfin contre la ville. L'Europe avança.

Frappant l'attention par sa situation élevée au milieu de la grande route, dominant la campagne comme une position militaire, le château d'Écouen allait immanquablement être fouillé et occupé par l'avant-garde de l'armée. Et quelle armée! aigrie par les défaites, l'heure d'après chaque victoire, toujours affaiblie par ses victoires mêmes, devenue impitoyable à force de contrariétés, décidée à en finir avec cette France si dure à mourir; et quelle proie à saisir au passage! Un pensionnat de trois cents jeunes filles, timides, faibles, belles de leur frayeur, soumises par l'épouvante, déjà fascinées par les hurlements du lion qui rôdait. Quelle riche revanche à prendre sur les filles de ces soldats, de ces séduisants capitaines, dont les galanteries avaient causé autant de ravages que les armes en Italie, en Allemagne, en Espagne! Désormais les Français seraient plus circonspects sur leurs triomphes.

Et pas de moyens de fuite! Écouen est en plaine. Quatre lieues découvertes d'Écouen à Paris. La chaussée est déserte : les boulets seuls la traversent. Risquez trois cents jeunes filles sur cette chaussée, pour les faire couper en deux par les boulets. Et pour aller où? Paris s'est barricadé de porte en porte. Rien ne pénètre dans Paris.

Ce fut une horrible situation, un moment de délire, pour la directrice de la maison d'Écouen, de voir tant d'enfants se pressant autour d'elle dans une vague épouvante, et lui demandant de les sauver; enfants dont elle répondait devant la nation, devant Dieu et devant leurs mères.

Toutes pleuraient, et elle pleurait avec toutes. On alla dans la chapelle et l'on pria. Peu savaient tout le danger qu'elles couraient. Elles s'agenouillèrent dans la chapelle, dont les vitraux s'ébranlaient au bruit du canon. La mystérieuse terreur des sacrifices antiques planait sur cette scène. Les chants des pensionnaires s'arrêtaient de temps en temps pour laisser entendre la canonnade continue de l'artillerie dans la campagne. Toutes ces têtes gracieuses s'abaissaient alors; les yeux se fermaient; les mains se joignaient à d'autres mains; pendant une heure entière, cette oraison, cet adieu déchirant de l'innocence, monta vers le ciel sur les ardentes colonnes de la fumée des combats.

Puis, quand Dieu fut chargé de cette immense responsabilité, la directrice d'Écouen dit à toutes ces filles, dont les pères et les frères mouraient au même instant, de venir l'embrasser pour la dernière fois.

Et comme on entendait déjà le bruit des roues de fer de l'artillerie, criant sur les pavés de la grande route, elle et ses élèves montèrent sur la terrasse qui domine l'horizon. L'horizon marchait : un horizon d'hommes.

Là, madame Campan fit appeler les quatre soldats et le caporal que le général Hullin lui avait envoyés pour la défendre contre trois cent mille hommes, les trois pompiers et les deux gardes-chasse attachés au service de la maison ; et jugeant, avec raison, que cette apparence de résistance, toute faible qu'elle fût, pouvait la compromettre auprès des ennemis, elle les congédia, pleine d'attendrissement pour le dernier dévoûment dont ces braves gens voulaient se rendre dignes. Elle fut sourde à leur protestation de mourir en défendant l'établissement. Ils furent obligés de partir. Pas un homme ne resta. Seulement elle envoya par l'un d'eux, au général russe Saken, une lettre où elle mettait sous sa protection de vainqueur, d'homme et de chrétien, l'établissement d'Écouen et l'honneur de cinq ou six cents familles. Quel sort pouvait avoir cette lettre?

Aucun devoir ne restait plus à remplir.

Alors madame Campan, après avoir fait placer ses pensionnaires sur la terrasse, en vue de l'ennemi, ordonna qu'on ouvrît toutes les portes.

Jusqu'au soir de la grande bataille, les filles d'Écouen, dont les pères étaient morts ou mouraient dans les fossés de la route, attendirent.

A la nuit, quatre soldats russes firent retentir leur talon de fer sur les marches du perron; un frisson parcourut la maison.

Ils se présentèrent devant madame Campan.

Saken avait reçu la lettre.

L'un des quatre soldats russes était décoré de la Légion-d'Honneur.

La maison d'Écouen ne reçut aucun outrage.

Il y a un immense élan de générosité dans la pensée de Napoléon ouvrant Écouen aux filles et aux nièces de ses compagnons d'armes. Pour la première fois, la reconnaissance de l'État se trouve de niveau avec le dévoûment des sujets. L'État paie, par de l'honneur versé sur la famille, par de l'instruction à l'enfant, le sang qu'a prodigué au pays le chef de cette famille, le père de cet enfant. C'est presque faire aimer la blessure que de la soigner avec tant de religion; c'est avoir légitimé l'ambition du conquérant que d'avoir amené la nation à adopter les descendants de celui qu'on a mutilé pour conquérir.

Écouen sort du milieu de la fumée de la poudre; Écouen est un beau pavillon de soie et d'or qui s'élève au bruit des fanfares. L'empire a désormais son Olympe militaire, beau à rêver dans les nuits étoilées du bivouac. Il se peuple, pour l'imagination des soldats de Marengo et de Friedland, de jeunes filles rêveuses, endormies sous des drapeaux, assises sur des affûts de canon, appuyant leurs mains blanches sur des épées d'or, ou debout, attachant à des uniformes déchirés par le sabre les étoiles d'honneur de la constellation impériale, dont Napoléon est le soleil. Quand le jeune soldat s'est bravement battu, quand il a reçu un coup de sabre au front, il espère la croix et une femme instruite par Écouen, dotée par le pays. La gloire se marie à la gloire; l'empire ne se mésallie pas. Le capitaine épouse la fille du colonel; l'orpheline d'un général accepte la main victorieuse d'un sous-lieutenant. C'est à faire de la France une famille martiale, un androgyne armé, une idée invincible.

Le temps manqua à l'œuvre; la France fut brisée à la poignée.

Écouen cessa d'être l'asile des demoiselles de la légion d'Honneur.

Sous d'autres règlements, surtout dans un autre esprit, l'institution fut, en 1814, transférée par Louis XVIII à Saint-Denis; et le château fut restitué à la maison de Condé.

C'est avec une connaissance parfaite de l'époque remplie par le règne de Louis-Philippe, que nous écrivions les lignes suivantes en terminant notre travail sur l'institution créée par Napoléon Ier en faveur des filles de ses légionnaires. « Regardons autour de nous, et demandons-nous ensuite si l'établissement de la Légion-d'Honneur a la même signification aujourd'hui qu'autrefois; s'il n'est pas une reconnaissance nationale qui étonne par ses proportions, comparée aux services rendus; s'il n'est pas un prétexte pour donner la croix d'honneur aux pères qui, à défaut de gloire, ont le bonheur d'avoir des filles. »

« Le monde a-t-il, comme sous l'empire, une place pour elles, lorsqu'elles sortent de cette institution militaire ? La tradition d'estime qui les faisait accueillir en 1812, et leur préparait dix alliances pour une, s'est-elle conservée à travers une restauration plus dévote que militaire, et est-elle venue jusqu'à nous, société marchande et financière? Où est la foi vive qui, à l'extérieur, réponde à cette tradition? La fille du capitaine comptera-t-elle sur la main du lieutenant? Où est le lieutenant? où est la grande armée ? Et si ces colonies militaires sont tellement réduites, que sur vingt pensionnaires on en compte à peine deux vraiment filles de soldat, tandis que le reste appartient à des origines bourgeoises, n'est-il pas exact de publier que ces filles reçoivent une éducation menteuse, décevante, usurpée sur l'éducation des reines? »

« Où logerez-vous ces chefs-d'œuvre qui sortent de là avec 400 francs de dot? Quel petit marchand osera mesurer son actif avec l'ambition de ces demoiselles, dont la moindre prétention est d'avoir une harpe de 5,000 francs, sortie des ateliers harmonieux de Pleyel; un piano d'Érard, du même prix; un ameublement gothique de Chenavard, des bronzes de Thomire? Je le vois, il faut décidément des époux gradés aux pensionnaires de la Légion-d'Honneur, et, en conséquence, la guerre; le vent n'y est pas; et la guerre perpétuelle : c'est encore plus difficile; ensuite un Napoléon qui gagne Austerlitz et Friedland! »

« **Quel** remède à ceci? Fermer l'établissement de la Légion-
d'Honneur, comme la révolution ferma les couvents. Un chevalier de Malte ne serait pas, de nos jours, une anomalie plus
choquante qu'une demoiselle de la Légion-d'Honneur. »

Nous avons dit que Louis XVIII rendit au prince de Condé
le château d'Écouen. Les contestations judiciaires qui s'élevèrent relativement à l'exécution du testament de ce prince,
entraînèrent, entre autres résultats, l'annulation du legs d'É-
couen, qu'il avait destiné à un établissement d'éducation où
auraient été reçus les descendants des émigrés vendéens.
Par suite des changements survenus dans la forme de
l'état, ce legs parut aux législateurs du règne de Louis-Philippe d'une réalisation impossible; et sans y avoir égard, le
château d'Écouen fut donné au légataire universel, M. le duc
d'Aumale.

«Nous n'avons pas mission, disions-nous à ce sujet, de conseiller les rois ni d'apprendre à leurs fils que la volonté des
mourants est chose pénible à fouler aux pieds. Sans moraliser
les trônes d'un ton si haut, ne pourrait-on demander si, parmi
toutes les destinations qu'on essaiera, et cela sans succès, de
donner au château d'Écouen, celle dont le prince de Condé
avait eu l'idée ne mériterait pas d'être appréciée? Tout n'est
pas à rejeter d'une inspiration généreuse. Si, des petits-fils
des Vendéens, il n'y avait à espérer que des hommes révoltés
contre l'État, nul doute que l'institution projetée par M. le
prince de Condé ne fût une insulte pour le pays. Le pays ne
doit ni science ni lumières à qui tournera sa force contre lui.
M. de Condé avait des sympathies plus raisonnables. Le legs
d'Écouen était une récompense, une preuve de bon souvenir,
donnée à des affections militaires nées autrefois dans les mauvais temps de l'exil, et non un encouragement à des principes
que M. le prince de Condé savait bien ne pouvoir plus se perpétuer. Voici plutôt comment il comprenait le but et l'utilité du
bienfait qu'il léguait aux enfants de ses compagnons d'armes.
Sans altérer les traditions de royalisme des pères, il aspirait
à rendre dans le cœur des enfants la foi monarchique plus
pure, plus éclairée, plus nationale. A une génération d'hommes
sauvages, rudes dans leur fidélité, poussant le dévoûment jus-

qu'au désespoir, il voulait faire succéder des hommes forts par l'intelligence, à une époque où elle est tout; égaux en lumières avec qui que ce fût; redoutables à la tribune, où les opinions triomphent, de nos jours, mieux qu'au fond des bocages, à la lueur des mousquets. Qui osera interpréter autrement, sans outrager la raison du testateur, le legs en faveur des enfants vendéens?

« Ouvrez donc sans crainte Ecouen, ses vastes salles d'études, ses cours solitaires, aux enfants des Vendéens. Une fois sous clef, vengez-vous, mais vengez-vous bien! Les pères ne savaient pas lire; que les enfants lisent, écrivent, s'instruisent! Les pères brûlaient; que les enfants apprennent à bâtir! Ceux-là étaient incendiaires, ceux-ci seront architectes; les uns cultivaient à peine une terre aride, les autres connaîtront l'industrie qui féconde les marais, promène la charrue dans les plaines et répand du gazon sur les rochers! Les pères se cachaient dans les joncs; les fils se promèneront à travers les blés! Les pères n'obéissaient à aucune loi, les fils les respecteront toutes, parce qu'ils les comprendront et parce qu'ils les auront faites! Et par là vous aurez étouffé les germes de la guerre civile, déplacé, du moins pour longtemps, son principal foyer, et, du même coup, accompli le vœu du prince de Condé! »

Ecouen s'est ouvert de nouveau, mais sous un autre règne, sous la dynastie qui fonda la première la noble institution des filles de la Légion-d'Honneur.

C'est aux historiens futurs à raconter aux lecteurs à venir les autres destinées de ce magnifique château.

MARQUISAT DE BRUNOY

Ce village perdu entre deux ou trois forêts qui se disputent
à qui l'enveloppera le mieux d'ombre, de fraîcheur et de silence ; ces cent cinquante maisons dont il se compose ; ces
tuyaux de cheminée qui fument joyeusement au-dessus des
peupliers pour annoncer que la broche n'est pas un instrument inconnu dans l'endroit ; ces belles oies bleues, noires,
blanches, dodues et criardes, qui vous haranguent, les ailes
déployées, à l'entrée de la pacifique localité ; ces poules qui
font la boule dans le sable, ces coqs qui chantent au premier
étage, ces chats bien fourrés dans leur pelleterie soyeuse bros-
sée par le bonheur, endormis au bord des toits de chaume ;
ces enfants qui semblent être nés il y a une heure après la
pluie, sous un rayon de soleil ; ces petits intérieurs rustiques
où la table de chêne, le râtelier de roseau garni d'argenterie
de plomb, le lit tiré à quatre épingles, révèlent de quoi se
compose la félicité des locataires ; ces habitants occupés à
dépecer des moutons, à les hacher, à les embrocher, à les lar-
der de lavande et de thym ; ce bruit éternel de friture, cette vapeur de cuisine qui roussit l'air ; ce pain passant par chaudes
pannerées au front de toutes les portes ; ces chaudrons de

cuivre dont le fond étamé luit au soleil, qui, descendu sur un rayon, semble y manger l'enduit de confitures dont ils sont vernissés; ces vases de lait pour la crème, ces brocs de vin pour la matelote; ce château où le concierge ce n'est personne, et où le propriétaire c'est tout le monde, et où tout le monde entre en effet, et d'où chacun sort, qui avec un habit neuf, qui avec le ventre plein, qui avec une femme dotée, qui avec du vin jusqu'aux yeux, qui avec une chape d'or brodée; ces roses semées partout et en si grande quantité qu'il y en a pour quinze mille francs; ces jets d'eau qui au lieu d'eau lancent à vingt pieds de la clairette de Limoux et enivrent les mouches au passage; ces tables dressées dans le château, chacune de cinquante couverts; ce seigneur de dix-huit ans, riche à quarante millions, pâle, l'œil vif, la physionomie spirituelle, tutoyant les palefreniers par qui il est tutoyé, s'asseyant sur le genou des nourrices, et faisant asseoir des enfants sur ses genoux : tout cela, ce n'est pas le pays de Cocagne, rêve de quelque poète affamé; c'est Brunoy tel qu'il fut un jour du dix-huitième siècle et à peu près depuis 1767 jusqu'en 1776, pendant neuf ans; Brunoy, village à cinq lieues de Paris, sur la petite rivière d'Hyère, entre le grand chemin de Brie-Comte-Robert et celui de Melun, à un quart de lieue de la forêt de Sénart.

Aucun enchantement n'avait présidé à la construction du château de Brunoy, cascade de toutes les prodigalités où s'abreuvait le bourg de ce nom, composé à peine de six cents habitants. L'enchanteur fut un financier.

Bâti par un garde du trésor royal nommé Brunet, il fut vendu à M de Montmartel, l'un des quatre frères Pâris, munitionnaires généraux, devenus si riches de si pauvres qu'ils étaient auparavant que l'aîné, Pâris de Montmartel, anobli récemment, prit dans l'acte de baptême de son fils aîné et unique le titre de comte de Sampigny, baron de Dagouville, seigneur de Brunoy, de Villers, de Fourcy, de Fontaine, de Château-Neuf, etc., conseiller d'état, garde du trésor royal.

Outre ses titres et ses châteaux, M. Pâris de Montmartel acquit aussi une femme, qui n'était autre que mademoiselle Marie-Armande de Béthune, fille de Louis, comte de Béthune, lieutenant-général des armées navales. Le fils d'un hôtelier des Alpes s'allia à la race des Sully.

De cette union naquit, l'an 1748, le célèbre marquis de Brunoy, l'homme qui peint le mieux l'agonie du dix-huitième siècle, figure triste, figure bouffonne, marquée au front de la fatalité et à la joue des taches de la débauche, un de ces hommes qui finissent à la fois un siècle, une race, un nom, une immense fortune.

Élevé avec les plus tendres soins sous les yeux d'une mère qui le trouvait assez beau pour ne pas lui tenir compte, en l'aimant, de l'extraction médiocre de son père; chéri de M. de Montmartel, son père, qui ne croyait pas de son côté être dispensé de lui donner une bonne éducation, parce qu'il était gentilhomme et qu'il serait un jour quarante fois millionnaire; le jeune comte de Brunoy reçut des leçons en tout genre des hommes les plus remarquables de l'époque. Il répondit moins par son aptitude que par une étonnante facilité de conception aux efforts de ses excellents parents, sous la haute protection desquels il fut accueilli dans le monde et bien reçu d'abord à la cour. Le jeune marquis offrait le modèle de cette existence pleine de paresse et de belles manières qui nous semble fabuleuse après la révolution qui la remplaça par de si rudes mœurs. Se lever à midi, passer du sommeil du lit au sommeil du bain, se rajeunir dans des détails de toilette, qui sont la plus ravissante futilité de la vie; livrer son corps assoupi aux mains délicates d'un perruquier qui vous enveloppe d'une atmosphère de poudre odorante, et fait à loisir de votre visage un beau pastel de La Tour; essayer de se mettre debout sur des tapis, gazons artificiels, où accourent sans bruit, mais avec empressement, quatre valets, les uns pour vous passer les bras dans les manches de votre habit du matin, les autres pour introduire votre pied dans la chaussure brodée, tandis que votre jabot se déploie sous vos doigts chargés de brillants; recevoir, dans le salon où le déjeuner vous attend, des amis riches en projets de parties pour la journée; effeuiller tous les événements de la veille, sans s'intéresser à aucun; ou bien discuter gravement pour savoir qui a tort de madame Dubarry, qui veut marier le danseur d'Auberval avec mademoiselle Arnould ou du danseur d'Auberval qui a refusé par rapport aux mœurs ; aller à Saint-Sulpice pour entendre les nouvelles orgues, puis rentrer pour changer d'habit, et paraître décemment au Palais-Royal, où M. le duc de Chartres préside à des embellissements extraordinaires, tel qu'un éclairage à l'huile composé de cent cinquante lanternes ; se rendre au dîner de M. le prince de Marsan, qui rappelle, par ses fêtes et ses comédies où ne jouent que des personnes de qualité, les fameuses réceptions de M. le comte de Clermont ; se retirer au petit jour, et trouver sur sa table une invitation pour être de la chasse du roi à Compiègne le lendemain ; avoir vu tous ses désirs accomplis, toutes ses joies satisfaites dans les heures ni trop courtes ni trop longues de la journée ; avoir eu de l'esprit envers tous, de l'adresse au manége, de la grâce auprès des femmes : tel était le résumé des occupations quotidiennes d'un jeune marquis de vingt ans, qui n'était pas un escroc comme le *Chevalier à la mode* de Dancourt, ni un empoisonneur de femmes comme le marquis de Sade.

Le marquis de Brunoy parut à la cour avec un luxe dont peu auraient soutenu la rivalité, surtout à une époque qui se ressentait encore vivement de la banqueroute de Law. Rien ne lui coûta, ni des équipages admirés de tout Paris, ni un ameublement dont il fallait se hâter de louer le goût exquis, car il en changeait à chaque saison, ni une existence enfin où tous les plaisirs délicats étaient admis, sans mélange d'excès, si ce n'est celui d'une prodigalité bien pardonnable à un jeune homme, héritier présomptif de quarante millions. Quand son nom vient à se montrer plus tard dans les *Mémoires secrets*, ce n'est que pour y réclamer une publicité de folie, et non d'immoralité. Le caractère de ses dissipations est alors aussi étonnant que sa fortune, s'il n'en justifie pas l'abus.

Les cours les plus populaires, les plus corrompues, même comme celle de Louis XV, sont des pays ténébreux où, avec la plus cynique liberté de manières, on en revient toujours, à des heures données, à se demander compte des qualités de naissance d'un homme. Lorsque le sang-froid est revenu, on rougirait d'être tombé sous la table avec un homme de rien ou de

peu. Quelque philosophe qu'on fût, on voulait savoir avec qui
on s'encanaillait : c'était bien le moins.

Ce fut un prétexte admirablement trouvé pour blesser la
fierté du jeune marquis de Brunoy que la précocité de sa noblesse de finance. Les haines se résolvent en poison invisible
là où les épées ne sont jamais tirées pour une injure, car on
n'injurie pas à la cour. On fait estropier votre nom par le domestique qui annonce : on rit alors de l'antiquité d'une race dont
un valet ne peut épeler les premières syllabes inconnues.
Quelques-uns prennent votre défense, dont on leur sait bon gré,
par une charité polie ; autre moyen d'assassiner. Vous rou-
gissez, on rit ; vous êtes ridicule, vous êtes mort.

Nul n'a jamais su quel affront de ce genre reçut le jeune
marquis de Brunoy, mais tout à coup, dans l'intervalle d'une
nuit à l'autre, il changea sa vie, ses mœurs, ses goûts, son caractère. Il comprit, s'il avait été offensé, qu'on ne tuait pas
en duel une opinion représentée par des milliers d'hommes ;
il renonça à la vengeance du sang. Il se démontra sans doute
aussi qu'il ne fallait pas chercher à prouver qu'un gentilhomme
de cinquante ans de date est tout aussi noble qu'un gentilhomme de mille ans de généalogie. Qui aurait décidé la question ? le peuple ? il se proposait de trancher la difficulté, dans
vingt ans, en pleine place de Grève. Il eût bien voulu, sans doute,
se cacher au fond de ses mines d'or, et de là mépriser qui l'avait
méprisé ; mais il était trop tard. Le marquis avait recherché
les gens de qualité avec l'avidité d'un parvenu, il s'était frotté
à eux pour se parfumer de naissance ; son dédain sans noblesse
eût été de la rancune et non de la fierté. Comme elle était jeune,
hautaine, et primitivement du peuple au fond, son âme dût ru-
gir dans sa poitrine.

Il sauta sur une idée étrange. Rentré chez lui, la honte dans
le cœur, il foule son chapeau, déchire ses gants, maudit la
cour, lance son épée à travers une glace. Il sonne, ses ordres
sont donnés : on vendra son mobilier dans la journée, à vil prix,
comme on pourra ; il faut s'en débarrasser au plus vite. Tableaux, tapis, glaces à qui les veut ! Ce qu'on n'a pas le temps
de donner, on le brise. Plus de train de maison à Paris ; relations rompues sur-le-champ, fêtes contremandées : on renvoie

les invitations qu'on a reçues, on retire celles qu'on a envoyées; l'hôtel est en vente, les équipages de ville sont vendus.

Qu'est devenu le marquis de Brunoy? se demande-t-on dans les salons qui n'avaient pas encore la ressource des chambres politiques, qui avaient à peine la hausse et la baisse de la bourse pour occuper les esprits. On le cherche à Paris, à Versailles, aux petits soupers, à l'Opéra, au sermon; de nulle part il n'en vient des nouvelles.

Au bout de trois jours il ne fut plus question du marquis de Brunoy.

II

Si parmi ces maçons déguenillés qui broient du plâtre, ces menuisiers qui équarrissent des poutres au soleil, ces hommes couverts de sueur qui tracent une enceinte grande à contenir une ville, vous apercevez un ouvrier infatigable, changeant de fonction à chaque instant, plus mal vêtu que les uns, plus familier que les autres, plus hardi buveur que tous, vous avez retrouvé le jeune marquis de Brunoy, conseiller-secrétaire du roi, maison, couronne de France et de ses finances.

Il exhausse d'un étage le château de son père, celui qui avait suffi à l'orgueil de deux financiers, à M. Brunet, à M. Pâris de Montmartel. Il le veut plus spacieux, il le veut plus royal : il bâtit des communs presque aussi vastes que ceux de Versailles, dessine des cours d'honneur où pourraient tourner les équipages du roi; peut-être compte-t-il, lui aussi! sur l'honneur d'une visite du roi! S'il ne peut rien changer à la primitive construction du château, il le flanque du moins de logements sans fin. C'est un Versailles en tas. Une fois le château enflé de bâtiments, il songe au jardin, au parc, aux eaux, aux cascades. Si l'eau est trop loin, si la rivière coule à cent pas au-dessous, il prend la rivière par le coude, la violente, et l'amène entre son château et sa cascade. Lui eût-on dit : Monseigneur, il nous faut l'Océan; il eût répondu : Allez le chercher, voilà de l'or. Les travaux ne ralentissent pas; ils ne sont suspendus qu'à midi, heure à laquelle le marquis mange la soupe aux choux avec ses ouvriers. Ensuite viennent de Paris et par caravanes des chariots pleins de meubles, de tapisseries, de glaces, et d'ouvriers perchés sur ces meubles. A ceux qui leur demandent en les voyant passer dans les allées de la forêt de Sénart : « Bonnes gens, pour qui ces belles choses? » ils répondent : *Pour M. le marquis de Brunoy.*

Et quand le château est bâti, meublé, agrandi, planté, arrosé, que des millions ont été dépensés pour lancer des eaux sur du gazon, pour avoir du gazon autour d'une serre chaude qui renferme les végétaux les plus rares ; quand le roi Louis XV pourrait entrer par cette grille d'or ouverte dans l'axe du château, au bout d'une allée merveilleuse de perspective, — le roi et toute sa cour; — alors le marquis de Brunoy réunit ses compagnons d'ouvrage, et leur dit :

— Si vous avez bâti le château, vous l'habiterez. Il est à vous.

Les paysans et les maçons de Brunoy pensaient que M. le marquis était devenu fou.

— Oui, il est temps de former ma maison. — Toi, La Tuile, tu seras mon valet de chambre, — six mille livres d'appointement; toi, Le Loup, mon gâcheur, tu seras mon secrétaire, — dix mille livres; toi, Renaudin, qui fais si bien la soupe aux choux, sois mon intendant; toi, le vitrier là-bas, tu rempliras les fonctions de mon officier des chasses; vous autres, qui n'êtes que bûcherons de votre état, vous passez de droit domestiques de pied et laquais de ma maison. Demain vous irez à Paris commander des habits appropriés aux nouvelles charges que je vous destine à occuper auprès de moi.

A votre retour, nous rendrons à mon respectable père les honneurs funèbres qui lui sont dus.

Allons boire !

III

Quelques mois après l'inexplicable isolement du marquis à Brunoy, son père, M. Pâris de Montmartel, était mort des chagrins qu'il lui avait causés. Cet événement surprit le marquis, tandis qu'il achevait de meubler le château dont il ne croyait pas être si tôt le maître absolu. On a vu qu'il avait voulu l'inaugurer par un jour de tristesse filiale, et, à l'exemple des nobles familles, faire prendre le deuil à la vaste domesticité de sa maison.

Le deuil ne manqua pas d'une certaine singularité.

Tous les domestiques furent vêtus de serge noire, de la tête aux pieds.

Chaque habitant reçut six aunes de la même étoffe, afin de participer, à raison de sa taille, à la douleur du marquisat.

Un rideau noir incommensurable caparaçonna le château, du faîte à la base.

De longs crêpes furent noués aux arbres; des pleureuses attachées au front de marbre des statues.

Le canal qui traverse la propriété, au lieu d'eau, laissa couler de l'encre.

Et quand les eaux jouèrent, vers le coucher du soleil, sur le disque duquel le marquis regretta beaucoup de ne pouvoir jeter un voile noir, on vit les tritons, les sirènes et les grenouilles des bassins rejeter de l'encre par leurs conques et par leurs bouches.

Madame de Montmartel vint surprendre son fils au milieu de son extravagante tristesse. Elle apportait à Brunoy une douleur moins affectée que celle qu'elle y trouva.

A l'aspect de la lugubre bouffonnerie du château, elle craignit pour la raison de son fils, qui, pâle comme Hamlet, empressé, respectueux, la prenant par la main, la conduisit à travers le parc, dont les crêpes sinistres flottaient et se déroulaient au vent du soir.

Vu de loin, ce devait être un saisissant tableau, que cette extravagante mais colossale solennité noire. Ces arbres avec leurs crêpes, ce château, vaste ordonnateur des pompes funèbres, vêtu de noir, immobile au milieu d'un convoi immobile; tout le village tendu de noir; ces eaux noires élancées vers le ciel, et ce jeune homme en deuil avec cette mère en deuil, se promenant à pas lents sur un grand espace, auraient effrayé, épouvanté le voyageur qui, au sortir de la forêt de Sénart, toute sanglante de traditions, eût aperçu, des hauteurs des Bosserons, cette vallée de mort.

— Mon fils, dit en baissant la voix cette mère affligée au marquis de Brunoy, vous avez de grands torts à vous reprocher envers votre famille, dont vous avez poussé le chef au tombeau bien avant l'âge. Vous avez permis à la médisance d'interpréter de mille manières scandaleuses votre disparition subite de la maison paternelle. On nous a accusés alternativement, vous comme un mauvais fils, jaloux de vous emparer le plus promptement possible de votre héritage ; nous comme de durs parents qui voulions vous forcer à embrasser les ordres, malgré vos penchants, afin de conserver plus longtemps votre fortune. Vous avez souillé la jeune noblesse française.

Le marquis sourit amèrement à ce dernier reproche.

Madame de Montmartel reprit : Chaque jour a eu sa calomnie : aucun membre de votre famille n'a pu paraître dans un lieu public, même dans les plus saints, sans devenir un objet de curiosité. Si du moins vous étiez venu chercher votre pardon au lit d'agonie de votre père, lui et la société eussent été apaisés ; mais votre obstination à vous cacher a ranimé, au contraire, aux derniers moments de M. de Montmartel, toutes les suppositions que l'oubli, — car le mensonge lui-même se lasse, — avait commencé à user dans les propos impurs du monde. Oui, pleurez, mon fils, et prouvez du moins que vous ressentez pour la mémoire de votre père une respectueuse tendresse, et pour mes douleurs personnelles une affliction plus vraie, plus raisonnable, plus noble que celle dont les ridicules marques étalées ici insultent à la pitié qu'on doit aux morts. Mon fils, je compte sur votre repentir, j'espère en votre retour à des sentiments plus sensés ; vous me suivrez sur-le-champ à Paris, où j'ai besoin de votre présence pour me protéger pendant les quelques années qui me séparent du tombeau de votre père. Si ce devoir vous pèse, vous n'aurez pas à vous contraindre longtemps ; ma santé est perdue ; voyez comme les chagrins m'ont accablée, combien je suis souffrante...

— Ma mère, estimez-moi assez pour croire que si je vous perdais, je n'épargnerais rien pour que votre mémoire fût révérée.

— Je sais que vous n'êtes pas insensible.

— Vous auriez à votre convoi huit célestins.

— Vous êtes léger, mais bon.

— Vous seriez suivie d'autant de frères minimes, auxquels j'adjoindrais six religieux des Billettes, six carmes, quatre augustins et quatre jacobins.

— Mon fils, vous feriez mieux de vous occuper de vos préparatifs de départ pour Paris que des honneurs à me rendre après ma mort.

— Je fonderais pour vous soixante messes hautes.

— Vous voulez donc que je meure, fils ingrat! et il vous tarde d'ajouter au deuil ironique de votre père le deuil plus scandaleux encore dont vous menacez votre mère.

— A votre service funèbre il y aura deux cents prêtres, chanoines, vicaires; plus, quarante torches du plus grand poids, et en cire jaune; autant en cire blanche, autant en cire verte; plus trois cents cierges. Les choses seront bien faites.

— Par pitié, ne m'effrayez pas ainsi pour votre raison, mon fils.

— Je calcule les tentures : trois bannières de velours violet, comme au convoi de M. l'archevêque de Dijon; trois portières de velours sombre pour les trois entrées de votre paroisse; quatre grands écussons à nos armes.

— Oh! mon Dieu!

— Comme vos équipages suivront le corbillard, dont je parlerai, ils auront caparaçons et housses traînantes de serge noire, avec croix cousues de taffetas blanc.

— Vous me faites mourir, et je vais vous maudire, mon fils.

— Sept grands manteaux à grande queue pour ceux qui mèneront le deuil. Je songe qu'il ne faudra pas moins de huit aunes d'étoffe pour le drap mortuaire; le principal sera digne de l'accessoire; on n'aura jamais vu de plus magnifique poêle depuis les obsèques du régent de France, monseigneur le duc d'Orléans : je le veux de vingt aunes de drap d'or, à triple frisure, — une de plus que monseigneur le régent.

— Vous me déchirez le cœur.

— Votre cœur, à propos, sera enfermé dans du plomb et déposé dans un coffre de chêne cerclé en fer. Houdon se chargera de vous élever un mausolée du plus vaste travail, tout orné de statues, d'urnes, de lampes et de cyprès.

— Mon fils, vous ne l'êtes plus, je vous maudis !

— Achevons maintenant : huit célestins, cent vingt livres ; billettes, carmes, augustins, jacobins, six cents livres ; soixante messes, trois mille livres ; deux cents prêtres, cinq mille livres ; torches de différentes couleurs, deux mille livres ; tentures, vingt mille livres ; drap mortuaire et coffre de chêne, cinq mille livres ; mausolée, cinquante mille livres..... total, quatre-vingt-cinq mille sept cent vingt livres.

Pardonnez-moi, ma mère, si mon imagination ne me fournit rien de plus beau pour entourer de respect vos cendres ; mais.......

Le marquis s'aperçut que sa mère n'était plus là. Après l'avoir maudit, elle était partie indignée pour Paris. Il entendit le bruit des chevaux qui passaient sur le pont de Brunoy.

IV

Malgré le silence que s'imposa madame de Montmartel, touchant la conduite de son fils, — à la folie duquel elle refusa toujours de croire, — on commença de nouveau à s'occuper du marquis, sur le bruit qui avait couru du deuil extravagant de Brunoy. On sut enfin qu'il ne s'était ni tué, ni embarqué pour les Indes, ni relégué à la Trappe, versions diverses adoptées dans le temps par les oisifs de la capitale. On l'avait retrouvé ; on apprit que le possesseur d'une fortune de plus de trente millions vivait dans un bourg de six cents habitants, traités par lui sur le pied d'une intime familiarité. Ses dispositions funéraires en faveur de sa mère se répandirent au courant des petits propos, où put difficilement s'introduire l'exagération, car elle était impossible à l'encontre du personnage.

De son côté, le marquis fut instruit de la place qu'il avait dans l'opinion, cette opinion qui lui avait été si cruelle un jour, si impitoyable et si brûlante à l'endroit le plus nu de l'âme humaine : — la vanité. Son héroïsme étrange avait tenu sa vengeance muette, étouffée et petite, comme un moineau dans la main ; sa colère dut se réjouir quand elle put se dire : J'ai enfin attiré sur moi les regards louches de la noblesse, ma sœur, et la vue commune mais bonne du peuple, mon frère. La scène se passera en famille.

Du reste, on continua à considérer le marquis de Brunoy comme un original. Original est le premier nom que reçoit dans le monde un homme de génie ou un fou.

Vous avez souillé la noblesse française, avait dit madame de Montmartel à son fils.

Et le marquis était en droit de demander ce qu'il restait à faire pour la souiller davantage après l'abbé de Voisenon, qui louait en pleine académie les charmes de madame Favart. la maîtresse du maréchal de Saxe ; après le roi de France, qui vivait publiquement avec madame Dubarry.

Ce n'est pas déjà mal ainsi, mais on peut aller plus loin quand on a mes millions, réfléchit le marquis de Brunoy ; il reste à découvrir. C'est à peine si le peuple, admis comme valet, pénètre au fond des boudoirs, où il soutient les flambeaux de cristal de la luxure, esclave cubiculaire de ses maîtres ; c'est à peine s'il connaît leurs orgies, en présentant la cuvette de vermeil où retourne le premier souper pour faire place au second ; c'est à peine s'il comprend leur langage, sous le néologisme libertin qui le farde : c'est à peine s'il les méprise, vivant du reste de leurs débauches, du reste de leurs habits, du reste de leurs soupers. Il y a d'ailleurs un autre peuple qui ne les connaît pas, car les nobles seigneurs ne vont pas à pied, et le roi, leur maître en tout, ne se montre que deux fois par an. Ils m'ont laissé la rue à salir : là je veux être marquis de Brunoy, conseiller-secrétaire du roi, maison, couronne de France et de ses finances.

Un mot d'histoire en passant. Louis XVI n'était pas encore monté sur le trône.

Le comte de Provence, frère du roi Louis XVI, devenu Monsieur, et depuis Louis XVIII, qui possédait *Gros-Bois*, belle terre du voisinage, se passionna pour la propriété du marquis de Brunoy, la trouvant selon ses goûts de solitude classique. Il convoita Brunoy, le désira, le demanda, menaça pour l'avoir, faisant répandre par d'officieux courtisans qu'il était dans les intentions du marquis lui-même de se débarrasser d'un château, ruineux pour tout autre qu'un prince royal.

Le marquis poussa l'originalité jusqu'à résister aux avances de Monsieur, et à se ruiner de plus belle comme s'il eût été prince. On convint que la fermeté ne manquait pas à cet extravagant.

De jour en jour plus affermi dans ses projets de vivre au milieu de la société qu'il s'était créée en haine de celle dont il avait fui l'outrageuse hiérarchie, il fallait ou qu'il l'élevât jusqu'à lui ou qu'il s'effaçât jusqu'au point de se trouver de niveau avec elle. Rien au monde, dans l'histoire des petits combats du cœur humain, n'est intéressant comme la lutte qu'il eut à soutenir en lui-même. Tantôt le marquis dévore l'homme, tantôt l'homme dévore le marquis; il rappelle ces monstres qui apparaissent au commencement et à la fin d'une création. Tête de marquis et queue de peuple: à la fin la queue l'emporta.

Un jour il convie ses bons amis les vilains à un superbe repas qu'il donne dans une des plus belles salles du château. Selon l'usage, le menu fut formidable, la plaisanterie ruissela, avec le vin, des lèvres sur la nappe. — Mes amis, leur dit le marquis au moment suprême du dessert, quand les convives en belle humeur mouchaient déjà les bougies avec leurs doigts, et s'enroulaient à l'orientale des serviettes autour de la tête; mes amis, je réclame votre attention, si c'est possible, pour quelques minutes.

— Vous savez qu'on me reproche dans le monde d'être trop familier avec vous, de vous avoir laissé prendre trop de liberté, d'avoir oublié que vous étiez mes vassaux, de vous avoir admis à ma table, et beaucoup d'autres torts dont vous voyez que je me corrige, puisque je vous tutoie tous, puisque je bois dans le verre de mon voisin Venteclef à la santé de vous tous, puisque je vous invite tous pour demain à renouveler la réunion d'aujourd'hui.

Cependant, si je suis fier d'avoir effacé toute différence entre nous; si j'ai voulu que nous fussions tous égaux comme les six bouteilles d'un panier de Chambertin, il n'est pas moins vrai que vous n'êtes que des vignerons, des serruriers, des engraisseurs de volaille, des tonneliers, des garde-chasse, etc., et que je suis marquis de Brunoy.

— Monsieur le marquis, nous n'avons jamais prétendu le contraire, s'écrièrent les vilains, qui craignaient que quelque velléité de suzeraineté ne se fût tout à coup éveillée dans l'âme du marquis.

Il les interrompit en frappant la table de son verre.

— Je le sais : aussi, pour en finir avec tous les reproches dont on m'assomme, après avoir été vilain avec vous, ce qui ne m'a pas réussi auprès de gens obstinés à m'appeler marquis, je prétends que vous soyez marquis comme moi ; ce qui va avoir lieu sur-le-champ.

Et vous serez marquis avec marquisats, ce dont beaucoup ne sauraient se flatter en France. Vous aurez tous un quartier de terre pris dans mes possessions de Brunoy.

Silence donc ! et que l'on aille prendre l'air au jardin, si l'on est incommodé ; — n'éveillez pas ceux qui ronflent, ils s'éveilleront marquis.

Toi, mon vigneron, je te crée marquis de la Chopine ; ta terre prendra le nom de la Chopine-Vieille ; salut, marquis de la Chopine-Vieille ! Tes armes seront *d'azur au gobelet d'argent vomissant de gueule.*

Toi, mon tonnelier, je te nomme marquis de la Futaille, et tu signeras Beaucerf de la Futaillière. Tu porteras *de sinople au tonneau cerclé d'or, semé de bouchons à l'orle.*

A ta santé, marquis de la Futaillière !

Toi, mon sommelier, tu seras désormais marquis de la Bouteille, ou Christophe de la Bouteillerie. Tu porteras *de lie plein ton écusson.*

Embrassons-nous, marquis de la Bouteillerie.

Toi, là bas, je te fais marquis de la Chaudière.

— Ton écusson : *deux chaudières l'une sur l'autre*, comme la maison de Lara en Espagne ;

Ton voisin, marquis de la Cuve.

Messieurs les marquis, j'espère qu'à présent que nous voilà tous nobles, il n'en sera ni plus ni moins qu'auparavant pour nos plaisirs ; l'opinion du monde est satisfaite, condescendons à ses préjugés de costume.

Le marquis sonna ; six domestiques parurent.

Donnez des bas de soie brodés, des perruques blondes et des souliers à boucle à messieurs les marquis..

— A vos paysans ?

— Au marquis de la Chopine-Vieille, de la Futaillière et de la Bouteillerie ; entendez-vous ? valets !

Il sonna d'un autre côté.

— Donnez des chemises et des épées à messieurs les marquis...

— Mais, monsieur de Brunoy...

— Obéissez : les chemises sont dans mon armoire, les épées accrochées dans mon alcôve.

Il sonna une troisième fois.

— Lavez le visage et les mains à messieurs les marquis.

Et les vassaux se laissaient faire, éprouvant la sensation glorieuse, mais bien moins prévue, dont jouit Sancho lorsqu'après des années de traverses il fut nommé au gouvernement de Barataria. Ils se laissaient faire, croyant qu'on n'en usait pas autrement pour créer des marquis.

— Maintenant, mes amis, leur dit le marquis de Brunoy, il nous reste encore à nous promener à travers le pays, afin qu'on sache désormais qui vous êtes.

Je veux qu'on vous respecte comme moi-même.

Traînées chacune par six chevaux, huit voitures s'élancèrent dans Brunoy, tournant, montant, descendant dans des rues étroites où trois ânes de front qui vont au marché sont mal à l'aise. Les bourses poudrées des marquis, leurs perruques qui les faisaient ressembler à des caniches de la grande espèce, leurs étoffes à ramages et leurs manchettes à point d'Angleterre, folâtraient aux portières.

Les femmes du pays n'en revenaient pas.

— Notre père qu'est marquis !

— Gros Louis qu'est aussi marquis !

Et les enfants, qui croyaient que c'étaient les voitures du roi, saluaient le serrurier, le charron, l'engraisseur de volailles, le maréchal ferrant, le tonnelier, leurs pères ou leurs oncles : en criant : Vive le roi !

Ainsi, en un seul jour, le marquis de Brunoy anoblit presque tout le bourg.

Le lendemain, chacun n'en reprit pas moins sa fonction accoutumée : le marquis étrilla les chevaux, le marquis battit en grange, le marquis engraissa la volaille.

Les menues aberrations de cette vie dévouée par calcul à une singularité de vengeance sont infinies dans leurs formes ; elles sont semblables aux globules de mercure enfermés dans un tube de verre : réunies, elles marquent les degrés de ce caractère d'exception ; mais, éparses, il est difficile de les fixer en corps de récit. Malheureusement, que nous sachions, le marquis de Brunoy, qui avait tant de choses, n'avait pas d'historiographe, ou, s'il en avait un, ce ne pouvait être que quelque palefrenier élevé à cet emploi. Non que les faits manquent à l'enchaînement de cette histoire ; ils sont, au contarire, si nombreux, si pressés, qu'on ne sait comment les aligner pour les voir tous ; c'est une ,immense vie démolie comme le château qui en a été témoin ; on bâtirait Bicêtre, local et locataires, avec les débris.

Nous avons montré les paysans, les laquais, les cuisiniers, les garde-chasse, disposant du château à leur gré, éventrant la garenne, saignant la cave, se donnant du marquis en se renvoyant des bouffées de vin au visage. C'était l'âge d'or de ceux qui n'avaient même jamais vu d'or.

Et qu'on n'imagine pas que cette confusion fût le résultat, chez le marquis de Brunoy, d'un renversement perpétuel d'idées. Il voulait que cela fût ainsi et non autrement. Sa législation domestique avait été méditée avant de recevoir une exécution inflexible dans son application. Jamais homme ne fut plus conséquent avec ses principes. On va le voir.

Le concierge d'un de ses châteaux et ses deux filles ayant refusé de s'asseoir à sa table, par respect, disaient celles-ci, pour **M.** le marquis, leur maître, il les chassa, prétendant, avec quelque raison, dans sa tyrannie que l'aristocratie des concierges est intolérable quand celle des marquis n'existe plus. « Je bois avec mon suisse, mon concierge peut manger avec moi. »

L'air du matin ayant un jour aiguisé son appétit, il descendit dans la cour, où il ne trouva que son cocher, occupé à soigner les chevaux. — J'ai envie de crème, mon ami, lui dit-il ; allez m'en chercher, je vous prie. — Aller chercher de la crème n'est pas dans mes fonctions, répliqua le cocher ; une servante ira. — Quelle est donc votre fonction ici, mon ami ? — De soigner vos chevaux, de les atteler et de les conduire.—Fort bien. Attelez donc six chevaux à ma voiture, faites-y monter une servante, et qu'elle me rapporte de la crème. Tous les matins, mon ami, sans sortir de vos fonctions, vous vous acquitterez du même devoir.

Depuis ce jour les servantes allèrent chercher de la crème à M. le marquis de Brunoy dans une voiture à six chevaux.

Une autre fois, jouant aux quilles avec un domestique, il perdit la partie, et fut obligé, par convention réglée en présence de témoins, de lui baiser le pied en tenant un verre de vin à la main.

Il était d'une politesse raffinée pour ses amis les paysans. Il les visitait à chaque bonne fête ou quand ils étaient malades. Le linceul, la layette, la corbeille de mariée se faisaient aux frais du château. La femme d'un bourrelier étant morte, toute la maison du marquis prit le deuil. Il y eut catafalque, tenture de ras de Saint-Cyr dans la nef, de ras de Saint-Maur dans le chœur, épitaphe en cuivre, tombe, trente mille livres de dépense. Huit cloches sonnèrent pendant trois jours; les villages des environs répondirent à cette sonnerie lugubre. Le monde était veuf de la femme d'un bourrelier !

Colossal dans la douleur, il était monstrueux d'excès dans la joie de ses vassaux. Maréchal et Séné, l'un secrétaire du marquis et fils du bourrelier dont la femme avait été si pompeusement enterrée, l'autre paveur de son état, avaient toute la confiance de M. de Brunoy. Leurs sœurs s'étant mariées, on se régala pendant huit jours au château ; quatre arpents de terrain furent couverts de table; trente-cinq pièces de vin furent bues. Chaque mariée eut pour dot vingt mille livres et un trousseau du même prix. Le chemin par où elles passèrent pour se rendre à l'église fut orné de guirlandes et sablé de sable fin.

A la même époque, le marquis fonda, dans une salle particulière du château, sous la surveillance d'un médecin, une vaste infirmerie pour les pauvres gens de la campagne. Le bienfait était à peu près illusoire. Brunoy ni ses environs n'avaient de pauvres, par conséquent de malades. Une seule épidémie désolait le pays, l'indigestion.

Il ne doit plus rester aucun doute dans l'esprit du lecteur; le marquis de Brunoy était un fou volontaire, méditant ses plans d'extravagance comme un autre arrange des projets de sagesse; se faisant aimer du peuple de tout le mépris qu'il s'attirait de la noblesse, qui le regardait agir maintenant avec une effrayante curiosité. Sa renommée avait gagné du terrain petit à petit; il faisait les délices de l'impératrice Catherine, qu'on tenait soigneusement au courant des folies de Brunoy. L'Europe gentilhomme avait les yeux sur le marquis. Il en acquit une audace de résolution sans exemple.

Rebelle aux remontrances sévères de sa famille, il ne voulut jamais écouter avec quelque faveur que les conseils de son oncle, le marquis de Béthune, homme adroit, esprit sage, qui crut trouver dans l'extrême jeunesse de son neveu, à peine âgé de dix-neuf ans, la cause de ses déplorables déréglements. Il imagina qu'en imposant au marquis des charges de famille, qu'en le liant par la responsabilité d'une compagne choisie parmi les plus nobles et les plus belles filles de la vieille noblesse, il le ramènerait à une vie d'ordre et d'honneur.

M. de Béthune proposa à son neveu de le marier. Celui-ci eut l'air d'accueillir avec condescendance le projet de son oncle; il consentit, article par article, à tous les sacrifices qu'on exigea de lui : à rompre avec les paysans, à congédier ses ridicules domestiques, à reparaître à la cour, à borner ses dépenses, à vivre à Paris. C'était un enchantement. Chaque concession obtenue arrachait des larmes de joie à madame de Montmartel, sa mère. Enfin, quand le marquis de Béthune crut avoir remporté la victoire la plus complète sur les répugnances de son neveu, il osa lui dire avec beaucoup de ménagement : Et vous vendrez aussi votre château de Brunoy; que feriezvous de cette ruineuse propriété? N'avez-vous pas votre charmant pâté de Bercy? votre belle terre de Villers en Normandie? C'est convenu, n'est-ce pas, et je vais l'écrire à votre excellente mère; nous vendrons Brunoy.

— Et à qui le vendrons-nous, mon oncle? car il ne faut pas une fortune ordinaire pour l'acheter.

— Ne vous mettez pas en peine.

— Voyez-vous, je serais désolé, mon oncle, de voir passer

mon marquisat à quelqu'un qui n'aurait pas pour mes paysans les mêmes soins que moi. Ce sont des enfants et des frères que j'abandonne.

— Encore une fois, n'ayez pas ce chagrin. Un mot vous rassurera. Le comte de Provence est celui qui acquerra, à tel prix que vous exigerez, votre marquisat de Brunoy.

Le marquis regarda fixement son oncle.

— C'est dit! mon oncle. Je me marierai quand il vous plaira.

M. de Béthune sauta au cou de son neveu.

En partant, l'excellent oncle se répétait : Je le tiens !

En le voyant partir, l'excellent neveu s'écria :

— Je vous tiens ! moi !

Et le soir, orgie au château, mais orgie finale. Adieu noyé de sanglots et de vin, on pleurait à pleins verres ; on buvait à chaudes larmes.

— Non ! je ne vous quitterai point sans vous laisser d'é-'ernels témoignages de reconnaissance, dit le marquis à l'assemblée, partagée ainsi, la moitié autour de la table, et l'autre moitié dessous.

Voici ce qu'il leur dit ; et ceci est de la plus rigoureuse exactitude, tant pour les noms d'individus, que pour les sommes d'argent léguées.

1º Huit cents livres de pension viagère au profit d'André Pressard, attaché à mon écurie.

2º Six cents livres à Christophe Beaucerf, un de mes garde-chasse.

3º Même somme à Denis-François Tremblay, engraisseur de volaille.

4º *Idem* à Pierre Pagès et sa femme, rôtisseurs.

5º *Idem* à Jacques-Raoul Venteclef, portier et pêcheur,

6º *Idem* à Jacques Villier, suisse de l'hôtel ; à Pierre Guérin, mon pâtissier ; à Léger, mon valet de chambre, perruquier ; à Louis Blancart et sa femme, portiers du château de Brunoy ; à Gaume, mon valet de chambre.

7º Douze mille livres à toi, Masset.

8º Six cents livres de pension viagère à Aubin Poinsard, mon palefrenier.

9° *Idem* à Louis Paysan, sonneur de la paroisse de Brunoy.

10° Maisons et bâtiments à Filhol aîné.

11° Trois mille livres de rente au même.

12° Donation à Séné d'une somme de trente-un mille huit cent soixante livres ; et à Maréchal, de la somme de trente-quatre mille cinq cent soixante livres, et de plus une rente viagère de deux mille huit cents livres.

13° Une de huit cents livres à Louis-Jacques Venteclef, mon cuisinier.

14° Une autre de douze cents livres à Jean-Claude Delage et sa femme, chef de cuisine.

15° Pareille rente à Pierre-Jean Millot, concierge du Pâté à Bercy.

16° Une rente de huit cents livres à Joseph Schneider, mon troisième valet de chambre ; une autre à Philippe Delafaye, mon chef d'office ; une autre de pareille somme à Louis Lemasle, jardinier-fleuriste.

17° Rente viagère de six mille livres à Denis Lacroix, ancien cocher de mon père, etc., etc.

Puis, donataires et donateur ronflèrent pêle-mêle jusqu'au jour. On aurait transporté le village de Brunoy tout entier aux grandes Indes, que pas un habitant n'aurait senti la secousse, tant la douleur était profonde.

V

Le 8 juin 1767, Leurs Majestés signèrent le contrat de mariage de M. Armand-Louis-Joseph Pâris de Montmartel, marquis de Brunoy, conseiller-secrécraire du roi, maison , couronne de France et de ses finances, avec mademoiselle Émilie de Pérusse d'Escars. Une des plus grandes fortunes et un des plus beaux noms de France se donnèrent la main sous les voûtes de Notre-Dame.

Tout Paris courut à ce mariage, qui remplit la cour et la ville d'étonnement. On crut le marquis sauvé de lui-même en voyant la jeune fille qui se dévouait à lui, si belle, si noble, si pleine de soumission à la volonté de ses parents. Ce n'était point un mariage d'inclination, on ne le supposait pas ; mais comment l'amour ne devait-il pas infailliblement naître entre quinze ans d'un côté et vingt ans de l'autre ; entre un nom couvert de rouille et un nom étincelant de diamants, unis par la main du roi de France; entre tout ce que les temps passés ont de saint, de fier, posé en aigrette sur le front de cette jeune fille et tout ce que l'époque a de pompeux, de riche en félicités positives, palais, chevaux, domestiques, apporté en dot par ce jeune homme, ce jeune homme qui n'a pas d'armures d'aïeux, il est vrai, mais qui remplirait d'or, pendant plusieurs jours, la plus vieille et la plus creuse des armures?

Le marquis fut exquis pendant la cérémonie; il présenta la mariée à l'autel avec une décence parfaite, édifiant par sa bonne tenue ses parents et ceux de sa femme; répondant aux compliments d'usage d'un ton aussi délicat que s'il n'eût jamais quitté la cour. Cette fidélité à l'étiquette lui rallia, à une époque où elle était la seule vertu visible que la monarchie eût conservée depuis le grand roi, l'estime des meilleures maisons de France. Celle dans laquelle il entrait couvrait de ses rameaux épais sa jeune tige nobiliaire, qui n'aurait plus à souffrir du souffle dévorant de l'opinion. Quand la famille d'Escars l'acceptait à la face du ciel et du monde, il y aurait eu de la présomption à ne pas le tenir pour un bon gentilhomme du royaume. Ce nom d'Escars était si beau qu'il fut toute la dot de la mariée, en faveur de laquelle le marquis de Brunoy s'engagea à payer, outre une pension annuelle de 60 mille livres, une autre pension pour son entretien, un gain de survie de 300 mille livres, et jusqu'à concurrence de 500 mille livres de toilette, argenterie et bijoux; enfin un douaire de 15 mille livres et 5 mille livres d'habitation. Rien ne parut trop cher au jeune marquis. Excessif en tout, il offrit à la future des diamants et des habits pour 700 mille livres. Il n'y eut plus de termes assez flatteurs pour le louer. Il fut présenté à la cour par sa belle-mère, la marquise d'Escars.

Le mariage du marquis n'eut qu'un jour; il n'eut pas de nuit.

A peine sa femme appuyait sa tête tremblante sur le pudique oreiller, que le marquis était déjà sur la route de Brunoy, impatient d'arriver à son château, où l'on était loin de l'attendre.

Il arrive, il entre, il appelle ses gens, fait sonner les cloches de l'église, dont le bruit met sur pied les habitants. Ceux-ci n'ont que deux suppositions à faire : ou c'est l'incendie qui brûle les moissons des environs, ou c'est M. le marquis de Brunoy annonçant son retour au château.

C'était M. le marquis de Brunoy.

Entouré des habitants de Brunoy éveillés en pleine nuit, le marquis, encore en habits de noces, ressemblait à un chef de pirates qui rentre au port pour partager avec les siens la riche capture qu'il a faite. Le coup avait eu lieu; il avait réussi au-delà de toute espérance. On revenait vainqueur. La dépouille c'était, pour le marquis, son mariage avec mademoiselle Émilie de Pérusse d'Escars. Rie avec lui qui voudra, que chacun de ces manants tire avec ses ongles noirs et ses dents jaunes un morceau d'un si beau nom! d'un si grave événement! il rit avec eux; il les encourage même, car ils ont besoin de toute la raillerie de leur maître pour se moquer de ce qui est chose sainte jusque parmi eux; le mariage! Mais riez donc des Escars où je viens d'entrer! semble-t-il dire; riez donc de ce nom que je vous apporte au bout de mon fouet! Ils ont de vieux aïeux, vieux comme les pierres, des arbres généalogiques qui couvriraient toute la forêt de Sénart, des écussons pleins d'un grimoire à faire tomber les yeux d'un sorcier : ils ont des prétentions à la couronne de France : que sais-je? Eh bien! ils m'ont donné tout cela, à moi petit-fils d'un hôtelier, à moi fils d'un financier anobli pour ses écus, à moi, non le marquis de Brunoy, conseiller secrétaire du roi, maison, couronne de France, et de ses finances, mais votre égal, qui prend le nom, pour ne plus le quitter, de *Nicolas Tuyau*. Criez avec moi : *Vive Nicolas Tuyau!*

Après ce noble épanchement de part et d'autre, Séné le paveur, Thorel le menuisier, Chalandre, maître charron, Maréchal, le fils du bourrelier, et un abbé Bonnet, fils du barbier de Brunoy, avertirent le marquis que pendant son absence il était venu des officiers et des intendants de la maison du comte de Provence pour dresser l'inventaire du château, de son mobilier, du parc et des jardins. Ils avaient procédé avec les formes qu'on emploie lorsqu'on poursuit une vente par autorité de justice. Tout Brunoy avait pensé que M. le marquis avait consenti à cette vente par suite de son mariage ; c'était une bien vive douleur pour le pays.

Déjà ! murmura tout bas le marquis sans s'arrêter aux regrets de ses gens ; j'étais à peine à Paris qu'on songeait à me dépouiller ! M. le comte de Provence est donc bien amoureux de ma propriété ! c'est trop juste, je l'aurais faite belle pour lui ; je l'ai plantée, embellie, accrue, pour ménager à M. le comte du repos et de l'ombre ; j'ai été le maçon de son altesse ; mes eaux joueront pour ses grandes dames. Vous croyez cela, cher oncle ? Ah ! vous me faisiez épouser une d'Escars, et vous vendiez Brunoy à la cour ! Brunoy est à mes paysans ; j'ai la femme, et vous n'aurez pas le château ; marquis ! le fou vous a joué.

Cependant le marquis de Brunoy, qui n'ignorait pas la puissance de la cour, et combien il serait aisé au comte de Provence, pour peu qu'il en eût l'intention arrêtée, de devenir possesseur du château, envisagea sérieusement, derrière son masque de bouffon, le difficile de sa position ; il retint auprès de lui l'abbé Bonnet, l'un de ses conseillers intimes.

— Bonnet, lui dit-il.

— Monsieur le marquis.

— Pas de marquis : Nicolas Tuyau.

— Soit.

— Il y a une église à Brunoy.

— Fort laide, fort petite, fort pauvre.

— On posera huit cloches d'abord au clocher, Bonnet.

— Huit cloches, y songez-vous ? Il n'y a pas de paroisse à Paris qui en ait autant.

— Raison de plus.

— Mais le clocher s'écroulera.

— Nous bâtirons un autre clocher si celui-là tombe ; nous ferons faire un superbe service aux morts ; huit cloches, bien ; je veux que l'église ait seize chantres.

— Jésus ! c'est plus qu'à Saint-Roch !

— Je ne dis pas le contraire ; seize serpents ; dix-huit enfants de chœur et quatre sonneurs : j'aime les sonneurs.

— Mais on n'y tiendra pas du bruit.

— L'abbé, vous aimez les orgues, ne vous en cachez pas ; soit un organiste et un maître de la sonnerie.

— Ce sera Notre-Dame en petit.

— Comment! en petit? Douze chanoines attachés à la fabrique. Nous aurons office canonial, l'abbé.

— Ce sera Notre-Dame en grand, je le vois.

— On dorera la chapelle du portique à l'autel, avec beaucoup de pommes d'or, de grenades d'or, de raisins d'or, pour les guirlandes des entrecolonnements.

— Monsieur le marquis, fera-t-on dorer les paroissiens?

— L'abbé, je ne plaisante pas; on pavera rose et blanc le pavé de l'église. Demain les architectes viendront.

— Qui sera chargé de veiller à ces travaux?

— Vous, l'abbé, et je vous recommande de m'apporter le registre de la paroisse, où tous ces dons seront écrits de ma main.

— Est-ce tout?

Le marquis réfléchit un instant.

— Demandez à Paris cent soixante et seize chapes.

L'abbé pouffa de rire.

— Qui portera ces cent soixante et seize chapes?

Gravement le marquis répondit :

— Apparemment, Bonnet, ceux qui porteront trente-trois chasubles, cent quinze tuniques, cinquante-sept étoles.

— La cathédrale est complète maintenant.

— Pas encore, Bonnet; faites venir neuf lustres de Bohême, trente-six girandoles, six candélabres à sept branches, quatre-vingt-dix chandeliers en cuivre, huit chandeliers en argent massif. Et nous allions oublier l'autel, l'abbé!

— C'est vrai, nous allions oublier l'autel.

— Écrivez donc, l'abbé : trente aubes de point d'Angleterre et de Binche ; huit devants d'autel de Binche ; un ostensoir en soleil, de vermeil, pesant vingt-cinq marcs, un ciboire d'or de huit onces, une croix et son bâton en vermeil, deux calices de vermeil, trois encensoirs en vermeil, une lampe d'argent dorée et ciselée, avec chaînes et couronnement, de six pieds et demi de circonférence et de deux pieds sept pouces de profondeur, du poids de cent à cent cinquante marcs. Ma foi, on peut chanter vêpres à présent, n'est-ce pas, l'abbé? Allez donc exécuter tout ce que nous venons d'arranger ensemble. On aura des nouvelles de Nicolas Tuyau à la cour.

L'abbé sortit tout abasourdi. Il croyait avoir les huit cloches dans la tête, un encensoir à chaque oreille, et les paupières brûlées par tous les chandeliers. Il était effaré. L'archevêque de Paris allait crever de jalousie.

— Que M. le comte de Provence s'avise de toucher à Brunoy maintenant! J'ai tout le clergé de mon côté, contre lui, contre tous ; je serai fort avec les forts : ils sont prêtres, je le suis !

Ce qui avait été dit fut fait ; le marquis dépensa même beaucoup plus qu'il ne l'avait calculé, pour orner la chétive église de Brunoy.

Je l'ai vue à cinquante ou soixante ans de date de ces embellissements : non-seulement elle a été pillée, ce qui est déplorable à voir, mais elle n'a pas été entièrement pillée ; le clocher a gardé une cloche sur huit, elle est fêlée ; il reste un lustre de Bohême sur neuf, il est grapillé ; le plafond a été crevassé par le poids des cloches, comme l'avait prudemment prévu l'abbé Bonnet ; le pavé seul a conservé ses carreaux de marbres griottes et blancs, mais ils sont pâles ; l'humidité en a dévoré les couleurs ; il n'y a plus de bannières d'or ni de croix de vermeil, mais les détestables pommes d'or des entrecolonnes sont fraîches et joufflues, comme si elles venaient d'être cueillies chez le doreur ; saint Médard y est, mais ce ne peut être le riche, le millionnaire, celui du temps du marquis ; il n'y a pour soleil d'or que le véritable soleil passant ironiquement à travers les carreaux de la chapelle, et jouant avec les arêtes du treizième siècle ; car l'église atteste deux époques, celle de la chapelle, qui n'était que cela d'abord, puis celle de l'église même, fastueusement allongée et étranglée en trois nefs. On aimerait mieux une dévastation complète. Ce qui reste d'or, de fard, de plâtre, de laque, de mauvais cristal de Bohême, de peintures grises et d'anges qui ressemblent à des Amours à faire trembler, donne un air de boudoir à cette pauvre église. dont elle est toute honteuse ; exceptons pourtant l'entrée, qui figure assez proprement le péristyle d'un théâtre de province ; attique grec, six marches, double tambour.

Les patriotes de Brunoy ont dévoré en 93 jusqu'à l'enveloppe

de cuivre qui formait la boule où s'élevaient la croix et le coq
de l'église.

Je me demande avec anxiété ce qu'ont pu devenir les cent
soixante et seize chapes pendant la tourmente révolutionnaire.

Tandis que se confectionnaient dans les ateliers de Paris et de
Lyon les ruineuses magnificences de l'église de Brunoy, madame de Montmartel, la mère de notre marquis, mourut de
chagrin.

Elle eut exactement le service funèbre que son fils lui avait
promis.

L'église de Brunoy y gagna un superbe mausolée où furent
déposés par leur fils Monsieur et madame de Montmartel.

VI

Il résultait des événements écoulés depuis son émancipation,
que le marquis de Brunoy avait déjà à s'accuser de la mort de
son père et de sa mère, et que, débarrassé, non sans remords
peut-être, de ces témoins sévères de sa conduite, il allait se
rouler de nouveau dans la fange, après avoir épousé, dans l'u-
nique but de la rendre un misérable objet de dérision, mademoiselle Emilie d'Escars, autre victime de sa conjuration impitoyable.

On a remarqué, et le personnage rajeunit ici la remarque,
qu'au moment d'expirer, chaque forme sociale en travail de dis-
solution se retire, pour rendre sa chute plus exemplaire et
plus bruyante, dans quelques groupes prédestinés, souvent
dans un seul homme chargé d'en finir avec la désorganisation
qui s'individualise en lui. Héliogabale s'empare de tous les
vices de l'empire romain, sans en oublier aucun; il est, par
ses excès mêmes, le vengeur des peuples que ses prédécesseurs ont écrasés. Tout ce qui est possible dans les dimensions du mal, il le réalise : il veut le sang des hommes, la
vertu des femmes, la vie des enfants, la fortune du monde, sa
gloire, les secrets de l'abîme, les secrets de Dieu; il va, il va,
il abat, il monte, il domine, jusqu'au jour marqué où le Titan
reçoit la foudre sur la tête, et où l'homme-Babel s'écroule. On
jette le dieu aux latrines, puis on lave les latrines. Tout finit
par là; il y a peu de grande élévation terrestre qui ne se ter-

mine par une confusion ou par une indignité. Le dix-huitième
siècle a aussi ses hommes d'agonie râlant pour tous quand
l'heure est venue de considérer la noblesse comme chose finie,
morte et corrompue; la noblesse, qui a contre elle des Titans
audacieux qui s'appellent philosophes, des maçons téméraires
qui s'appellent encyclopédistes, et dans son sein des Hélioga-
bales du nom de Brunoy.

Si nous n'avions découvert qu'un fou ordinaire dans le marquis de Brunoy, nous aurions respecté le cabanon où personne
n'a osé, avant nous, aller secouer ses chaînes rouillées. Il y
a assez de fous parmi les vivants, sans qu'il soit besoin d'en
emprunter à la tombe. Parce qu'un homme a été riche et extravagant dans l'emploi de ses richesses, il n'est pas juste qu'il
soit tiré de l'oubli, enfer des nullités de ce monde.

Mais notre fou est un démon; s'il n'est pas populaire comme
don Juan, c'est qu'il s'est perdu dans le bruit de l'œuvre à
laquelle il a apporté la dernière main. Arrivée quelques années après sa mort, la révolution de 93 couvrit de son écume
et de son immense mugissement toutes les rumeurs humaines.
Peu de notre génération connaissent ce nom de Brunoy. Si les
existences contemporaines le balbutient à peine, c'est le tort
de l'époque, car il est des époques qu'on ne peut imprimer
dans la mémoire : communément ce sont celles qui touchent
aux heures suprêmes d'action. Telle minute célèbre fait oublier
le siècle dont elle procède. Le fait arrive à quatre chevaux, il
broie et passe.

Pourtant rien n'est saisissant, à la manière de Goëthe, à
la façon allemande, si narrative, si curieuse, si chère à la méditation, parfois même si près du théâtre, comme le serait,
bien sentie, abandonnée à une certaine vulgarité, la vie de
notre personnage, mort jeune, mais venu tout juste assez à
temps pour assister à la fin de toutes choses. Mœurs, religion,
monarchie, sont au lit de mort. Le marquis eût voulu être humain, on roue Calas; il eût voulu être philosophe, Raynal est
obligé de s'exiler; il eût voulu aimer la royauté, madame Dubarry gouverne; il n'a aspiré qu'à être de son rang, on s'est
moqué de sa noblesse, comme si ses rivaux étaient des Mont-

morency. Alors il se fait peuple, paysan; il ne se croit pas encore assez vengé, il s'abrutit.

Malheureusement, et ainsi qu'il était aisé de le prévoir, le marquis finit par s'identifier à son rôle avec une sincérité qui n'était plus jouée. Il aima le vin comme boisson, après l'avoir employé comme instrument de déshonneur. De jour en jour il lui devint plus difficile de distinguer la ligne du flacon qui séparait la vengeance de l'ivresse; il eut le malheur de boire à son intention vingt fois plus qu'il n'avait bu à celle des autres. Cette confusion eut les plus funestes effets : inventeur d'une punition qu'on infligeait à celui de sa société qui renonçait à boire avant extinction complète des forces, il fut une fois obligé de la subir au péril de sa vie. On l'attacha à une colonne de lit, et, dans cette position, on lui fit avaler, au moyen d'un entonnoir, une prodigieuse quantité d'eau-de-vie. On crut le perdre; sa jeunesse triompha de cet assassinat d'amis; la chose fut même tournée agréablement en plaisanterie. On appela ceci « le sacre de Nicolas Tuyau. »

Voyons-le maintenant livré aux prêtres et aux cérémonies religieuses, sans qu'il ait abdiqué toutefois la passion du vin. Il voyage de la cave à l'église, à chaque heure du jour et de la nuit; heureux quand il ne se trompe pas, quand il ne demande pas du vin de Champagne au chantre, et le chemin de la sacristie au sommelier.

D'après ses ordres, l'abbé Bonnet avait rapporté de Paris les divers ornements destinés à l'église de Brunoy, qui devint, sous cet amas de pierreries, de dorures, de chanoines, de cloches, de girandoles, réellement plus riche que Notre-Dame. Elle ne fut plus séparée de la célébrité du château dans les propos anecdotiques que Brunoy avait le privilége de fournir aux railleries de la cour.

M. le comte de Provence n'en possédait pas davantage le marquisat de Brunoy. Malgré son envie et ses moyens de la satisfaire, il recula devant l'entourage sacré au milieu duquel le marquis s'était placé quand il eut compris de quoi et par qui il était menacé. On songea dès lors à faire interdire le marquis pour cause de folie.

De son côté, le marquis s'accrocha aux hommes d'église,

trop nombreux à cette époque, ce qui veut dire trop peu indé-
pendants par leur fortune, pour répudier le rôle que l'or les
força d'accepter. Vêtu en habit de prêtre, il en remplit presque
la charge au grand scandale des gens pieux. Au chœur, à l'autel, partout il empiéta sur l'office du curé, qui n'aurait pas
changé sa position pour celle de l'archevêque de Reims.

Avec la passion d'église, tout ce qui se rattache aux menues
fonctions du culte, comme fiançailles, baptêmes, mariages, fit
irruption dans les goûts du marquis. Il se constitua le parrain
universel de tous les enfants nés et à naître, de même qu'il fut
le fossoyeur de tous les morts du marquisat. Cette manie lugubre d'enterrement se changea chez lui en rage. Pendant l'hiver, on l'aperçut souvent, couvert d'une robe noire de bure,
courant sur la neige, portant au cimetière, sous son bras ou
sur son épaule, quelque mort du voisinage. Il faisait graver
des épitaphes pour des bouviers; il prenait le deuil pour des
bûcherons ; on lisait en chaire des oraisons funèbres pour rappeler les hautes vertus d'un taillandier.

Qu'on juge de l'empressement d'un tas de moines, de carmes, de paresseux de tous les ordres, à soulager leurs couvents
trop pleins, pour s'abattre sur ce pape de la ripaille. A chaque
croisée, et Dieu sait si le château en manquait, apparaissait
une tête tonsurée, noire ou joufflue ; du matin au soir, les can-
tiques du Seigneur se croisaient avec les chansons à boire :
Dieu et le diable.

On peut imaginer la douleur où les parents du marquis furent jetés par les nouveaux écarts d'une imagination aussi dé-
lirante.

Avant de faire interdire le marquis, mesure extrême, dont le
retentissement leur semblait un affront pour leur nom, la famille de Montmartel et la famille de Béthune s'unirent d'intention pour vendre la propriété de Brunoy, dans l'espoir qu'une
fois dépouillé du marquisat, leur neveu n'aurait plus de théâtre
où se donner en spectacle. Comme ils savaient que le comte de
Provence, frère du futur roi, brûlait d'envie depuis longtemps
d'avoir cette propriété, ils lui en proposèrent nettement la cession, à condition qu'il acquitterait les dettes du marquis esti-
mées à quinze ou seize millions. Le comte de Provence refusa.

Convaincu pleinement que tôt ou tard il entrerait en possession du marquisat, il fit offrir par M. Cromôt, son intendant, sans espoir de voir accepter ses offres, car elles étaient mesquines, une rente insignifiante, si on consentait à lui laisser la jouissance du château pendant sa vie. On accepta. Restait à exécuter le marché, en passant par dessus le consentement du marquis, dissipateur, extravagant, vil, ridicule, fou, tout ce qu'on voudra, mais enfin légitime propriétaire de Brunoy. Est-ce que par hasard, à cette époque, tous ceux qui possédaient des châteaux étaient économes, honorables, vertueux et sensés? Mais les parents du marquis ne calculèrent pas les obstacles qu'ils rencontreraient, ou plutôt ils crurent qu'en agissant de concert avec le comte de Provence, pour déposséder le marquis, ils n'éprouveraient, forts d'un tel appui, aucune résistance sérieuse. Ils comptèrent si bien sur l'influence et l'emploi des moyens du futur acquéreur de Brunoy, qu'ils lui abandonnèrent le soin de s'en faciliter l'appropriation. Leur rôle devait se borner à consacrer par leur inertie la légitime spoliation de leur parent, sur le sort duquel on aviserait ultérieurement, une fois qu'il serait hors du château. Le complot était formidable; le marquis en eut vent.

Avant de rapporter les scènes qui se passèrent à Brunoy entre les gens de M. Cromôt, intendant de M. le comte de Provence, et le marquis, relativement à la cession du château, nous citerons un passage des *Mémoires secrets*, que nous rapprocherons ensuite d'un trait de la vie de notre personnage. Bachaumont, ou plutôt Pidansat de Mairobert, n'a connu, comme le public, que la moitié du fait consigné dans ses Mémoires. Voici comme il le rapporte, sous la date du 12 janvier 1772.

« Un serrurier a fait pour chef-d'œuvre un dais tout en fer. Il a six branches qui se recourbent, se réunissent à un centre commun et se terminent par une couronne. Elle est accompagnée d'un feuillage qui circule autour, et l'ouvrage est si délicatement travaillé, si expressif, si poli, qu'il brille comme l'argent le plus pur. C'est le fruit de dix ans de travail. On en avait parlé à sa majesté, qui a voulu le voir, et qui en a été si enchantée, qu'elle se proposait de l'acheter pour l'église de Choisy. Cependant cet artiste, ayant été longtemps sans toucher d'argent, a fait ses réclamations : il demandait cinquante mille livres. On a trouvé ce dais trop cher, et on le lui a rendu. Comme il désespère de trouver personne qui veuille le lui acheter, il le montre au public pour vingt-quatre sols. »

On lit ensuite dans le même recueil, sous la date du 31 janvier 1772 : « L'artiste précieux qui a fait le dais en baldaquin de fer dont on a parlé se nomme Gérard. »

Il n'est plus question ensuite de ce dais dans les *Mémoires secrets* ; mais, dans un écrit du temps sur le marquis de Brunoy, on remarque cette phrase : « La modeste église de Brunoy, pauvre pendant tant de siècles, lui fut redevable d'une infinité de beaux et riches ornements, d'un dais de fer, chef-d'œuvre de serrurerie, sorti des mains du fameux Gérard, que l'on estimait valoir 30,000 livres, sans la dorure. »

Ainsi ce chef-d'œuvre, que Louis XV n'eut pas la facile munificence royale d'acheter, le trouvant trop cher pour un roi de France, pour le roi très chrétien, qu'il laissa exposer par l'artiste pour vingt-quatre sols, passa, et c'est une noble vengeance de la part d'un fou, au marquis de Brunoy, au trésor de sa superbe église.

<h2 style="text-align:center">VII</h2>

On ne suppose pas que le marquis de Brunoy, après avoir dilapidé le quart de sa prodigieuse fortune à acheter des cloches, des moines, du vin, des dais de 30,000 livres, des chanoines, des chapes, se contentât de jouir en égoïste de ces richesses d'un nouveau genre ; il vivait toujours d'ailleurs avec sa colère cachée dans les replis de son âme avinée ; son œuvre n'était pas complète. Tant qu'il lui resterait un sou de revenu, il ne devait pas se regarder quitte envers la noblesse, si ce sou était susceptible de lui fournir un grès ou une poignée de sable pour jeter au visage de sa caste. Il n'y a qu'un homme en Europe plus extravagant que moi, avait-il à s'avouer, et la supériorité de celui-là est au-dessus de mes moyens de rivalité, c'est le roi de France. Brunoy baisse pavillon devant Choisy, madame Dubarry coûte plus cher que mon curé.

Ce fut le 17 juillet 1772 que Paris entier accourut au village de Brunoy pour assister à la fameuse procession de la Fête-

Dieu, depuis plusieurs semaines l'unique entretien de toutes les classes, de tous ceux qui, entendant parler chaque jour de leur vie de ce château enchanté, avaient choisi le pèlerinage général de la capitale pour s'y joindre. La curiosité des gens de la campagne ne fut pas moins vive. Grandes routes, ruelles, rives de la Seine et de la Marne fourmillèrent de pèlerins. Il n'est pas inutile d'ajouter, pour expliquer l'affluence, que les étrangers seraient traités aux frais du marquis : on savait comment il traitait.

Brunoy aurait eu besoin ce jour-là d'être indiqué d'une manière particulière sur la carte de France; car Brunoy avait changé de face. Le décorateur de l'Opéra et ses aides, ses peintres, ses machinistes avaient déshabillé le bourg, et l'avaient costumé d'une étrange sorte. Sous d'épaisses tentures peintes en tuiles, les toits de paille avaient disparu, et il avait été imaginé, comme d'un excellent effet, d'élever de plusieurs étages factices l'étage unique des chaumières; les chaumières devinrent des palais à la détrempe. Aux deux côtés des pauvres ruelles tortueuses, on enfonça des arbres de carton découpés et venus de Paris en doubles sur des tapissières; la moindre pluie eût réduit en pâte cette végétation de papier. Le marquis bondissait d'admiration à la vue de cette création de son génie. Quatre pouces de feuilles de roses répandues sur la boue des rues complétaient ce tableau imité avec bonheur de la décoration alors en vogue de l'opéra d'*Aline*. C'était le plus poétique et le plus pastoral gâchis du monde, on était crotté à la crème; il y avait de plus qu'à l'opéra de la *Reine de Golconde*, des reposoirs de toute hauteur élevés au point final de chaque perspective, et des hommes postés sur des espèces de tours, pour répandre avec les arrosoirs dont ils étaient armés, des ondées d'eau froide sur les spectateurs qui troubleraient l'ordre d'une si belle cérémonie. La police se faisait dans les frises ; elle occupait la place des dieux d'opéra. Il va s'en dire qu'il y avait des fontaines de vin, et de toutes sortes de vin; l'extraordinaire eût été de voir des fontaines d'eau, à Brunoy, un tel jour. A chaque angle de rue, des perruquiers et des coiffeurs rétablissaient sans relâche le désordre de la toilette des étrangers. Chez les anciens, en donnant l'hospitalité au voyageur,

on ne le frisait pas; à Brunoy on le rasait. Montrant un noble
exemple, le marquis lui-même, vêtu d'un noir habit de deuil
râpé, qui datait du meurtre d'Abel, pommadait ses hôtes au
coin des carrefours. Il était partout, courant, les cheveux en
désordre, de l'église qui s'illuminait aux cuisines du château
et à toutes les cuisines du pays, à toutes les broches, tournant
comme pour un seul gigot; il goûtait à la sauce et aux vins,
montait au clocher, où il agitait comme un possédé la sonnerie infernale qu'il y avait suspendue; descendu, il assistait à
la *presse* des prêtres.

Il faut entendre par la *presse* des prêtres le burlesque moyen
qu'avait imaginé le marquis, faute d'autre, pour se procurer
autant de prêtres qu'il avait fait confectionner de chapes pour
la fête; ce moyen, le voici: dès qu'un curieux, attiré par l'encens, pénétrait dans l'église pour être témoin des préparatifs de
la cérémonie, deux hommes vigoureux, cachés derrière la porte,
lui jetaient une chape sur la tête, la lui plaçaient convenable-
ment sur les épaules, et malheur s'il résistait; quatre coups de
nerfs de bœuf, tenant lieu d'ordination, lui apprenaient à repous- .
ser l'honneur qu'on lui rendait. A la file et en mesure, marche! Ainsi les trois cent soixante-cinq chapes eurent leurs
trois cent soixante-cinq mannequins.

Se peigne qui pourra le reste. On ne croira pas à des bassins
de confitures, pots cyclopéens, où chacun puisait selon sa faim;
à cinquante muids de vin, coulant dans tous les gosiers altérés; on ne croira pas à trois puits, ceci est du génie! à trois
puits pleins de tranches de citron et de sucre pour désaltérer
la province, et qui, par ampliation, fournirent de la limonade aux
habitants pendant plusieurs jours.

Enfin la procession va sortir, elle sort!
Les porte-chapes sont sur deux lignes; à leur tête la magnifique bannière de saint Médard, en velours vert; derrière, singulier accompagnement, défilent des laquais portant des flambeaux allumés, puis des paysans avec des cierges, et des
villageoises en blanc. Les rues sont chaudes, on y étouffe
comme dans une salle de spectacle; les arbres de papier pétil-
lent, quelques-uns s'embrasent; aussitôt les arrosoirs jouent, et
l'eau tombe à mesure que des feuilles de roses et la vapeur de

l'encens, échappée de cent encensoirs de vermeil, montent vers le ciel.

Le marquis est là tenant un des cordons du magnifique dais en fer ; sa tête et ses pieds battent convulsivement la mesure ; près de lui et sous le dais même, étincelle le curé, pauvre rustre monté sur pierres fines, rubis, grenats et améthystes. *A moi les jaunets ! A moi les bleuets !* est le cri de ralliement qu'emploie le marquis pour désigner des groupes et les rappeler à l'unité de la marche. *A lui les bleuets !*

Sur son passage, le marquis, à qui on les avait désignés depuis la veille, reconnaît les commis de l'intendant du comte de Provence, déjà venus une fois à Brunoy pour marchander le château, A peine les a-t-il signalés à ses paysans, qu'ils sont saisis, revêtus chacun d'une chape et poussés dans les rangs de la procession ; obligés, tout rouges et tout honteux, de prendre un flambeau et de grossir le cortége. Le comte de Provence semblait faire publiquement amende honorable de ses prétentions sur le château de Brunoy, dans la personne des employés de son intendant.

Au retour à l'église de cette mémorable procession, les fidèles qui s'étaient un peu dérangés de la ligne pour se rafraîchir dans leur long trajet jusqu'au village de Périgny, se laissent tomber à terre de fatigue, s'affaissent sur les bancs et jusque sur les marches de l'autel. La piété s'est oubliée ; elle heurte des coudes et de la tête contre les murs. Plus de chantres, plus de musiciens ; ils dorment sur les instruments ; l'organiste souffle comme le plus gros tuyau de son orgue ; les serpents ont disparu en zigzag sous les banquettes, aussi honteux que le premier serpent, leur patron ; les sonneurs ont justifié au-delà de toute expression le proverbe qui a popularisé leur peu de sobriété ; jusqu'aux enfants de chœur, ces tendres chérubins, qui ont humecté leurs ailes dans le cassis dont Brunoy ruisselle. Un vaste sommeil a frappé la maison du Seigneur. Et la procession, tout à coup surprise comme par un vertige, croit achever à la nage une tournée commencée verticalement. La fabrique ronfle.

Arrive le marquis ! — Étonnement. Personne n'est debout

pour la cérémonie. Il marche sur des sacristains, passe sur le corps des paroissiens, monte en chaire et prèche. Il est prédicateur. Mais les lumières s'assombrissent ; il s'empare des mouchettes, et le prédicateur mouche les bougies, — D'une fonction à une autre. Puis il chante le *Te Deum* tout seul ; et il bénit enfin, tout chancelant, ceux qui ne chancellent plus depuis longtemps. Au dernier mot de la bénédiction il donne de la tête lui-même dans la vaste mer des dormeurs, et disparaît. Tout est consommé.

Trois jours après, on lisait ceci dans les *Mémoires secrets*, 30 juillet 1772. — « Le public n'a point encore tari sur la fête dévote de M. de Brunoy : la deuxième procession, exécutée le jour de la petite Fête-Dieu, a donné lieu à beaucoup de scènes et de tumulte. Il y avait cent cinquante prêtres qu'il avait loués à plus de dix lieues à la ronde. On comptait vingt-cinq mille pots de fleurs. Après la procession, ce magnifique seigneur a donné un repas de huit cents couverts, composé de prêtres, de chapiers et de paysans ses amis. On comptait plus de cinq cents carrosses venus de Paris. »

Si nous avons omis de mentionner que, par arrêt du 5 décembre 1770, la cour de parlement avait homologué les actes faits par madame de Montmartel, portant nomination de quatre avocats au parlement pour conseils du marquis de Brunoy, c'est que cette mesure ne fut, selon nous, jamais exécutée ; il suffit, pour s'en convaincre, d'observer, que loin de réduire ses dépenses, le marquis les augmenta de beaucoup, à partir de l'époque même où ce conseil lui fut imposé. Mettra-t-on sur le compte des quatre avocats la procession de la Fête-Dieu qui coûta quatre cent mille francs ? Madame de Montmartel n'avait voulu qu'effrayer son fils ; pleine de faiblesse pour lui, elle ne survécut même pas à cette sévérité de comédie. Elle mourut du chagrin que lui causa cet acte tout à la fois sollicité et empêché par elle.

Plus résolus que madame de Montmartel, les Béthune et les d'Escars saisirent le prétexte de la Fête-Dieu, qui eut un retentissement européen, pour demander aux tribunaux l'interdiction du marquis. Parmi les parents au nom desquels fut dressée la requête, quelques-uns exigeaient qu'on le mît à Saint-Lazare. C'était décidément un fou incurable.

Une foi l'interdiction prononcée, Brunoy passait au comte de Provence.

Tandis qu'on portait l'affaire au Châtelet, et qu'on la pressait sans ménagements pour l'opinion publique, à laquelle il était désormais difficile de taire la conduite déplorable du marquis, celui-ci, comprenant la gravité de sa position, sachant que outre l'irritation de sa famille, il avait contre lui la vanité froissée de la noblesse, ne doutant pas de l'arrêt d'interdiction dont il allait être frappé, voulut finir avec gloire la lutte où il avait engagé sa fortune, sa vie, son honneur et sa raison.

Lui, marquis de Brunoy, conseiller-secrétaire du roi, maison, couronne de France, et de ses finances, fit savoir à tous ies fidèles de la chrétienté qu'une croisade allait s'ouvrir dont il serait le chef, dans le but pieux et grand de conquérir la Terre-Sainte, de délivrer le tombeau de Jésus-Christ des mains de l'impie musulman. Appel donc était fait aux hommes de religion et de cœur de prendre le bourdon et le glaive, et de suire, aux appointements de quatre cents livres par an, à convertir plus tard, après la croisade, en rente viagère, mondit marquis de Brunoy. Dieu le veut ! Dieu le veut !

Ceux qui ne bafouèrent pas la circulaire du marquis s'abattirent par nuées au château de Brunoy, où, en attendant que les saintes armes fussent fourbies et les cadres militaires complets, ils se gobergèrent d'une furieuse façon. Il y eut foule de Baudouins coupe-jarrets, de Tancrèdes aigre-fins, de Renauds chevaliers d'industrie, d'Adhémars échappés de Toulon. Jamais la police ne fit de si bons coups de filets. Le lieutenant de police se montra un cruel Sarrasin. Pour comble de contrariété, quand les enseignes étaient déjà déployées au vent pour partir, le roi défendit qu'on signât des passeports aux croisés, qui ne délivrèrent aucune espèce de tombeau, mais qui gagnèrent au billard des sommes énormes au marquis.

VIII

Voyant son expédition complétement manquée, le marquis

passa en Angleterre, où en vingt-neuf jours il dépensa soixante mille livres. Rappelé à Paris par ordre du roi, qui ne voulut pas laisser se dégrader sa noblesse dans la personne d'un fou, dont le retour en France avait été d'ailleurs déjà sollicité en termes pressants par l'ambassadeur, le marquis parut, le 15 septembre 1772, devant le lieutenant civil au Châtelet, tous ses parents rassemblés.

L'interdiction était évoquée.

Le haut rang des trois familles au nom desquelles le procès était soutenu, Montmartel, Béthune, d'Escars ; le caractère sans exemple du comparant, sa vie, ses folies désastreuses, firent de ce procès un événement digne d'absorber toute la curiosité de l'époque.

Sur le passage du marquis se rendant en voiture au Châtelet, la population s'était portée de bonne heure, grandement en goût déjà pour le tumulte des affaires criminelles, pour les séances publiques, les combats de la parole, superbes spectacles dont elle n'était séparée que de quelques années. Elle voulait savoir s'il était vrai, comme on le lui avait suggéré, que le marquis était lié dans une chemise de force et bâillonné. Depuis le jugement du jeune chevalier de Labarre, une mystérieuse suspicion planait sur les tribunaux et leurs séances secrètes. La partialité des juges avait fini par faire croire en France à l'innocence de tous les accusés ; et porté à toutes les opinions surnaturelles, le peuple se laissait persuader que les parents du marquis l'avaient eux-mêmes encouragé dans ses dissipations, pour jouir de ses biens et afin d'obtenir son interdiction plus tard. Après tout, un homme qui a mangé vingt millions en six ans avec son curé, dans un bourg de huit cents âmes, est un phénomène qui mérite assez d'être vu.

A cette époque, les séances des tribunaux n'étaient pas encore publiques ; mais les parents du marquis étaient assez nombreux pour composer un auditoire complet. Au reste, on se passa en France de bouche en bouche les détails de l'interrogatoire, qui commença ainsi :— Votre nom ?

— Armand-Louis-Joseph-Paris de Montmartel, marquis de Brunoy, conseiller-secrétaire du roi, maison, couronne de France et de ses finances.

— Votre âge ?

— Vingt-quatre ans et demi.

On n'aperçut pas la moindre altération dans les traits du marquis, que, par une indécence barbare, on avait assis sur la sellette et qu'on gardait à vue, afin de constater l'état dangereux d'aliénation où l'on voulait faire croire qu'il était.

Le lieutenant civil reprit :

— Pourquoi avez-vous fait votre société ordinaire d'un fils de paveur et d'un fils de bourrelier ?

— Je ne savais pas, monsieur, répondit-il avec calme, que ce fût mal de choisir ses amis parmi ceux dont le caractère convient au nôtre, dont la simplicité tolérante ne rappelle jamais le rang d'où l'on est sorti ? Bons pour moi, j'ai été bon pour eux. Si la loi ne défend pas d'avoir des amis, qui oblige donc à les prendre dans une condition plutôt que dans une autre ? S'il y a une loi qui en prescrive de telle ou de telle autre espèce, pourquoi ne poursuivriez-vous pas le bourrelier pour m'avoir fréquenté, comme je suis en cause pour l'avoir connu ? Serait-il vrai que tous les marquis d'aujourd'hui, excepté moi, monsieur le lieutenant, eussent des amitiés irréprochables ? Il m'a été dit que M. le marquis de C..... vivait avec sa sœur ; que le comte de R.... avait un sérail ; que le prince de F.....

— Silence, monsieur le marquis.

— Que le roi de France.....

On se jeta sur le marquis pour le bâillonner.

— Que le roi de France était outré de cette conduite.

La première moitié de la phrase du marquis avait excité l'indignation, la seconde couvrit de confusion ceux qui s'étaient trop hâtés de s'indigner.

Il fallut le laisser libre.

— Mais n'avez-vous pas pris le deuil pour la femme du bourrelier ? A quel titre, puisque cette femme n'était pas de votre noble et illustre famille ?

— La reine de France n'était pas non plus de ma noble famille ; je pris le deuil de la reine en 1768, et commandai quatre habits complets pour quatorze personnes de ma maison. Ce deuil m'a coûté cinquante mille livres.

L'embarras du lieutenant civil commençait à paraître ; il fit un signe, et les gardes qui entouraient le marquis s'éloignèrent.

— Combien y a-t-il de feux à Brunoy ?

— De cent cinquante à deux cents, en y comprenant le hameau des Beaucerons et l'endroit appelé Soulin.

— Pourquoi vous êtes-vous jeté dans des dépenses d'une superfluité condamnable, en habituant six ou huit cents malheureux à vivre dans l'abondance?

— J'avoue, monsieur le lieutenant, que j'ai quelquefois dépassé les bornes d'une générosité sage ; mais, depuis ma résidence à Brunoy, personne, tant à Brunoy qu'aux Beaucerons, n'est mort de faim ni ne s'est pendu de désespoir dans le bois. Depuis sept ans que j'habite le pays, il n'a été commis aucun assassinat dans la forêt de Sénart, qu'on peut, grâce à mes bienfaits, traverser à minuit comme en plein jour. Les plaines de Tigery sont moins heureuses; elles sont infestées de brigands, pauvres vassaux qui obéissent aux descendants des comtes de Corbeil; Rougeot est un coupe-gorge, Gros-Bois aussi ; Gros-Bois n'est pas dans mes propriétés, il relève de M. le comte de Provence.

A chaque instant le lieutenant civil se tournait vers les membres de la famille du marquis, comme pour leur dire : — Cet homme-là n'est pas fou ; l'interdiction sera difficile.

— Mais n'avez-vous pas rempli publiquement dans l'église de Brunoy les fonctions de bedeau, de chantre, de maître des cérémonies et de sonneur?

— Que va-t-il répondre à cela? semblait exprimer la figure animée des parents du marquis. Voyons, écoutons.

— Je me blâme le premier comme bedeau, monsieur le lieutenant civil, pour avoir malproprement tenu peut-être la sacristie; je me condamne comme chantre, pour avoir entonné faux bien souvent le *Magnificat*; je ne me pardonne pas surtout de m'être trompé de quelques coups de cloche; mais en quoi cela peut-il me valoir la sévérité des lois et le reproche de ma famille? Mon grand-père sonnait l'heure du dîner à ses hôtes, je n'ai pas été plus sacrilége en sonnant l'heure des vêpres à mes paroissiens.

— Pourquoi avez-vous fait habiller à vos frais, en uniformes et avec galons d'or, les chevaliers de l'arquebuse dont vous êtes colonel, et pourquoi leur donniez-vous si fréquemment à manger?

— Si monsieur le lieutenant civil veut me considérer comme homme de qualité, il ne doit pas s'étonner que mes inférieurs aient joui de mes largesses. Dieu, disent les grands à leurs fils, a fait des mains aux manants pour recevoir et aux nobles hommes pour donner. S'il lui plaît, au contraire, de ne voir en moi qu'un manant enrichi, je dois m'étonner à mon tour qu'avec les revenus de quarante millions on ne croie pas à la possibilité de traiter, sans se ruiner, des chevaliers de l'arquebuse.

— Mais votre chasublier, monsieur le marquis, prétend être votre créancier de deux cent mille livres; on ne dépense pas deux cent mille livres en chasubles?

— Combien doit-on dépenser en chasubles, monsieur le lieutenant? Est-ce M. de Lauraguais qui nous l'apprendra, lui qui a acheté deux mille louis de jarretières à mademoiselle Arnould? Mais je ne le vois pas à mes côtés, sur la sellette.

— N'avez-vous pas maltraité un épicier qui vous avait refusé de l'eau-de-vie? N'avez-vous pas frappé un de vos concierges? N'avez-vous pas injurié un de vos régisseurs?

— Il me semble, monsieur le lieutenant civil, qu'en pareil cas ce sont les battus qu'il faudrait interroger.

— Votre mère a donné mille écus à un nommé Thierret pour qu'il ne se plaignît pas d'un coup de pistolet que vous lui auriez tiré.

— Le fait est faux; à des gens comme nous, on demande cent mille écus de dommages, et l'on se plaint ensuite.

— Sans passeport du roi, pourquoi êtes-vous passé en Angleterre? Vous avez violé la loi.

— Enfin! murmurèrent les bancs des accusateurs, irrités de tant de précision dans les réponses d'un fou, de tant d'aigreur dans ses réflexions. Enfin! qu'il sorte de là; il a violé la loi, il n'avait pas de passeport.

— J'en avais un de l'amirauté; sur l'ordre de l'ambassadeur de France, j'ai immédiatement quitté l'Angleterre pour me rendre ici, où je savais qu'on devait m'interdire. J'ai été au devant de la loi.

— N'avez-vous pas acheté huit chevaux à Londres?

— C'était pour revenir plus vite.

— Vous justifierez-vous de la société qui vous accompagnait en Angleterre, de ces étranges acolytes?

— J'étais, monsieur le lieutenant civil, avec un acolyte du diocèse de Paris, l'ecclésiastique Bonnet et le curé de Valenton.

— N'alliez-vous pas à Londres pour éviter vos créanciers de France? Qu'alliez-vous y faire d'honnête, enfin?

— J'allais m'y faire ordonner prêtre par l'évêque catholique Belon. Ceci est assez honnête.

Interrogé sur d'autres dettes qu'il aurait contractées avec des tailleurs et des marchands de vin, le marquis répondit qu'il avait été dupé par eux, et qu'en bonne morale les fripons devaient être interdits avant les dupes.

— N'avouez-vous pas vous-même enfin avoir dévoré votre fortune dans des folies dont il est temps d'arrêter le débordement?

— Ma fortune était à moi, monsieur le lieutenant civil, par mon père et par ma mère, dont j'ai été l'unique héritier. Folie ou non, je suis quitte avec tout le monde; je ne fais pas banqueroute et ne m'appelle pas Guéménée. Il est vrai que je n'ai pas dissipé ma fortune en maîtresses ni en galantes infamies comme un maréchal de Saxe ou un duc de Richelieu; ni en chevaux : le roi aurait payé mes dettes; ni en bâtiments; je suis bien plus coupable, j'ai doré mon église, ma pauvre église, qui a été ma maison du faubourg; j'ai nourri mes habitants; et si chaque province avait un fou comme moi, la France à cette heure ne languirait pas de misère, et le roi Louis XV serait en interdit. On m'interdit, moi, non parce que j'ai mangé toute ma fortune, mais parce qu'il me reste vingt millions d'immeubles au soleil. Qu'on m'interdise; j'ai parlé.

Il fut fait selon ses vœux : le Châtelet interdit le marquis de Brunoy.

Sans espoir dans la ressource extrême que lui conseillèrent ses amis, il appela de la sentence du Châtelet au parlement, qui, par un de ces miracles de justice dont il y a peu d'exemples, cassa l'arrêt d'interdiction et laissa au marquis la libre gestion de ses biens.

C'était ratifier solennellement tous les actes de sa vie.

II.   6.

Ses parents baissèrent honteusement la tète, la noblesse fut furieuse, le peuple applaudit. Il vit un héros dans le marquis. Il voulut l'avoir compris ; il l'aima. Il se convainquit que le marquis, né du peuple, retournait au peuple, après avoir souffleté la noblesse de son temps sur sa propre joue. Ses fautes étaient des folies, car son cœur était bon ; voilà comme le peuple pensait ; tandis que les folies des autres étaient des crimes, car leur cœur était corrompu. Il était allé plus loin que tous les autres, pour montrer jusqu'où ils étaient allés. Il s'était jeté dans le gouffre, mais il l'avait ouvert, et en tombant il avait crié au peuple : Regardez comme c'est infect et profond.

IX

A sa rentrée à Brunoy, il fut fêté comme un frère par les hommes, comme un père par les enfants. On était allé, croix et bannière en tête, le recevoir à deux lieues de Brunoy. On l'avait porté à bras jusqu'au château, ce bon seigneur !

Courte fut leur joie. M. le comte de Provence s'irritait beaucoup de tous ces délais qui le vieillissaient sans lui donner Brunoy, plus frais, plus ravissant d'année en année. — On comprit son impatience, comme il comprit de son côté le dépit des parents du marquis. Il y eut intelligence parfaite des deux parts.

Quelques nouveaux amis qui s'étaient introduits dans les bonnes grâces du marquis, chose facile en tout temps, le poussèrent un soir à boire plus que de raison, piége encore plus facile, et dans l'état d'ivresse où ils le mirent, ils lui firent signer la cession de Brunoy au comte de Provence.

A son réveil, il pleura comme un enfant ; il dit qu'il ne se souvenait pas d'avoir rien signé. Cette fois il faillit réellement devenir fou.

C'était fait. M. le comte de Provence possédait Brunoy.

L'histoire ne dit pas si la lettre de cachet qui vint enlever le marquis à son château de Varise pour le conduire au prieuré d'Elmont, maison de génovéfains, près de Saint-Germain-en-Laye, fut la royale récompense de la nuit d'ivresse de Brunoy.

Interdit, emprisonné, cloîtré, le marquis trouva encore quelque douceur à sa captivité dans la permission que lui accordèrent les bons génovéfains de sonner les cloches, d'allumer les bougies, de servir la messe. N'ayant pu être prêtre dans sa prospérité, il se contenta d'être enfant de chœur dans l'infortune. Mais on était déchaîné contre lui ; on ne voulut pas même qu'il fût consolé par ces distractions pieuses, parce qu'elles avaient autrefois masqué et protégé ses si rudes assauts contre sa propre dignité de gentilhomme. Une seconde lettre de cachet le fit transférer aux Loges, dans la forêt de Saint-Germain, dans une autre maison religieuse, desservie par des piepus, où il lui fut interdit d'être sacristain ni bedeau, ni quoi que ce soit d'église. C'était priver d'air un oiseau malade.

Il languit dans ce jeûne de cloches, de chapes, de cire verte ; il se sentit mourir ; mais avant d'expirer il ramassa toutes ses forces pour dicter son convoi funèbre. Le dénombrement fut triomphant. On eût dit qu'il se voyait passer, qu'il s'accompagnait lui-même derrière le corbillard. Il ajouta même : Je veux que le clergé boive amplement au retour du cimetière.

Il s'endormit au bras de Dieu, dans une belle soirée de mars, en 1784, à peine âgé de trente-trois ans.

Si toute tradition n'était suspecte, de son cachot de Pierre-en-Cize, où le peuple veut que le marquis de Brunoy ait été enfermé par le comte de Provence, — depuis Louis XVIII, — il eût entendu le canon de la Bastille, il eût vu de sa triste lucarne passer et repasser, courir, plus effrayé que lui, ce troupeau de nobles, et même les plus fiers, gagnant la frontière, sous le fouet du peuple, pasteur terrible sorti de sa caverne. Derrière ses barreaux, il leur aurait dit son nom, et ils se seraient maudits mutuellement ; eux maudits par lui pour n'avoir pas compris cet homme, artisan infatigable de leur ruine, qui s'était assis dans la boue pour les salir ; lui maudit par eux pour être sorti de leurs rangs et pour n'avoir plus voulu y rentrer.

Il vaut mieux qu'il soit mort, comme tout prouve qu'il est mort au mois de mars 1784, après vêpres, au bruit mourant des cloches qu'il avait tant aimées.

Oui, cela vaut mieux, sa fin en a été plus paisible. Car, s'il se fût éteint plus vieux de quelques années, il eût vu, lui, qui avait tant fait de bien à Brunoy, Brunoy son bosquet gracieux sa tonnelle chérie, sa chapelle dorée, son château de Cocagne, il eût vu ses paysans tordre les grilles de fer qui ne s'étaient pourtant jamais fermées sur eux, les méchants ; broyer les glaces qui avaient répété ces festins où seuls ils étaient assis, les ingrats ; briser ces quatre cent mille francs de pots de fleurs, effeuillées sur leurs pas à ces grandes processions du moyen âge, où ils étaient à la fois les personnages et les spectateurs. Et combien son cœur eût saigné quand il eût vu son clocher si laid, mais bâti par lui, — c'était son enfant, il le trouvait beau, — remuer comme lui, ce bon marquis, quand il avait un peu bu, et vomir ses cloches pour être fondues en billon révolutionnaire ! Il se fût évanoui sur les dalles cerises et blanches de son église, en voyant son beau tableau de *Saint Médard*, qui guérit pourtant la rage, lézardé par le tranchant d'une faux de moissonneur, et ses beaux lustres à girandoles de Bohême, tomber en poussière de verre sur les bancs de chêne où il figurait si bien en chape d'or massif. Oui ! il vaut mieux qu'il soit mort ; car il eût été tué.

Il eût vu ce que nous avons vu soixante ans après lui, un pauvre village montueux, dont l'enchantement s'est évaporé ; triste, sans fumée sur les toits, sans canards dans la rue, où les petits-fils jeûnent pour tous les bons repas qu'ont pris les grands-pères. Cependant ces descendants affamés d'une race de Cocagne savent le nom de M. de Brunoy comme s'il les eût tous invités hier à dîner au château. Ce nom rend les habitants pensifs ; les vieillards se souviennent, les grand'mères racontent, les petits-enfants ouvrent la bouche. Ce nom est immortel, là sur ce tas de chaumières.

Qu'est-ce donc que la gloire ?

C'est peut-être cela, beaucoup de folie.

Mais, j'aperçois à l'entrée de Brunoy, où la pluie vient de me surprendre caché sous un arbre, écrivant ces dernières lignes au crayon, un enfant assis sur une botte de foin, qu'un âne porte, et qui va passer sur le pont de Brunoy ; sans ce pont l'enfant qui se hasarderait à traverser la rivière à pieds se noierait par l'eau qui tombe dans l'eau qui court ; à défaut il serait forcé d'aller un quart de lieue plus loin pour trouver le gué, et sa mère est en peine.

Passe, mon bel enfant, toi, ton âne et ta botte.de foin.

Ce pont, c'est M. le marquis de Brunoy qui l'a fait construire. Voilà ce qui reste de quarante millions.

C'est peut-être cela la gloire.

L'utile, — un pont où passe un enfant.

VAUX

I

Nicolas Fouquet, dernier surintendant des finances, voulut donner dans son château de Vaux une fête à Louis XIV.

Le projet eut l'agrément du roi.

La fête fut fixée au 17 août 1661.

Six mille invitations furent envoyées. Il y en eut pour l'Italie, pour l'Espagne et pour l'Angleterre. On vit à Vaux des représentants de ces trois contrées et les ambassadeurs de tous les peuples. Un roi et une reine s'y trouvèrent.

Au nombre des invités étaient Gourville et le maréchal de Clairembault.

La route de Paris à Vaux était longue, chaude par le mois d'août où l'on était : ils s'arrangèrent pour la faire de compagnie. Ils partirent de grand matin dans une calèche massive, qui rachetait ce défaut d'élégance par une solidité dont le premier avantage était d'asseoir le corps dans un repos parfait. Gourville n'était pas pressé d'arriver ; le maréchal, qui était un peu gros, n'avait garde de se plaindre de la lenteur de l'équipage. En ce temps-là, l'activité de feu qui nous fait aujourd'hui dévorer l'espace était inconnue. A quoi eût-elle servi ? on ne devenait pas noble en courant. D'ailleurs bien empêché eût été celui qui aurait prétendu aller vite et sans accident sur les grands chemins, même sans exception de ceux qui ont encore conservé le nom de routes royales.

Arrivés à la barrière de Fontainebleau, les deux amis, malgré l'équilibre de leur âme, n'envisagèrent pas sans effroi le long ruban de chemin qu'ils avaient à parcourir, et qui s'étendait devant eux, blanc de soleil et de poussière, jusqu'à Villejuif.

— Où donc nous rafraîchirons-nous, Gourville?

— J'allais vous le demander, maréchal.

— Parbleu, à Ris, Gourville, à votre ferme.

— Merci de la grâce, maréchal ; mais d'ici là ?

— D'ici là?... Vous avez donc bien bon appétit ? Il est si matin !

— Ce n'est pas l'appétit.....

— Si c'est encore la soif, Gourville, nous boirons le coup de l'étrier à chaque relais, me proposant, mon hôte, de vous faire servir du meilleur à Beauvoir, à ma ferme aussi.

Gourville, qui n'avait pas été compris, se tut.

Une heure après, par le travers de Bicêtre, Clairembault abaissa les stores et conseilla à Gourville d'en faire autant de son côté. Un balancement doux, presque nul, le petit cri du sable broyé sous les roues, l'odeur de la campagne, le bourdonnement des moucherons d'été autour de la peinture de la calèche, le jour vert et rose filtré par la soie des rideaux, invitaient les voyageurs au sommeil.

— Allez-vous dormir, Gourville?

— Si vous ne causez pas, maréchal...

— Vous auriez tort, Gourville. Plus tard vous trouveriez le vin amer. Par cette chaleur, le sommeil épaissit la langue : n'y aurait-il pas mieux?

Et le maréchal fit le geste d'arrondir son bras vers les basques de son habit. A peine le ramenait-il avec une certaine circonspection à son attitude naturelle, que Gourville, par instinct, plus que par imitation, achevait d'accomplir le même mouvement. Quatre mains se rencontrèrent, cachant par paire un objet de mince volume.

C'étaient deux jeux de cartes.

— Vive vous! Gourville, vous êtes homme de fine prévoyance.

— A merveille, maréchal, et voyons si vous me battrez comme vous avez battu les Allemands.

Enlevé à la banquette, un coussin de velours s'appuya sur nos voyageurs, qui, illuminés de cette joie discrète et communicative qu'auraient deux amants à se rencontrer dans un même aveu et à se presser les genoux, joignirent les leurs et se regardèrent comme sauvés des ennuis de Paris à Vaux.

— Un instant! Gourville, pardon. Battez les cartes en attendant.

— Faites, maréchal.

Clairembault souleva le store et cria : —Cocher! aussi lentement que vous pourrez.

— Monseigneur, plus lentement, c'est impossible. Les chevaux dorment, s'ils ne sont morts.

— C'est bien, La Brie, toujours ainsi.

Le chemin ne fut plus troublé par aucun bruit de roues, les voyageurs par aucune secousse. Le sifflement des cartes qui effleuraient le velours du coussin fut seul sensible. En entrant dans Villejuif, Gourville avait déjà perdu cinq cents belles pistoles.

Tandis qu'on relayait, lui et son adversaire eurent le temps d'aller saluer une dame d'Humières retirée dans un château des environs. Ils étaient de retour que les chevaux étaient à peine attelés.

De nouveau en route, le maréchal, trop homme du monde, ou plutôt de cour, pour profiter brutalement de la victoire, proposa la revanche à Gourville. Gourville accepte. Les cartes sont étalées. Il est inutile de constater l'imperturbable lenteur des chevaux, bien qu'ils fussent tout frais sortis des écuries, et que la route soit unie comme l'eau.

Gourville n'est pas en veine : il perd cinq cents autres pistoles, puis mille, puis deux mille, enfin tout ce que Gourville a sur lui en or et en billets. La perte passe cinq mille.

—Vous êtes un galant homme, Gourville, et qui valez mieux que le sort. Je vous joue sur parole ce qu'il vous plaira. Parlez.

—Non pas sur parole, maréchal ; le surintendant a toujours vent des enjeux, et il a la magnifique générosité de les tenir quand nous sommes décavés ; ce qui est d'une grande âme, je l'avoue. Mais je serais désolé, cette fois, d'avoir recours à lui pour garantir ma dette. Va, si vous le voulez, pour ma ferme de Ris, située près du village de ce nom, et où j'ai déjà eu l'honneur de vous inviter à rafraîchir notre second relais. Je vous joue, maréchal, ma ferme de Ris.

— Gourville, ce sera contre vingt mille pistoles, qu'elle vaille plus ou moins. Mais en trois coups.

— Soit, maréchal. A vous les cartes.

Après quelques avantages insignifiants, Gourville vit sa jolie terre de Ris, moulins, eaux, pâturages, fours, métairies, passer à Clairembault. Ce revers de fortune écrasait Gourville au moment même où la calèche s'arrêtait à la grille de sa propriété perdue. Jamais elle ne lui avait paru si belle. Il fit pourtant bonne mine. Sans mauvaise humeur, sans colère, il sonna son intendant, ses garde-chasse et ses métayers, et leur dit à tous : « Désormais, monseigneur le maréchal de Clairembault, que voilà, sera votre maître. D'aujourd'hui il a tous droits sur vous et sur cette ferme ; saluez-le, et prêtez serment en ses mains ! » La cérémonie fut courte et arrosée d'une bouteille du plus vieux. Habitué à ces émotions du jeu, à ces fortunes gagnées ou perdues en un instant, sur une carte ou sur un dé, Gourville n'était pas plus affecté que Clairembault n'était orgueilleux.

Les voilà à la Cour-de-France et se dirigeant vers le village de Ris, descendant cette montagne que Louis XIV n'eut pas le temps d'aplanir, gloire pacifique qu'il laissa à son arrière-petit-fils. Le voyageur, fatigué, boit dans le creux de la main une eau pure, et bénit Louis XV. Le précipice n'est plus qu'un berceau.

— Foin de ces cartes qui vous ont trahi, mon bon Gourville ; imitez-moi, plongeons-les dans cet abîme.

Et tous deux, d'un commun enthousiasme, lancèrent les cartes du haut de la montagne dans les cavités béantes à leur côté; héroïsme de joueur! Il est probable qu'ils en avaient chacun un jeu de rechange dans la poche.

Pour ne pas trop attrister son ami, Clairembault s'efforça de changer la conversation. Il lui parla de la fête que le surintendant allait donner à Louis XIV, de la grandeur de celui-ci, de la magnificence de celui-là, de la beauté des dames qui figureraient dans les quadrilles; puis il le ramena, de peur de toucher au jeu, dans cette énumération de plaisirs, à ses souvenirs de famille, à son beau-père, gouverneur en province, à ses enfants.

—Par Dieu! et votre femme, où est-elle en ce moment, Gourville?

—En Beauce, maréchal, et avant l'hiver, si le surintendant me l'accorde, j'irai lui rendre mes hommages d'époux.

—Ah! elle est en Beauce! et chez qui, Gourville?

—Mais chez moi, dans l'une de mes terres; superbe propriété, maréchal! Et que n'est-elle sur cette route, je vous aurais montré que le malheur peut me terrasser, mais non me faire crier merci! Oui, que cette propriété n'est-elle ici, je serais encore votre homme, Clairembault!

Adieu les précautions du maréchal, sa prudence à donner un autre cours aux idées; et ces maudits chevaux qui n'arrivaient pas, qui auraient donné le temps de jouer toute la chrétienté sur le tapis ou sur le coussin!

— M'auriez-vous mal compris? répliqua le maréchal. J'en serais désolé, mon ami. J'ai jeté les cartes dans les ravins, non parce que je n'avais pas l'intention de vous offrir la revanche, et que vous n'aviez plus d'argent sur vous ni de propriété sur la route; seulement, Gourville, croyez-moi, parce que l'ingrate fortune vous assassinait sans pitié, et me faisait honte de mon bonheur!

Un rayon de joie éclaira le visage de Gourville. Joueur délicat, il savait bien que toute revanche a une fin; mais, joueur acharné, il désirait l'éloigner le plus possible.

—Çà, Gourville! marquez-moi votre désir, voulez-vous que d'ici à mon château de Beauvoir, je vous tienne encore tête?

C'est une lieue de bon. Voyons, les cinq mille pistoles, la ferme de Ris que je vous ai gagnée, et, en plus, mon château de Beauvoir, contre votre propriété en Beauce.

Gourville embrassa le maréchal.

— Et, oui, Clairembault! s'écria-t-il, et nargue du malheur! Mais des cartes?

— Mais des cartes! répéta le maréchal.

Là-dessus ils renouvelèrent le geste qui avait si heureusement, la première fois, amené des cartes, et leurs poignets, se rencontrant encore, heurtèrent deux cornets où sonnaient trois dés.

—Au passe-dix!

—Au passe-dix! maréchal.

Et tandis que les chevaux arrivaient à peine devant les marronniers de Petit-Bourg, nos deux joueurs, s'échauffant, lançaient les dés et leur âme à qui mieux mieux.

Après quelques minutes :

— Mille excuses, Gourville!

—Mais comment donc, maréchal?

—Cocher! cocher!

—Monseigneur!

—On vous a recommandé, La Brie, d'aller le plus lentement possible.

—Monseigneur, depuis dix minutes nous sommes arrêtés.

—C'est très bien ainsi.

On était à Beauvoir.

Gourville fut vainqueur : la chance avait tourné; on eût dit les dés pipés, tant ils ramenaient invariablement les plus beaux points contre Clairembault, qui perdit et les cinq mille pistoles, et la ferme de Ris, et son château de Beauvoir, tout enfin, excepté son sang-froid.

Je vous invite, Gourville, s'écria-t-il, à vous arrêter à mon château de Beauvoir. A vous, mon maître, d'en faire les honneurs! Il vous appartient, comme au roi la couronne, et vous allez voir si je le résigne avec dignité.

Ils mirent pied à terre.

A Beauvoir se reproduisit la scène de donation de Ris; mais Clairembault mit une gaîté, un faste, une solennité singulière à faire reconnaître par ses gens, qui cessaient d'être à lui, Gourville devenu acquéreur de son château depuis une heure. Après le déjeuner, qui fut excellent, les vassaux le proclamèrent, sur le perron, selon la coutume de l'Ile-de-France, seigneur de Beauvoir et terres y adjacentes. Il fut très digne, quoique un peu chancelant au dessert. C'était excusable ; sa position l'entraînait : il avait, pour les reconnaître, goûté tous les vins.

Quand lui et Clairembault remontèrent en calèche, les paysans et les vassaux crièrent jusqu'à mi-côte : Vive monseigneur de Gourville, notre seigneur de Beauvoir !

— Coup du sort ! dit Gourville ; vous étiez, il y a une heure, seigneur de Beauvoir, je le suis à présent ; à deux fois vous m'avez gagné et fourni la revanche ; je ne vous en ai gagné qu'une : c'est une revanche qui vous revient, maréchal. Sur mon épée de gentilhomme et ma seigneurerie nouvelle de Beauvoir, elle vous sera octroyée selon votre bon plaisir.

— Laissons cela, Gourville.

— Maréchal, je deviendrais plutôt votre vassal, si vous n'acceptiez.

— Bien ! — mais plus que celle-ci.

— Oui ! maréchal, mais décisive. Que jouons-nous ? Parlez.

— Beauvoir contre Mennecy, contre ma pêcherie de ce nom, dont Villeroi est suzerain. Vous avez le château de Beauvoir, ayez la pêcherie de Mennecy : c'est le médaillon au collier. Encore au passe-dix ; vous plaît-il ?

Malheureusement la route commençait à se couvrir d'équipages qui se rendaient à la fête de Vaux ; et lorsqu'ils s'approchaient de la portière de la voiture à Clairembault, le coussin était furtivement poussé sur la banquette, les dés tombaient dans les cornets, les cornets dans les poches ; — interruptions qui prolongèrent la partie jusqu'à Melun.

Clairembault la gagna ; Beauvoir lui revint, il ne perdit pas la pêcherie de Mennecy : il n'y eut rien de fait ; les seigneureries retournèrent à leurs seigneurs. On avait joué sur le velours pendant douze ou treize heures.

Sur le pont de Melun, la scène de la Cour-de-France eut son pendant : les deux amis, en s'embrassant, précipitèrent les

II.   7

cornets dans la rivière. Gourville, en les voyant flotter, leur adressa une allocution touchante. Sublime expiation! Ils avaient jeté les cartes dans le fossé, les cornets dans la Seine.

Le soir, au château de Fouquet, ils firent un roulette à mille pistoles par tour.

II

Dans la première cour, appelée la cour des Bornes, vaste carré enchâssé entre la grille du château, les fossés et deux rangées de bornes, avaient été dressées des tentes de coutil, portant entrelacés les chiffres et les armes des gentilshommes invités à la fête. Elles longeaient sur un rang les corps-de-logis extérieurs parallèles à l'allée des Bornes; aux quatre extrémités s'élevaient la tente du roi et celles de la reine-mère, de Monsieur et de Madame Henriette d'Angleterre. Ces tentes étaient des boutiques pleines d'objets de luxe.

Il va sans dire qu'on n'achetait pas dans ces boutiques! Ces boutiques étaient des loteries où l'on gagnait toujours, où la mise était la bonne grâce. Chaque coup du sort amenait un cadeau de goût différent; la fortune des joueurs n'avait à vaincre que le hasard des lots. Tel qui désirait un beau fusil n'emportait parfois qu'un peigne d'écaille ou une mule de douairière. On riait alors d'un bout de la cour des Bornes à l'autre : c'était le plus clair bénéfice du marchand.

Par une précieuse attention de Fouquet, bijoux, bagues, colliers, nœuds d'épée, médaillons, boucles d'oreilles, reproduisaient à l'infini les traits du roi sous des emblèmes de la fable, flatterie inépuisable du temps. Louis XIV était représenté dans le chaton des bagues, en Vertumne, en Jupiter, en Apollon, en Hercule surtout; l'émail renfermait le portrait; des perles ou des rubis-balais en formaient l'allégorie. Les camées portaient des devises imaginées par Benserade, resté sans rivaux en ces sortes de poésies mercantiles. Quel raffinement de délicatesse et de luxe! Un diamant de cinquante pistoles pour un sourire, pour un remercîment à fleur de lèvres. Fouquet, en enrichissant ainsi de frivolités, plus durables qu'on ne pense, la toilette des femmes, ses contemporaines, créait un ordre de galanterie destiné à perpétuer le souvenir de cette journée. On dirait dans des siècles, en montrant ces bagatelles brillantes serrées dans les archives de famille « Mon aïeule était à la fête du surintendant, à Vaux-le-Vicomte ! »

Gourville, qui avait juré de ne plus jouer, gagna un cheval arabe, un des plus beaux lots, celui qui fut le plus envié.

— Qu'en feras-tu, lui demanda le surintendant en lui frappant sur l'épaule, toi qui montes à cheval comme tu danses ?

— Monseigneur, il sera pour vous toute la soirée, sellé et bridé au bout du parc, à la porte de Provins. On fait trente lieues en dix heures avec un tel cheval. Trente lieues ! c'est la mer ! la mer, c'est l'Angleterre ! — Silence ! Gourville.

Les jeux continuaient, lorsque les batteurs d'estrades, placés de distance en distance sur la route, annoncèrent les équipages de la cour.

A cette nouvelle, le château se remplit de bruit : on reflua vers la grille : le roi arrivait.

Accompagné de sa femme, suivi de ses domestiques, Fouquet, revêtu d'un magnifique habit de velours rouge, et portant un plat d'argent dans lequel étaient les clefs du château, alla attendre le roi à la grille d'entrée.

Il arrivait de Fontainebleau. « Le roi, dit le lendemain la *Gazette de France du 18 août,* avait avec lui, dans sa calèche, Monsieur, la comtesse d'Armagnac, la duchesse de Valentinois et la comtesse de Guiche. Suivait la reine-mère, accompagnée dans son carrosse de plusieurs dames. Madame venait en litière. »

Fouquet plia le genou en exhaussant au-dessus de sa tête les clefs du château, que Louis XIV fit semblant de toucher, et lorsque le surintendant se fut relevé il dit au roi, son maître, que tout, où il était, lui appartenait non-seulement par le droit de la couronne, mais encore par la grâce infinie qu'il mettait à visiter un de ses sujets fidèles.

Avec l'abondance de paroles heureuses dont il était doué, le roi répondit au compliment de son surintendant, tandis que la reine-mère donnait sa main à baiser à madame Fouquet.

Les cris de *vive le roi ! vive la reine !* retentissaient.

Six chevaux bai-pâles, dociles et fougueux, coiffés de plumes blanches, harnachés en rose, liés l'un à l'autre par des rubans lâches de la même couleur, passèrent la grille, toute semée de visages de paysans émerveillés de ce spectacle. La calèche du roi était à panneaux à images, représentant d'un côté Persée et Andromède, de l'autre, des scènes de bergerie.

En traversant la cour, Louis XIV causait affectueusement avec son frère; Anne d'Autriche, au contraire, se tenait sur la réserve avec sa bru, Madame.

Tout à coup des pas redoublés de chevaux résonnèrent : ils étaient si multipliés et si bruyants que la foule rassemblée dans la cour des Bornes cessa ses acclamations et se précipita vers la grille.

La calèche du roi se trouva isolée; Fouquet fut interdit.

C'était une compagnie entière de mousquetaires gris, appareil militaire assez inusité au milieu d'une cérémonie pacifique, qui avait escorté les voitures de la cour depuis Fontainebleau jusqu'à Vaux, et qui se présentait pour entrer.

Peu préparé à cette surprise hostile, le surintendant éprouva une anxiété dont il s'efforça de cacher les marques sous une indifférence affectée.

Le commandant des mousquetaires avait déjà franchi la grille et caracolait dans la cour des Bornes, broyant le gazon et les pierres.

Louis XIV se leva dans sa calèche, et se tournant vers cet officier, il lui dit d'une voix brève et émue :

« Sortez, monsieur d'Artagnan; vous n'êtes pas chez moi
« ici. On vous a commandé pour honorer notre royale personne
« et non pour me garder là où elle n'a aucun danger à courir.
« Ce zèle est offensant pour notre hôte. Vous et vos mousque-
« taires, placez-vous à distance, attendant l'heure où il nous
« plaira de partir. »

Se tournant vers Fouquet :

« Monsieur, je vous demande pardon pour mes mousque-
« taires; ils n'ont pas appris de notre roi chevalier que chez
« Dieu, sa femme et son ami on n'entre jamais armé. »

Les mousquetaires se rangèrent de front sur trois rangs, à l'extérieur du château, devant la grille aux cariatides, à cette même place où l'on veut que Fouquet, sur un simple désir de Louis XIV, ait fait planter, dans l'espace d'une nuit, ce qui est démontré impossible, une double allée d'ormes.

Je ne crois pas à cette tradition d'arbres plantés dans une nuit, parce que je l'ai retrouvée dans tous les châteaux, et parce que Louis XIV, hors de chez lui, n'a jamais couché que dans un seul château, à celui des Condé, à Chantilly ; mais je crois beaucoup aux allées d'ormes arrachés dans une nuit ou dans plusieurs. Je suis arrivé juste assez à temps un siècle et demi après la fête que je raconte ici, pour voir l'avenue séculaire du château de Vaux couchée par terre, sciée en trois traits, destinée à être vendue à la voie, ce qu'on n'eût pas vu sous Fouquet, l'eût-il ou non plantée dans une nuit.

En entrant au château, le roi fut frappé des proportions du corridor, pavé bleu et blanc en marbre, et des dix colonnes dont il est orné. Comme tous les grands rois, — comme Salomon, comme Auguste, comme Napoléon après eux tous. — Louis XIV avait l'équerre dans l'œil : il demanda le nom de l'architecte ; on lui répondit que c'était Le Vau ; il prit note et passa :

— La fortune de Le Vau était faite.

Le roi fut invité à se reposer dans une première pièce de droite, celle qu'on désigne aujourd'hui aux visiteurs sous le nom de salle de Billard. Les ciselures des portes, les mille arabesques rampant autour des murs et enserrant cette salle comme une crépine, surprirent moins Louis XIV, dont l'envie commençait à bouillonner, lui encore sans monument datant de son règne, que le plafond même de l'appartement, apothéose d'Hercule, vaste tableau de la plus chaude couleur. C'est mieux que de la peinture historique : c'est de la peinture olympique et bien placée au plafond, — près du ciel.

Louis XIV se leva et admira longtemps en silence.

Il était découvert.

Fouquet s'avança pour le débarrasser de son chapeau.

— Laissez, monsieur, je vous prie ; c'est par respect. — Vous appelez ce peintre?...

— Lebrun, sire.

— Singulière ignorance, celle où je vis, dit à voix basse le roi à sa mère en l'entraînant d'un autre côté. Cet homme emploie à ses bâtiments les premiers artistes de la France, et je ne sais pas même leurs noms.

On ne m'a pas trompé, vous le voyez, madame, il ne songe qu'à lui. Calculez l'or qu'il a dépensé à cette salle seulement. M. Colbert a raison : M. Fouquet dilapide, M. Fouquet épuise le trésor, M. Fouquet est la ruine de l'État, et M. Colbert...

— Monsieur mon fils, M. Colbert veut être ministre.

Louis se tut.

Il sourit finement en remarquant à tous les panneaux de volets et de portes, au fond des plaques du foyer, sur les marbres des cheminées, où rien depuis n'a été effacé, reproduit avec une effectation de parvenu, ce que n'était pas du reste le surintendant, son triple chiffre N. F. S. « Nicolas Fouquet, surintendant, » entrelacé et percé d'une flèche.

— Ne trouvez-vous pas, dit-il encore à sa mère, que dans ce chiffre il y a du luxe comme en tout ce qui appartient à M. Fouquet? Trois lettres figurent d'ailleurs très mal entrelacées. Sans dommage, la dernière pourrait être supprimée.

— Vous vous contenez mal, monsieur mon fils, et j'ai peine à vous voir aussi dépité contre des puérilités dont vous souffririez moins, si, comme moi, vous eussiez été obligé d'admirer le Palais-Cardinal, plus beau que notre Louvre et riche de ses dépouilles. Je ne fis alors aucune remarque, je ne fis effacer aucun chiffre. Pourtant le Palais-Cardinal est à nous.

— Je tâcherai, ma mère, d'imiter votre sang-froid, sans en espérer le même prix.

Fouquet s'était retiré avec la foule des courtisans, et avait laissé au roi la liberté de parcourir, suivi seulement de sa mère et de sa belle-sœur, madame Henriette, les autres pièces, toutes ouvrant l'une dans l'autre.

Le roi, poussé par la curiosité, pénétra dans la seconde : elle s'appelle le Salon. Au lieu d'y rencontrer quelque objet qui choquât son goût afin d'apaiser sa jalousie, il arrêta ses regards sur des tapisseries d'Aubusson du plus rare travail pour l'époque : peintures à l'aiguille dont le dessin est de Lebrun. Il voulut détourner la vue de ces chefs-d'œuvre disproportionnés, même pour la fortune d'un souverain; mais elle glissa sur des meubles de laque, fantastiques frivolités vendues littéralement au poids de l'or. Le sofa où il s'agitait surpassait tout ce que Fontainebleau avait à comparer en ce genre d'ameublement. Il est tel quel aujourd'hui : de satin blanc brodé en bosse de chenille verte. C'est, pour le temps, la miniature et le burin appliqués à la broderie.

Le roi leva des yeux pleins d'ironie au plafond. — Qu'est-c donc, demanda-t-il, que cet écureuil que je vois partout à la poursuite d'une couleuvre? Cet emblème me fatigue : en sauriez-vous le sens?

— L'écureuil...

— Je le sais, ma mère; c'est l'arme parlante de M. Fouquet; mais la couleuvre?

— La couleuvre, monsieur mon fils, on prétend que c'est l'arme parlante de M. Colbert.

— Ah! vraiment. L'écureuil et la couleuvre, M. Fouquet et M. Colbert. Gentil écureuil à tête folle : c'est ingénieux, mais c'est peu naturel. Au fond, les allégories sont comme des songes : souvent le contre-pied les explique. Avez-vous les yeux bons, ma sœur Henriette?

— Pour vous servir, sire.

— Lisez-moi donc ces lettres noires et brisées dans cette bande que je crois une devise, autour d'Apollon chassant les monstres de la terre.

— C'est du latin, sire.

— Eh bien! voyons si vous savez le traduire, ainsi qu'on l'assure.

— *Quò non ascendam?* où ne monterai-je pas?

— Parfaitement, docte Henriette. L'écureuil dit cela à la couleuvre, mais c'est une fable. Et ici, à cet autre angle, que lit-on?

— Une modification légère de la même devise : *Quò non ascendet?* où ne montera-t-il pas? Le futur est à la troisième personne au lieu d'être à la première.

— Et si nous cherchions bien encore, ma sœur, ne croyez-vous pas que nous trouverions une seconde personne qui dirait : *Tu ne monteras pas!*

Le duc de Saint-Aignan entra sur ces propos, et fut vivement poussé par le roi dans une petite pièce à côté. La reine-mère et madame Henriette restèrent seules et ne se parlèrent pas.

Ces deux princesses s'observaient depuis quelques mois. Anne d'Autriche avait remarqué, ce qui du reste n'était échappé à aucune pénétration de courtisan, que Madame et le roi se partageaient une affection où Monsieur avait beaucoup à souffrir pour sa dignité de mari. Quoique vive, sa tendresse maternelle n'allait pas jusqu'à sacrifier un frère à l'autre, et à tolérer un scandale dont la cour d'Espagne, si bien servie en rapports, eût demandé réparation. Malheureusement ses appréhensions semblaient fondées. A tous les carrousels, le roi était le cavalier d'honneur de Madame; à toutes les comédies à ballet ils dansaient un pas ensemble; dans tous les couplets de Benserade, allusions transparentes où nul ne se méprenait, le roi était le lis, elle la rose. Quand le roi s'égarait à la chasse, on avait toutes les peines du monde à retrouver Madame. Anne d'Autriche avait jugé qu'il était temps de mettre un terme à une inconvenance ou d'arrêter une faute. Sachant que les rois ne guérissent d'une passion que par une autre, elle avait cherché et trouvé parmi les demoiselles d'honneur de Madame même une jeune personne peu remarquée, mais propre à frapper par une beauté modeste, qualité jusqu'ici rarement offerte à l'inconstance de son fils.

Ceci était parfaitement vu, bien combiné, le roi tomberait au piége. Seulement Anne d'Autriche n'avait pas prévu qu'elle réussirait, non parce que son fils cesserait d'aimer Madame pour aimer une de ses demoiselles d'honneur, mais simplement parce que Louis XIV n'avait montré de l'amour pour sa belle-sœur qu'afin de cacher une passion vive et réelle pour la rivale dont sa mère lui ménageait la présence.

Le roi avait poussé le duc de Saint-Aignan dans une encoignure, et lui répétait : « D'Artagnan est un maladroit, un fou; il entre ici comme dans une place conquise. Est-ce là la prudence que j'ai tant recommandée? Veillez sur lui, que ses mousquetaires ne quittent pas la selle un seul instant. M. de Colbert est-il venu, duc?

— Oui, sire.

— Tant mieux. Dites-lui de ne pas m'approcher de toute la

journée, d'éviter de se promener en compagnie de Harlai, de Séguier et de d'Albret; de causer beaucoup au contraire avec Gourville, avec Lauzun, avec Pélisson, avec les dames s'il en capable, et de ne partir d'ici que toutes les bougies éteintes. Et Elle, est-elle ici ? reprit bien bas Louis XIV, sans nommer qui.

— Pas encore, sire. La suite de Madame n'est pas encore arrivée.

— Qu'il me tarde de la voir ! — Duc, rompons cet entretien sur-le-champ par un grand éclat de rire, afin de n'inspirer aucun soupçon à ma mère ni à Madame. Sachez leur dire pourquoi nous aurons ri.

Le duc et le roi rirent aux éclats.

— Mais venez donc, mesdames, s'écria le roi en paraissant à la porte du cabinet; monsieur le duc va vous expliquer la cause de notre gaîté.

— Qu'est-ce donc, monsieur de Saint-Aignan ? s'informa la reine-mère.

— C'est... mon Dieu, cela vaut-il bien la peine ?

— Parlez toujours, duc.

Saint-Aignan, qui n'avait rien à dire, balbutia, rougit, regarda le plafond, et répondit tout à coup avec la pétulance d'une réflexion subite :

— Vos majestés ont déjà dû remarquer que dans les nombreuses pièces de ce château l'écureuil de monsieur le vicomte poursuit avec acharnement la couleuvre de M. Colbert. Certes, s'il est quelqu'un en France capable de connaître les intentions héraldiques de M. de Belle-Isle, c'est le peintre qui a répété deux ou trois mille fois cet emblème. Eh bien ! ne faut-il pas que ce peintre soit distrait ou coupable ? Dans ce château, ici, sur nos têtes (que vos majestés daignent regarder ce plafond pour m'en croire), ce peintre fait étrangler l'écureuil par la couleuvre.

— Pas possible, duc !

— Qu'il plaise à vos majestés de suivre la direction de mon doigt. En tirant une ligne du coude de cette femme qui représente le Sommeil, n'aperçoivent-elles pas, vos majestés, dans la guirlande du plafond, un écureuil ?...

— Et la couleuvre qui le darde ! crièrent tous trois le roi, sa mère et Madame.

— Si cela me regardait, ajouta le roi, je me croirais perdu. Il pâlit.

Saint-Aignan pâlit.

— Sortons au plus vite de ce cabinet de la prédiction.

Ils rentrèrent, tout effrayés dans le salon.

Le nom du cabinet de la Prédiction est resté à cette pièce. A deux siècles de distance, on éprouve de l'effroi, lorsqu'on regarde cette fantaisie de peintre qui fut une si terrible prophétie. On n'a presque plus d'attention pour la suave allégorie de Lebrun : le Sommeil, sous les traits d'une femme endormie, qui, comme l'a dit La Fontaine dans le *Songe de Vaux*, « laisse tomber des fleurs, et ne les répand pas. »

Quand les Bavarois, entrèrent en 1815 dans le château de Vaux, ils le saccagèrent. Ce délicieux boudoir ne fut pas épargné, et pourtant ils n'arrachèrent pas du plafond le Sommeil de Lebrun. Avaient-ils lu les vers de La Fontaine ?

III

Il n'y a pas d'exemple dans l'histoire d'une fortune aussi rapide et aussi courte que celle de Fouquet.

A peine apprend-on qu'il existe, qu'il est déjà procureur général au parlement, une des plus hautes dignités du royaume ; à peine au parlement, on le voit surintendant des finances, le premier dans l'état après Mazarin ; à peine le sait-on surintendant des finances, qu'il est sous les verrous de Pignerol ; à peine est-il à Pignerol, qu'on n'en parle plus.

Entre Mazarin et Colbert, qui se souvient de Fouquet ?

Consultez les historiens, même les plus] complets : ils vous diront que Fouquet fut poursuivi et condamné pour ses dilapidations. Rien n'est plus vague. Cela s'applique à tous les ministres des finances depuis Enguerrand de Marigny. Mazarin avant Fouquet, Colbert après lui, épuisèrent le trésor avec bien plus d'avidité. Le surintendant ne fut mis en jugement, ceci ressort de son procès même, que par le fait des énormes vols de Mazarin; et Colbert, malgré ses vastes créations commerciales, au lieu de diminuer la dette, l'augmenta de beaucoup.

Que reprocha-t-on à Fouquet ? — Son faste ? Oublie-t-on que le cardinal Mazarin, pauvre sous Richelieu, fit passer, au bruit de sonnettes d'argent, sous la porte Saint-Antoine, en 1660, à la suite de l'entrée triomphale de la reine, soixante-deux mulets chargés d'or et de diamants ? — Le luxe de sa maison ? A quelques charges près qu'il fut obligé de créer pour soutenir l'éclat de sa nouvelle dignité de surintendant, il ne fit que continuer la vie qu'il menait auparavant, extraordinairement riche par sa famille et du côté de sa femme, qui lui apporta douze cent mille livres. — Son goût pour les bâtiments ? Il convenait peu à Colbert et à ses successeurs, eux qui devaient élever Versailles et Marly, de demander compte à Fouquet de quelques millions, dilapidés ou non, qu'il consacra au château de Vaux. — Ses mœurs ? S'il appartenait à quelqu'un d'écarter ce chef d'accusation, c'était d'abord au roi. — Sa rébellion ? On en eut de si faible preuves, et elles devaient être faibles en effet, que le ressentiment de ses juges, presque tous vendus à Colbert, ne parvint qu'à le faire condamner à l'exil, peine commuée par Louis XIV en une détention perpétuelle.

Ainsi l'histoire dit mal Fouquet : elle ne le sait pas.

Avant son élévation, elle le voit à peine; pendant, elle en est éblouie, elle est trop lente avec son cortège de causes et de recherches pour expliquer à temps cette haute fortune; après, elle s'impose cinquante ans de silence, car malheur à qui parlera de Fouquet sous Louis XIV. Et de quel homme d'État s'occupe-t-on après cinquante ans ?

Fouquet revient de droit aux mémoires et à la poésie ; une moitié de sa vie appartient à Gourville, l'autre moitié à La Fontaine.

Heureux, il est l'homme des mémoires.

Seigneur plein d'éclat à la cour, sybarite recherché à son pavillon de Saint-Mandé, il a toutes les amitiés, et celles de la Fronde, et celles de Saint-Germain; toutes les amours à la ville; rien ne manque à sa périlleuse renommée. Boileau incruste en proverbe ses bonnes fortunes de surintendant: un souterrain conduit de son boudoir au milieu du bois de Vincennes, pour faire évader les femmes quand les maris viennent la nuit les lui redemander.

Richelieu pensionne quelques hommes de lettres pour qu'ils admirent ses vers ; Fouquet les enrichit tous à la condition qu'il n'écrira pas de vers, l'homme aimable ! mais qu'eux viendront chaque mois lui lire ceux qu'ils auront composés. La Fontaine s'engagera à quatre épîtres par an ; il paiera en quatre termes. Richelieu disait : J'ai donné une chemise à Apollon. Fouquet avait droit d'ajouter : Je l'ai mis dans ses meubles. Pélisson, grâce à lui, a six domestiques ; Le Vau est servi en vaiselle plate ; Lebrun a un équipage ; Le Nôtre tutoie Fouquet. Mademoiselle de Scudéry est coulée en bronze, et l'on trouve dans la boîte de vermeil où le surintendant parfumait ses pensées secrètes des lettres de madame de Sévigné.

Ainsi Fouquet donne à Louis XIV l'exemple de tout ce qui lui vaudra le nom de grand : amour des arts, respect aux lettres, munificence aux écrivains, goût pour les monuments, dévoûment aux femmes, qui toutes conservèrent à Fouquet la fidélité du malheur, la seule qu'il leur demanda jamais.

Est-il renversé par le souffle noir sorti de la bouche de Colbert ? aussitôt il devient l'homme de La Fontaine. La Fontaine se jette à son cou comme un fils, lui qui ne se rappelait plus en avoir un, et ne l'abandonne pas. Il n'est plus distrait, La Fontaine ; il ne dort plus, lui le sommeil fait poète. Jour et nuit il va, il marche, il court, oubliant le lapin son ami et la taupe sa sœur, et la fourmi sa voisine ; il va des nymphes de Vaux au premier président du parlement. Au milieu des solitudes de Vaux, il crie : Rendez-moi Oronte ! — Vous, nymphes ; vous naïades ; vous sylvains ! Oronte est captif, Oronte est innocent puisqu'il est malheureux ; suivez-moi, embrassons les genoux de Louis, et redemandons-lui Oronte ! Et La Fontaine se présente au parlement avec tous ses sylvains pour qu'on délivre Oronte ; il intercède auprès de mademoiselle de La Vallière au nom des hamadryades éplorées. Partout rebuté, il s'enferme avec mademoiselle de Scudéry et madame de Sévigné, et ces trois femmes pleurent.

Ne cherchez pas ailleurs la mémoire de Fouquet : elle est

toute dans le cœur des femmes ; j'ai dit le cœur des poètes.

Mazarin, c'est vrai, eut une grande chose dans sa vie : c'est le traité de paix de Westphalie.

Mais Fouquet eut aussi une ravissante chose dans sa vie : c'est la fête de Vaux,

Qu'est-il resté du traité de Westphalie ? rien. Voyez où est remontée la maison d'Autriche.

Qu'est-il resté de la fête de Vaux ?

Les Fâcheux de Molière, une élégie de La Fontaine, douze lettres de madame de Sévigné.

Ceci durera plus que la maison d'Autriche.

IV

Tandis que le roi et sa mère reçoivent dans les salons de Fouquet les hommages dont ils sont ordinairement entourés à Fontainebleau, l'étiquette n'ayant jamais abandonné Louis XIV, même en voyage, le surintendant, dont l'absence est justifiée par la nécessité où il est, dans un tel jour, de se trouver partout, a réuni les deux amis sur la fidélité desquels il peut compter, et s'entretient avec eux dans les allées du parc.

— Le moment venu, j'hésite, balbutia Fouquet le premier.

Et Pélisson, saisissant le bras de Fouquet : — Serait-il bien vrai ? Et pour quel motif, sur quel soupçon, nous alarmez-vous ainsi ? Vous êtes pâle, en effet, monseigneur.

— Franchement, ces mousquetaires à cheval m'ont donné à réfléchir. Avouez que leur présence a droit d'étonner.

— Ma foi, non, reprit Gourville. Cette suite bruyante est dans les goûts d'un jeune roi. C'est du faste. D'ailleurs, pour peu que nos soupçons devinssent plus graves, je me chargerais de d'Artagnan et de ses mousquetaires. Les caves du château sont profondes, et ils ne boiront pas tout.

— Vous ne savez donc pas, Gourville, que le roi leur a défendu de quitter l'étrier ?

— C'est possible, monseigneur ; mais il ne leur a pas défendu de boire, office dont on s'acquitte très bien à cheval. Seulement on tombe de plus haut. Sont-ce là toutes vos craintes, monseigneur ?

— Les douze portes du parc sont-elles bien gardées, Gourville?

— Par les meilleurs complices qu'on puisse choisir.

— Par qui donc, Gourville?

— Par personne.

— Comment cela?

— Où est la nécessité de veiller à douze portes si l'on ne
doit sortir que par une?

— Mais cette porte?

— A celle-là j'ai posté quelqu'un qui ne m'a jamais trahi en
ces sortes d'équipées : invisible et muet.

— Et c'est?...

— Personne.

— Vous me désespérez, Gourville; j'ai peur que vous n'ayez
pas votre tête, tout votre sang-froid.

— Pardon, monseigneur, bien que je sois venu avec le maréchal de Clairembault. Par cette porte si fidèlement gardée
nous passerons, vous, monseigneur, la personne que vous
savez, M. de Pélisson et moi. Elle est assez large.

Fouquet serra affectueusement la main à ses deux amis.

— Merci, Gourville; mais pourquoi cette légèreté dans vos
dispositions?

— Imiterons-nous les Romains? crierons-nous jusque sur
les toits que nous conspirons?

— Mais encore...

— Je le tiens de M. de Retz : dans un coup décisif il est
important d'être sûr de tout le monde et de n'employer que
quelques-uns. Ayez beaucoup d'hommes, ils comptent les uns
sur les autres; peu, ils agissent. M. le coadjuteur s'y connaissait.

Perdant par degré la teinte de tristesse répandue sur son
visage, le surintendant se tourna vers son poète-secrétaire : —
Vous, monsieur Pélisson?

— Monsieur le vicomte, je partage les assurances de
M. Gourville.

— Vous ne saisissez pas ma demande : ce n'est pas là-dessus que je souhaite vous entendre. Avez-vous déposé sur la
cheminée de chaque chambre de gentilhomme mille pistoles

pour faire face aux dettes du jeu? Avez-vous ordonné qu'on
traitât les gens de lettres dans cette journée avec les nombreux
égards dont j'aime à les voir entourés? Ils dîneront dans la
salle des Muses : je crois avoir exprimé ce désir.

— Vos ordres ont été suivis. Ils seront confondus avec les
gens de qualité. Des guirlandes de fleurs se balanceront sur
leur front au bruit de harpes cachées : Lambert jouera du
théorbe. Comme les anciens poètes, ils boiront dans des cou-
pes de vermeil.

— Et comme les anciens poètes, monsieur de Pélisson, ils
emporteront leur coupe. Nous vous devons la gloire qui suit
la vie. Vous et La Fontaine me ferez immortel.

— Auparavant, interrompit Gourville, il faut que vos ennemis soient dans la poussière, que le roi, notre maître, vous
reconnaisse pour le premier gentilhomme de l'Etat après lui.

— Quel moment heureux ou fatal! Gourville, Pélisson,
qu'en pensera l'Europe? Et ce coup qui retentira longtemps,
—au milieu d'une fête !... Des poignards cachés sous des
fleurs. N'est-ce pas que mon château ne fut jamais plus splendide? On dirait qu'il sait qu'un roi de France l'habite. Pélisson, avez-vous prié M. le chevalier Lully de presser sa can-
tate? Quel Orphée que ce Lully! quel génie! Il écrit dans ma
chambre la musique qu'il exécutera dans trois heures devant
la cour. Offrez-lui de ma part cette tabatière en diamants. Elle
vient de Mazarin. Divin Lully!

— Silence, recommanda Pélisson, on vient de ce côté. C'est
messire Pierre Séguier, chancelier de France. Je le savais ici,
je l'ai vu descendre de sa haquenée blanche peu après l'arrivée de M. Colbert. En hommes prudents, ils ont voulu ne pas
avoir l'air d'être venus ensemble; mais nos gens placés sur la
route ont remarqué leur séparation à la Patte d'Oie de Voisenon.

Gourville courut au-devant du chancelier, le chapeau bas,
et l'accosta avec le respect mêlé à la joie la plus vive.

— Monseigneur, que je suis aise de vous joindre ici, et
dans un tel moment! Vous déciderez entre nous.

Le chancelier remercia d'un sourire.

— Dites-nous, monsieur de Séguier, vous qui avez laissé la

justice à Paris, mais non pas le bon goût, si Le Nôtre n'a pas commis une faute grave dans la distribution générale de ce terrain.

— J'avoue, répondit le chancelier, que je suis peu apte à résoudre la question. Si vous voulez qu'il y ait ici trop de statues, de canaux, de fontaines de marbre pour...

Fouquet vit venir la leçon; il brusqua la riposte :

— .... Pour un simple financier tel que moi, j'en conviens, mais non pour le sujet qui reçoit son maître; sur quoi vous alliez me féliciter, ce me semble.

— C'est ce que j'étais prêt à vous répondre, monsieur Gourville.

— Vous voyez donc, monsieur le chancelier, que vous êtes né pour mettre les gens d'accord avant qu'ils aient parlé : j'espère qu'il en sera de même, notre différend entendu. Pardon, mais il ne s'agit pas de statues, messire.

— Prenez garde, Gourville, de fatiguer M. de Séguier.

— Je vous en prie, monsieur de Belle-Isle, laissez à Gourville présenter sa requête. Je vous jugerai.

Ce mot glaça le sang de Pélisson. Séguier avait ri en le prononçant.

— Le Nôtre, disais-je, a commis une faute. Le plan horizontal du château est mal entendu ; d'une extrémité au centre, le terrain descend; du centre à l'autre extrémité, il monte. La propriété creuse. Vaux est un abîme : n'est-ce pas, messire?

Le chancelier ne sut trop si on lui renvoyait une de ces allusions malignes dont il ne tarissait pas sur la prodigalité du surintendant, ou si Gourville lui demandait sérieusement un avis. Il le regarda avec sa pénétration de juge.

Fouquet rompit l'embarras. — La propriété creuse, intervint-il, parce qu'elle a été sacrifiée exclusivement aux eaux. Le niveau est pris de loin et de haut; plus on le ménage en l'abaissant, plus l'eau, en reprenant sa ligne de hauteur, s'élève et jaillit. Le Nôtre n'a pas tort, Gourville. Cette explication satisfait-elle monsieur de Séguier?

— Pleinement. Mais je ne prendrai point congé de vous, monsieur de Belle-Isle, sans vous complimenter sur la flatteuse rumeur qui circule. On tient presque pour certain que vous allez vous défaire de votre charge de procureur général. Sa majesté n'attendrait que cette résolution de votre part pour vous conférer ses Ordres. C'est un regret pour le parlement, et je le partage; mais la compensation est si belle, qu'il faut se taire et adorer le monarque dans ses œuvres.

— N'ajoutez pas à la confusion où je suis, monsieur de Séguier, de me trouver déjà si peu digne des bontés de notre roi.

— Adieu, je vous laisse, monsieur de Belle-Isle, ce dont vous m'excuserez, pour aller présenter mes soumissions à sa majesté.

M. de Séguier se retira gravement.

— Je reprends, dit Gourville : personne n'agira, mais personne n'empêchera d'agir. Après les eaux viendra le dîner ; après le dîner la comédie, après la comédie le feu.

— Oui, Gourville, c'est le moment de frapper le grand coup

— Il se placera sur les cascades pour admirer le feu, et au même endroit où il aura vu jouer les eaux. A sa droite il aura dix de nos amis, à sa gauche dix, vingt derrière : foule sur les marches, personne à la portée de son regard, personne! cela masquerait le coup d'œil. A la troisième girande lancée, lorsque le ciel sera couvert d'étincelles et de cris, quand le canon se mêlera à ce bruit pour le rendre plus formidable, un homme disparaîtra.

— Gourville !

Pélisson visita de l'œil le prolongement de l'allée.

— Monseigneur, cet homme disparu sera remplacé sur-le-champ par un autre de même taille, de même costume ; panache blanc au chapeau, cordon bleu à la poitrine.

— Et ceux qui l'entoureront ?

— Voilà les amis dont je vous parlais, ceux qui n'agissent pas.

— Et s'il crie?

— Le canon crie plus fort.

— Et si l'on voit?

— L'obscurité profonde qui succède à l'éblouissement d'une girande de feu ne permet guère de voir. Douze girandes seront tirées à dix minutes d'intervalle. Douze obscurités : c'est deux heures. A la dernière, nous serons à huit lieues d'ici.

— Et ce feu d'artifice, s'écria Fouquet, éclipsera, j'en suis sûr, celui qui fut tiré à la porte Saint-Antoine, au mariage de la reine. Torelli est une Salamandre.

— Silence! dit une seconde fois Pélisson; quelqu'un vient. — Colbert était à deux pas.

— Pour le coup, l'augure est sinistre, murmura Gourville, c'est M. de Colbert; il ne manque plus, pour nous achever, que M. de Laigue et madame de Chevreuse.

Colbert était fort laid, déjeté comme un vieux bois; il avait la peau grillée, la mine souffrante. Les douloureux sacrifices des nuits, l'agonie des difficultés vaincues, l'intromission violente de connaissances sans nombre, le mépris de la vie et de ses besoins, le despotisme de la volonté sur la douleur, se lisaient à ses joues, à son front, où les rides étaient si profondes qu'elles simulaient des feuilles de parchemin. La vie s'était retirée de ce corps corrodé par l'étude, pour s'isoler dans le crâne; là était la flamme. Sa tête était transparente comme une lampe de nuit. On sentait poindre les os sous la légère couche de vie qui tapissait ce cadavre. On voyait l'ironie de la mort grimacer derrière cette peau, si enflée de rien. Le squelette voulait sortir.

Au moment où Colbert s'était montré comme un fantôme au détour de l'allée, Pélisson, pour avoir une contenance, avait déroulé un papier, qu'il affecta de lire, jusqu'à ce que lui et ses compagnons se trouvassent dans l'impossibilité d'éviter la rencontre.

— C'est fort beau! s'écriait Gourville; le roi en sera enchanté.

— Monsieur Pélisson, appuyait Fouquet, vous n'avez jamais mieux été inspiré; l'air de Vaux est une muse.

— Ce sont choses trop légères pour monsieur Colbert, dit Fouquet en abordant celui-ci, que des vers de circonstance. Si quelque chose les excuse pourtant, c'est la circonstance. M. de Pélisson nous lisait le prologue de sa façon qui sera récité cette nuit avant la comédie de mon ami, M. Molière.

— Que je n'interrompe pas M. de Pélisson! se récria Colbert; des vers à la louange du roi sont une bonne fortune : vous ne voudriez pas m'en priver.

Pélisson lut avec chaleur le prologue au roi, et fut applaudi à chaque hémistiche, excepté par Colbert, qui roulait sa tête et son œil comme un sauvage qui entend de la musique pour la première fois. Au dixième vers, quoique la pièce n'en ait pas quarante, il fourra ses mains sèches dans ses goussets, et ne prêta plus aucune attention.

Ayant achevé sa lecture, Pélisson se tourna vers Colbert avec la discrétion d'un poète qui attend son arrêt.

Les vers du prologue de Pélisson passaient pour fort beaux.

— Ah! vous avez fini, monsieur de Pélisson : je vous fais mon compliment. C'est bien ! très bien ! J'avais un neveu qui s'amusait aussi à ces bêtises-là : il a réussi. Je l'ai employé aux gabelles.

Gourville se baissa pour ne pas rire, affectant d'arranger les boucles de sa chaussure. Gourville ne faisait pas de vers.

Colbert ne remarqua pas le dépit de Pélisson, qui, oubliant son rôle dans cette comédie, rougit, pâlit, fut sur le point de trahir la ruse et de dire : « Croyez-vous donc, monsieur de « Colbert, qu'on vous demande votre avis? Il fallait feindre et « vous prendre pour un homme de goût. On ne s'attendait pas « à réussir. » Le conjuré l'emporta cependant sur le poète : Pélisson se tut.

Colbert continuait à Fouquet : — Il n'est bruit, monsieur, que de votre retraite du parlement. Au dire de beaucoup, votre charge de procureur général serait déjà vendue, ce qu'attend le roi pour vous conférer ses Ordres.

— La grâce du roi, répondait Fouquet, n'est pas chose tellement sûre, si je ne dois espérer qu'en mon mérite, que mes intérêts me fassent une nécessité de vendre ma charge. Plus je mettrai de délai à m'en défaire, plus je montrerai à mon maître que je ne vaux que par lui.

— Vous vous jugez trop sévèrement, monsieur, de Belle-Isle ; et puisque le roi vous laisse espérer cette faveur, c'est qu'il vous en croit digne.

— Je vous remercie de cette manière de voir, monsieur de Colbert ; je n'en oublierai pas le témoignage.

Colbert salua et gagna le château.

— S'il n'est fatal, le rapprochement est du moins singulier.

Avez-vous remarqué, Gourville, Pélisson? M. de Séguier me demande si j'ai vendu ma charge de procureur général, M. de Colbert est étonné de m'en trouver encore revêtu. Est-ce du hasard? Le procureur général les importune donc bien? Mais vous en étiez, Gourville, au moment, du feu et de l'enlèvement. Et après que nous serons partis, que se passera-t-il ici?

— L'histoire nous l'apprendra.

— Mais enfin, lorsque le feu sera consumé, qu'on cherchera le... qu'on le cherchera pour partir...

— Alors jaillira le bouquet, détonation terrible qui renversera dans les fossés toutes les voitures de la cour placées au bord. Torelli l'artificier en est sûr. C'est un événement nouveau à travers mille événements : c'est une heure pour eux, trois lieues pour nous. Au jour ils seront encore ici.

— Mais après?

— Ah! monseigneur, en conspiration, *après* n'existe pas; on est ou l'on n'est plus !

— Vous avez dit le mot, Gourville, c'est une conspiration, et contre qui? Je frémirais à cette seule pensée, si ma conscience ne me criait que c'est là le seul moyen de convaincre le roi, qui, une fois dans nos mains et dans ma place de Belle-Isle, signera, au nom de l'intérêt de la France plus encore que par la violence de sa captivité, car elle lui sera douce, le renvoi de M. de Colbert, cette affreuse couleuvre, et celui de M. Le Tellier. Avec eux tomberont leurs créatures. Écrasez l'araignée, la toile s'envole au vent. M. de Colbert est mon araignée qui tend sa toile partout où je suis. Depuis Mazarin, il m'enveloppe, m'étouffe ; il me tuera si je ne l'écrase. Puissant comme toutes les résistances ; hardi, parce qu'il n'a rien à perdre ; influent auprès du prince, qui finira par être persuadé que ma chute sera un heureux prétexte pour ne payer aucune dette, car je serai la cause de toutes, si je tombe; chef de parti, ayant su rallier toutes les haines contre ce qu'on appelle ma prodigalité ; appuyé des femmes, de celles dont je n'ai pas courtisé la vieillesse ou la laideur; Colbert, laid, triste, avare, obscur, sordide, triompherait de moi! Lui renversé, je n'ai plus que des amis.

En tenant le roi captif, je ne fais, après tout, avec des intentions plus pures, que ce qu'exécutèrent, sous la minorité, le cardinal de Retz, Turenne, un prince du sang, le parlement, la France entière, contre Mazarin, la reine et le roi lui-même. Et je n'appelle pas l'étranger ! — Voilà de quoi m'absoudre.

Les trois amis se tenaient par la main, et confondaient dans un serment muet le vœu d'être fidèles à leur conjuration.

S'échappant tout à coup d'entre Gourville et Pélisson, émus jusqu'aux larmes d'une scène où s'était décidée leur vie, ainsi que l'événement ne le prouva que trop, Fouquet alla galamment offrir son bras à une dame qui accourait vers lui, et se perdit avec elle, en riant aux éclats, dans une contre-allée.

Les deux secrétaires du surintendant, quoique habitués à sa légèreté, se regardèrent stupéfaits. Pélisson ne put s'empêcher de murmurer : C'est trop à la fois, Brutus et Bellegarde!

Ils savaient quelle était cette dame admise dans la plus équivoque familiarité du surintendant.

Fouquet était un sultan. Il était entouré de messagères d'amour, aux mains prodigues de sa fortune, à la bouche éloquente pour lui, qui lui épargnaient la timidité de l'aveu et le dépit du refus.

On publiait, à la gloire de madame de Bellière, dans le monde de la cour, que, sous les enseignes du surintendant, elle n'avait eu que des triomphes et pas une défaite. C'était un bonheur sans exemple. Était-il arrivé à son terme? Voilà ce qu'on se demandait depuis que Fouquet avait chargé madame Duplessis-Bellière d'une expédition amoureuse de la plus rare difficulté ; c'était la Toison-d'Or à obtenir ! Les humbles assistaient à cette audacieuse entreprise comme des bourgeois à une course de chevaux. « Que ceci est beau ! disaient-ils, et tout bas. Oui, c'est beau ! mais quelqu'un se cassera le cou. »

C'était pour savoir s'il avait conquis quelques avantages sur le cœur vierge d'une demoiselle d'honneur de Madame que le surintendant s'était caché avec madame de Bellière sous les charmilles, oubliant, comme s'ils n'eussent jamais existé, Pélisson et Gourville. Ce n'est pas qu'il y eût à craindre qu'il dévoilât la conspiration : il n'y pensait plus.

Quand l'heureux Fouquet et sa confidente descendirent vers le château, la joie de leurs visages eût fait pâlir de jalousic celui de Saint-Aignan, ce maître passé dans la carrière officieuse qu'il suivait [concurremment avec madame de Bellière.

— Elle viendra donc, disait Fouquet, elle vous l'a promis : mais vous ferez mon bonheur, madame !

— N'oubliez pas, vicomte, que j'ai déjà fait votre bonheur cent dix-huit fois.

— Vous tenez donc compte ?

— Pourquoi pas ? Ce sont mes états de service. M. de Saint-Aignan vient d'être nommé gouverneur.

<h2 style="text-align:center">V</h2>

Avant l'heure du dîner, Fouquet proposa une promenade aux parterres.

On sortit par la façade opposée à la cour d'honneur.

Les trois grilles de la rotonde s'ouvrirent pour laisser écouler par le pont-levis la cour et la foule de dames et de seigneurs qui la suivait.

A la porte du milieu parurent le roi et madame Henriette d'Angleterre, à qui l'étiquette indiquait cette place en l'absence de la jeune reine, restée à Fontainebleau à cause de sa grossesse ; à la porte de droite se présenta Anne d'Autriche, accompagnée de son fils, Monsieur ; à la porte de gauche, le prince de Condé et mademoiselle d'Orléans ouvrirent la marche des princes et des pairs.

« On découvre de ce perron, écrivait il y a plus de deux « cents ans mademoiselle de Scudéry dans sa *Clélie*, une si « grande étendue de différents parterres, tant de fontaines jail-« lissantes, et tant de beaux objets qui se confondent par leur « éloignement, qu'on ne sait presque ce que l'on voit. On a « devant soi de grands parterres avec des fontaines, et un « rond d'eau au milieu ; et à la droite et à la gauche, dans les « carrés les plus proches, trois fontaines de chaque côté, qui, « par des artifices d'eau, divertissent agréablement les yeux. »

Parmi les parterres, celui qu'on nommait *le Parterre des fleurs* était une œuvre de jardinier et de peintre, de Le Nôtre et de Lebrun. Celui-ci avait tracé le dessin, celui-là l'avait réalisé avec des fleurs. Ils avaient opéré comme les brodeurs orientaux sur les habits de satin : ils avaient brodé la terre. Au lieu de soie rouge, bleue et jaune, ils avaient nuancé des tulipes, des roses et des boutons d'or en guise de soie ; et avec mille roses plantées l'une à côté de l'autre, et dont chacune n'avait dans l'ensemble que la valeur d'une feuille, ils en produisaient une mille fois plus grande qu'une rose ordinaire. Cette rose ou toute autre fleur entrait dans l'arabesque d'un carré du parterre pour participer à l'ordonnance d'un bouquet gigantesque. De près c'était un parterre, de loin une broderie : de près un jardin, de loin un pastel : de près on désirait se promener à travers ce champ, ce parterre ; de loin on aurait désiré y voir une sultane demi-nue et assise : c'était un tapis.

Venaient ensuite les Saint-Aignan, les Dangeau, les d'Aubusson, les Beauveau, les Lafeuillade, les Langeron, les Créqui, les Tavannes, les Saint-Pol, les Larochefoucauld et les Bouillon, grands noms en faveur auprès du roi et de la reine. Réunis dans la salle des gardes, ils défilèrent en ordre, et, se répandant avec plus de liberté, ils se dirigèrent vers l'espace occupé par les parterres et les pièces d'eau, alors tranquilles, chaudes et empourprées des derniers rayons du jour.

Les pièces d'eau du château étaient nombreuses et belles : leur dessin et leur symétrie excitaient si haut l'admiration qu'elles servirent de modèles à celles de Versailles et de Saint-Cloud. Elles furent, à quelques fausses tentatives près, les premières qu'on vit en France, transportées des villas d'Italie. Fouquet eut la ruineuse gloire de devancer le roi dans l'art merveilleux d'attirer les eaux de cinq lieues à la ronde pour les verser dans des réservoirs de marbre après les avoir laminées et tordues dans des tuyaux de plomb dont les vestiges effraient encore. Arrachés à la terre, cent ans après, par le fils du second possesseur du château, le duc de Villars, et vendus à la livre, ces tuyaux furent payés 480,000 fr.

Ces eaux sont une histoire.

Trois villages furent démolis et rasés, et sur leur emplacement la bêche creusa des bassins qui sont des mers : lacs asphaltiques aujourd'hui. La vapeur les étouffe, et le roseau les cache. On dirait que la malédiction du ciel a troublé ces eaux et les a empoisonnées. Qui dort auprès de ces eaux meurt.

Tous ces dieux impies de marbre et d'airain, qui respiraient par des poumons de plomb et vomissaient les rivières qu'ils avaient bues, sont restés en place. Mais au printemps les oiseaux déposent leurs nids au fond de la conque muette des tritons; les cascades pétrifiées n'épanchent plus que du lierre; l'eau a verdi en herbe, l'herbe a monté : on fauche ces mers.

Alors le soleil descendait et illuminait en écharpe ces eaux prodigieuses et fières.

Guidée par le roi et la reine-mère, une population d'élite s'étale sur les gradins cintrés qui vont-du château aux parterres : des figures belles et sereines, sœurs de têtes royales, se déroulent avec lenteur dans un arc indéfini, s'avancent au milieu de l'air tiède et violet qui les encadre. À ces chairs reposées et blanches, à ces robes de soie émues par des mouvements amoureux et chastes, à tant de solennité au milieu de tant de jeunesse, on dirait une fête de Zénobie à Palmyre, si jamais Palmyre eut de telles fêtes.

Toute la monarchie de Louis XIV, mais la jeune monarchie, est là.

La Fronde, à qui l'on a pardonné, la Fronde est venue en petit manteau de satin, laissant flotter au vent des pas ses dentelles brodées, ses rubans de moire, ses nœuds de soie. Des plumes blanches s'inclinent sur le chapeau rabattu des héros du faubourg Saint-Antoine : leur chapeau est penché sur l'oreille, et leurs têtes, encore toutes railleuses de dédain pour mousieur le cardinal, suivent l'inclinaison des plumes et du chapeau; leurs moustaches partagent cette inflexible obliquité. Leur cœur s'est rallié au roi; leur chapeau — pas.

Si la pente devient rapide, les cavaliers abandonnent le bras de leurs dames, qui, pour assurer leur marche, appuient leurs mains gantées, un peu au-dessous d'elles, sur des épaules officieuses.

Ainsi, à perte de vue, à droite, à gauche, au fond, ce sont des groupes en cascades, penchés l'un sur l'autre dans la plus harmonieuse dégradation. Des sourires montent vers des visages gracieux à mesure que des pieds descendent, et si parfois un vent frais s'élève des pièces d'eau vers le sommet de cet amphithéâtre, toutes ces robes traînantes de femmes enveloppent dans une nuée de mousseline le groupe, tous les groupes, dames et cavaliers, et ce n'est plus alors que quelque chose d'indécis et d'ailé, insaisissables apparitions du crépuscule.

Le roi était vêtu fort simplement : il portait une veste de drap bleu à boutons d'or ; l'Ordre passait au-dessus de tout ; ses souliers étaient ornés de boucles d'émeraudes ; une seule plume blanche flottait à son chapeau.

La fille de Charles Ier, Madame Henriette, cette femme dont la vie ou plutôt la mort a divinisé Bossuet, avait déjà, quoiqu'à peine âgée de dix-sept ans, cette empreinte de douleur si belle et si fatale au front des Stuarts. Henriette était frêle et blanche, d'une délicatesse extrême ; son cou était celui de Marie Stuart, d'une transparence si pure qu'on eût pu voir à travers couler le poison du chevalier de Lorraine. Henriette était de ces femmes qui écoutent avec leurs yeux.

Tous ses mouvements, sans qu'elle s'en aperçût, étaient comptés et renvoyés avec des interprétations à son époux, par sa belle-mère, Anne d'Autriche, qui, à chaque instant, se tournait pour épier l'arrivée de quelqu'un impatiemment attendu par elle. Cette préoccupation de la reine-mère cessa quand elle vit descendre M. de Saint-Aignan conduisant, avec une grâce parfaite, une femme jeune encore, peu connue à la cour : c'était une demoiselle d'honneur de Madame Henriette.

Les mémoires nous ont conservé la parure qu'avait choisie pour cette journée mademoiselle de La Vallière. Sa robe était blanche, étoilée et feuillée d'or, à point de Perse, arrêtée par une ceinture bleu tendre, nouée en touffe épanouie au-dessous du sein. Epars en cascades ondoyantes, sur son cou et ses épaules, ses cheveux blonds étaient mêlés de fleurs et de perles sans confusion. Deux grosses émeraudes rayonnaient à ses oreilles. Ses bras étaient nus ; pour en rompre la coupe, trop frêle, ils étaient cernés au-dessus du coude d'un cercle d'or ciselé à jour ; les jours étaient des opales. Un peu blanc-jaunes, comme il était riche alors de les porter, ses gants étaient en dentelle de Bruges, mais d'un travail si fin, que sa peau n'en paraissait que plus rose sous la transparence.

Pour s'apercevoir de l'inégalité de sa marche, il aurait fallu pouvoir détacher, — et qui en était capable ? — le regard de son buste, le plus délicat qui ait jamais existé à la cour, et c'eût été sans profit pour l'envie, car cette imperfection d'un beau cygne blessé cessait de paraître quand mademoiselle de La Vallière appuyait ses pieds sur un tapis. Elle ne boitait qu'en marchant sur la pierre. Une fois duchesse, elle ne boita plus. Louis XIV le voulut ainsi.

Sa figure est trop connue pour essayer de la reproduire ; ce fut celle de la Vénus chrétienne de la France. Ses yeux bleus de vierge martyre, aux paupières de soie, s'ouvraient peu au jour ; et, bien qu'ils n'eussent encore réfléchi que des visages jeunes et beaux comme le sien, qu'ils n'eussent vu de bien près qu'un homme, Louis XIV ; qu'une femme, si ce fut une femme, ou un ange, Madame Henriette d'Angleterre, ils étaient déjà chargés de cette infortune qui lui arracha tant de larmes aux Carmélites. Mademoiselle de La Vallière vint au monde pour pleurer : elle n'attendait que l'occasion d'être reine.

Elle avait le sourire fermé, quoiqu'elle eût la bouche grande ; ceux qui l'aimaient l'aimaient ainsi : mais ses rivales, et Bussy, l'écho de toutes les jalousies, ont attribué à l'irrégularité de ses dents le soin qu'elle eut toute sa vie de ne jamais les montrer. A cette précaution, il faut rapporter sans doute la discrétion de ses paroles. Sa taille était petite, mais élégante et flexible. Elle resta toujours enfant ; gracieuse enfant qui aima trop tôt pour vivre. Singulier reproche ! et que ne mérita jamais madame de Montespan : on reprocha à mademoiselle de La Vallière d'être complétement privée de formes : comme si les charmes d'une femme étaient ailleurs que dans l'opinion de celui qui l'aime ! Et combien ne faut-il pas être plus difficilement belle, ainsi que le fut mademoiselle de La Vallière, pour se faire aimer par des causes qui ne s'altèrent jamais, dût la petite-vérole dans son vol gâter un noble visage ! mademoiselle de La Vallière était marquée de petite-vérole.

Elle aima ! Quel plus bel éloge peut-on écrire du cœur d'une femme qui s'attacha, non au fils d'Anne d'Autriche, mais à Louis-Dieudonné ; non à Louis XIV, vainqueur du Rhin et de la Meuse, mais au jeune homme, tremblant sous la tutelle de sa mère, n'osant demander mille pistoles à son surintendant, humble devant son confesseur ; non au roi, chargé de lauriers et de diamants, faisant agenouiller des ambassadeurs du pape, des doges de la sérénissime république, recevant assis et couvert des représentants du roi de Siam, mais au beau cavalier à la bouche rouge, aux cheveux presque noirs, grand, infatigable, courageux, adorant toutes les femmes, mais n'en aimant qu'une, elle!

Louis XIV se peint dans ses maîtresses, et surtout dans les trois qui, plus particulièrement, disputèrent son cœur.

Est-il plein de sève, d'entraînement, de cette galanterie chevaleresque de la Fronde, un peu espagnole, très fière, mettant du point d'honneur dans l'amour? il aime mademoiselle de La Vallière.

La Mancini ne fut qu'une révélation soudaine qui apprit à Louis XIV qu'il y avait des femmes.

A-t-il passé cet âge, qui passe aussi pour les rois, est-il entré dans la vie, cette route pavée et sans ombre, qu'il lui faut des amours faciles; il aime madame de Montespan, une belle femme qui ne boite pas, qui a de gros bras, de fortes épaules, qui perd 500,000 livres au jeu de Marly chaque mois, qui accouche en riant et qui accouche toujours.

Épuisé d'esprit et de corps, capable d'apprendre sans émotion que mademoiselle de La Vallière est morte au monde à trente-un ans dans une cellule des Carmélites, et que madame de Montespan a passé ses épaules et ses bras à quelque duc, il se tourne enfin vers la religion, il se jette dans le sein de madame de Maintenon, et y meurt. Ainsi Louis XIV pourra dater, en expirant, de son règne le soixante-sixième, et de sa maîtresse la troisième.

Triste parodie de ses maîtresses, ces deux hommes, qui marchent côte à côte du roi, l'accompagneront aussi toute sa vie. à sa table, pour applaudir pendant plus d'un demi-siècle à toutes ses paroles; à l'église, pour déposer qu'il est dévot, ou pour qu'il témoigne qu'eux le sont; à la guerre, assez près de lui pour ne pas craindre d'être blessés, ou assez loin de lui pour laisser croire qu'il court de grands dangers; à son lit, l'un pour en chasser la femme légitime, l'autre pour y introduire la maîtresse en faveur; et presque à son convoi funèbre, celui-ci pour dire : *Le roi est mort!* celui-là pour crier : *Vive le roi!*

Ces deux hommes s'abdiqueront dans Louis XIV ; ils vivront de ses joies et de ses douleurs. S'il est gai, ils riront; s'il pleure, ils trouveront des larmes. Lui jeune, ils seront jeunes; lui vieux, ils se courberont, ils auront des rides; et si Louis XIV perd ses dents, ils trouveront le secret de n'en plus avoir. L'un n'aura commis qu'une inconvenance, celle de mourir avant le roi ; l'autre n'aura pris qu'une liberté, celle de mourir après.

Voyez ! Louis XIV sera destiné à survivre à tous ceux qu'il aura élevés ou abattus, ministres ou maréchaux, grands peintres ou célèbres poètes; à ceux qui sont nés avant lui, à ceux qui seront nés depuis lui, à tous ses parents, à son frère, à sa belle-sœur, à ses héritiers, hormi un seul, parce qu'il est passé en chose jugée qu'en France celui là ne meurt pas; à presque tous ses bâtards, morts jusqu'à trois par trois dans un mois, avec la rapidité qu'il les fit; à toutes ses maîtresses, aux plus vieilles comme aux plus jeunes; même à ses monuments; à Fontainebleau, désert dans sa vieillesse; à Saint-Germain, s'écroulant sous le poids des dorures; à Versailles, où l'eau aura cessé de descendre, à Marly, où elle aura cessé de monter; il sera sur le point de survivre à la monarchie. Seulement deux hermaphrodites lui resteront, deux caricatures de maréchaux et de ministres, deux grimaces éternellement complaisantes, deux rires implacables, deux magots de la Chine remuant et souriant aux deux coins du logis, quoiqu'il arrive; deux squelettes impérissables, deux courtisans embaumés et vivants, deux flambeaux pour toutes ses amours, deux cyprès pour sa tombe : l'un le duc de Saint-Aignan, l'autre le marquis de Dangeau.

Ils sont là tous les deux.

Un coup de canon fut tiré de l'esplanade du château.

A ce signal, les eaux devaient partir.

Elles partent.

Jamais merveille de ce genre n'avait frappé la cour. Pour concevoir cet étonnement, oublions les chefs-d'œuvre de bronze et de fonte des jardins de Versailles et de Saint-Cloud : Saint-Cloud et Versailles n'existaient pas; l'hydraulique était inconnue en France.

Les eaux partent, et ces bassins, tranquilles il n'y a qu'un instant, remuent, montent, bouillonnent. Cent trente-trois jets d'eau jaillissent, à perte de vue ; ils retombent en brouillard humide nuancé des couleurs du prisme. Autant de figurations mythologiques en fonte déroulent en pages liquides les métamorphoses d'Ovide. Voilà Pan, voilà Syrinx, ici les satyres aux genoux de la nymphe qui les dédaigne et fuit poursuivie par le dieu Pan. Plus loin le fleuve Ladon reçoit Syrinx éplorée et la transforme en roseaux. Du milieu des roseaux des grenouilles de fer soufflent l'eau en menues gerbes. Le poème aquatique finit là. Les trois unités sont respectées sous l'eau comme sur la terre. Neptune reconnaît Aristote.

Autres bassins, autres merveilles.

Admirez Prométhée en perruque limoneuse, qui, avec de l'eau et de la terre, fait un homme. La terre, c'est un morceau de cuivre : l'homme, c'est Louis XIV portant le sceptre. Du sceptre part un vigoureux jet d'eau. Louis XIV a la bonté de se reconnaître et de sourire.

Après la fable, l'allégorie.

Jupiter, emblème de la puissance, enlève Europe dans Ovide : à Vaux, il enlève la Hollande. C'est une grosse femme aux pieds de laquelle on a gravé *Batavia*. Jupiter, c'est encore Louis XIV.

Laissons dire encore mademoiselle Scudéry : « On voit un « abîme d'eau au milieu duquel, par les conseils de Méléandre « (Lebrun), on a mis une figure de Galathée avec un cyclope « qui joue de la cornemuse et divers tritons tout alentour. Tou- « tes ces figures jettent de l'eau et font un très bel objet. Mais « ce qu'il y a de très agréable, c'est que toute cette grande éten- « due d'eau est couverte de petites barques dorées, et que de « là on entre dans le canal. »

Au tour de l'apologue maintenant. Un monstrueux lion de fer qui rugit de l'eau, caresse de l'une de ses pattes un petit écureuil, tandis que de l'autre il presse et retient une couleuvre. L'écureuil, c'est Fouquet, son symbole héraldique ; la couleuvre, Colbert : le lion qui rugit, c'est toujours Louis XIV.

Et quand ces eaux, dieux ici, divinités plus loin, païennes et monarchiques, ont fatigué l'air de leurs élancements, elles coulent dans un canal d'une demi-lieue, auquel la fantaisie a donné, de distance en distance, des formes et des dénominations singulières. La tête du canal s'appelle la Poêle. La queue de la Poêle, c'est le prolongement du canal, qui, cinquante pas au-dessous, s'équarrit en miroir, et en prend le nom. Au-dessus du miroir est la Grotte de Neptune, qui fait face aux cascades de l'autre côté du canal. Sept arcades où s'incrustent sept rochers, et que terminent deux cavernes où se cachent, sous un rideau de pierre dentelée, deux statues de fleuves, forment la Grotte. Tantôt appelée la grotte de Vaux, et tantôt de Neptune, elle déploie soixante-dix marches de chaque côté, conduisant à une spacieuse terrasse au-dessus des arcades. C'est là qu'était la Gerbe-d'Eau, vaste réservoir qui alimentait la Grotte de Neptune, et du centre duquel jaillissait un jet d'eau de toute hauteur.

Placé sur la terrasse de la Grotte, Louis XIV put voir toute la fête et en être vu. C'est le point le plus élevé de la ligne des travaux hydrauliques, Tournez-vous : un monument l'atteste. Hercule, les bras croisés, est derrière la terrasse, au-delà de la Gerbe d'Eau ; il semble dire : Ici finissent mes travaux, allez plus loin.

Ce fut de là aussi que le roi, jaloux de tant de pompe, se dit : J'étendrai ma main sur ce château orgueilleux, et il tombera comme celui qui l'habite ; j'épancherai ces eaux, et elles disparaîtront comme celui qui les a ramassées ; elles et lui ne se retrouveront plus. Celles-ci seront le désespoir du voyageur, celui-là de l'histoire. J'en donne ma parole de roi.

Qui n'eût pas été roi eût éprouvé une délicieuse rêverie à l'aspect de ces femmes saisies de respect, d'amour et de silence, au bord des bassins limpides et agités comme elles, blanches comme leurs parures, fraîches comme des naïades, presque endormies à la pluie monotone des cascades, à la fraîcheur assoupissante de la nuit.

Chaque minute a sa surprise.

Les eaux changent de couleur, elles en seront plus visibles. Elles s'élancent maintenant rouges, jaunes, vertes, mélangées. Un instant elles défient la nuit.

D'autres eaux deviennent harmonieuses. Un Apollon de marbre renvoie de sa harpe des vibrations sonores : l'eau a effleuré les cordes de cristal de l'instrument, il chante.

Puis tout cesse, — tout retombe. Les bassins reprennent leur niveau, des barques dorées sont lancées, des femmes s'y penchent, et, nautiles armées d'éventails, elles se croisent en tous sens avant de débarquer à l'extrémité du canal.

Une étoile luit, la cloche sonne : c'est l'heure du dîner, on remonte au château.

Et cela ne s'est plus revu.

La malédiction du roi a été puissante. L'eau a séché comme la pluie sur une tôle brûlante; les jets d'eau sont rentrés dans la terre; pas plus de trace que du déluge.

Les pierres des bassins ont été arrachées; elles sont éparses partout. Le canal est resté, la poêle et le miroir aussi. Mais la poêle est un pré, le miroir ne réfléchirait pas le soleil. Je ne sais quel ciseau a creusé, par une dérision prophétique, dans le flanc des sept rochers de la grotte des lignes qui simulent la chute de l'eau. Eau sculptée, fraîcheur en peinture. Deux monstrueux lions de marbre, caressant deux écureuils, — toujours Fouquet et Louis XIV, — gardaient et gardent encore les marches de la terrasse dont j'ai parlé. Un cerisier voisin a passé l'une de ses branches sous le ventre du terrible animal et le porte. Dans quelques années, le cerisier, devenu plus fort, aura renversé le lion de son socle. Ces marches, modèles du grand escalier de Versailles, tremblent aujourd'hui et chancellent sur l'herbe qui les déchausse. Savez-vous qui les gravit depuis que Louis XIV et Fouquet, Henriette d'Angleterre et mademoiselle de La Vallière y ont laissé leur empreinte? savez-vous qui ? des milliers de couleuvres. Les couleuvres, armes vivantes de Colbert !

Voyageur fatigué et mourant de soif, j'ai inutilement cherché un peu d'eau pour me désaltérer dans ce château, qui dépensa huit millions pour avoir de l'eau.

<h2 style="text-align:center">VI</h2>

Mignard a décoré le salon d'été, où le dîner allait être servi. Parfaitement conservé, il est tel quel aujourd'hui. La pièce qui le précède est voûtée, et porte pour ornements des rosaces d'or épanouies au fond d'encadrements en saillie.

Jamais allégorie ne justifia mieux sa destination que celle qui se multiplie à l'infini sous les lambris du salon d'été. Père et mère naturels de tout ce qu'on mange et boit, le Commerce et l'Abondance, toujours fort beaux en peinture, flottent au plafond, au centre des incalculables subdivisions gastronomiques qu'ils engendrent. Ce sont les incarnations de Brama en matière de comestibles. L'effet n'en est pas heureux, et, malgré la poésie des emblèmes, qui voile un peu le matérialisme des choses représentées, on dirait la galerie de peinture d'un maître-d'hôtel retiré dans son château.

Disposé pour recevoir les personnes que le roi voulait bien honorer de sa table, un cercle de chaises était le seul indice des approches du dîner. La symétrie des places traçait le vide de la table, mais il n'y en avait pas. Où donc poseraient les mets?

Le roi s'assit, invitant son frère, sa mère et sa belle-sœur, Daugeau et quelques favoris, à prendre place à ses côtés.

Fouquet obtint de Louis XIV la faveur de le servir, debout, derrière le fauteuil.

Dès que les convives furent assis, sur un signe de Fouquet, le plafond descendit lentement et au son d'une musique douce. A hauteur voulue, la table aérienne, chargée de flambeaux, fumante des mets qu'elle portait, s'arrêta. Un autre plafond avait remplacé celui qui s'était détaché. On attendit que le roi applaudit à ce coup de baguette féerique du surintendant.

Le roi applaudit, ce fut un murmure d'éloges.

Pour n'être pas descendues du plafond, les autres tables n'étaient pas moins fastueusement couvertes. On en avait dressé dans la salle des Gardes, sous les marronniers, dans les parterres, dans la cour d'Honneur et dans la cour des Bornes.

Vatel et ses aides avaient pourvu à la confection de ce prodigieux dîner, le même Vatel qui se tua quelques années après à Chantilly, désespéré de ne voir pas arriver la marée à temps.

A Vaux, la marée fut fidèle à Vatel. D'ailleurs les précautions étaient si bien prises que, si les poissons de la rivière venaient à manquer, ceux de l'Océan du moins répareraient l'échec. Fouquet avait enfermé vivants, dans un bassin d'eau de mer, des saumons, des esturgeons et plusieurs dorades. On lit dans La Fontaine une épitre à l'un de ces saumons.

Quand l'officier de la bouche se présenta pour faire, selon l'usage, l'essai des viandes et des boissons, le roi l'écarta, et, d'un sourire qui alla au cœur du surintendant, il sembla lui dire : Chez vous, mon hôte. J'ai pleine confiance, je vous le prouve.

La sensualité du temps n'était pas montée au degré d'aujourd'hui ; l'art de fondre en une saveur indéfinissable mille saveurs était dans l'enfance, quoique les cuisines souterraines de Vaux soient des monuments. L'eau des fossés les entoure, des voûtes de pierre les couvrent. Un cavalier et son cheval auraient assez d'espace pour se promener sous le manteau des cheminées. Un bœuf y rôtissait à l'aise. Des broches géantes, vieilles armures de cuisine, rouillées au râtelier, attestent ce qu'on mangeait au château.

Sur un plat d'argent qui couvrit la table, on servit un sanglier tout entier dont on avait doré les défenses.

Au dessert, le roi ne manqua pas de parler de la chasse, son entretien de prédilection :

— Monsieur de Belle-Isle, vos parcs sont-ils giboyeux ?

— Sire, ils le sont peu. Votre majesté n'ignore pas que, plantés depuis à peine quatre ans, ils n'offrent encore ni assez d'ombre ni assez d'abri aux cerfs et aux sangliers.

— C'est dommage, l'emplacement est bon.

— Sire, je le croyais comme vous.

— Et qui donc n'est pas de notre avis ?

— Quelqu'un de peu, sire.

— Cela doit être.

Appelez M. de Soyecourt, le plus effréné chasseur de notre royaume. Est-il ici ?

— Sire, toute la noblesse de votre maison vous entoure.

— Qu'on l'introduise, je vous prie.

M. de Soyecourt parut.

— Que pensez-vous, monsieur, vous dont les lumières sont si justes là-dessus, du parc de M. de Belle-Isle ?

M. de Soyecourt entama alors une description du parc et des parcs en général, si longue et si pédante, de la chasse et de toutes les chasses, que Louis XIV pria le surintendant de faire venir Molière. Sur ce que Fouquet rappela au roi que

Molière était un comédien et non un chasseur : — Et ne trouvez-vous donc pas que j'ai raison, répliqua le roi, de mander
M. Molière?

Le comédien reçut l'ordre d'écouter à la porte les paroles
ridicules qui échapperaient à M. de Soyecourt. L'intention du
roi fut admirablement comprise. Trois heures après, Louis XIV
reconnut et applaudit dans Dorante ce *fâcheux* parlant toujours
de la chasse, le personnage de M. de Soyecourt qu'il avait lui-
même indiqué. Cet excellent trait de la comédie des *Fâcheux*
appartient à Louis XIV.

Bref, M. de Soyecourt fut d'avis que le parc de M. de Belle-
Isle était excellent. Enivré de la conversation qu'il avait eue
avec le roi, il se retira glorieux comme s'il eût tué un cerf
dix-cors.

— Mais nommez-nous donc, monsieur de Belle-Isle, le difficile chasseur qui a médit de votre parc.

— Sire, c'est mon jardinier.

— Le Nôtre, celui même qui l'a tracé avec tant de génie?
Mais que je le voie.

— Sire, il va vous être présenté. Votre majesté aura l'indulgence d'excuser son costume et ses propos; c'est un paysan.

Parut en effet un paysan de cinquante ans environ, en veste,
en gros souliers, roulant son chapeau entre ses doigts, tremblant et pâle, regardant au plafond.

— Vous avez, mon ami, avancé une opinion que nous ne
partageons pas.

— Mon roi, c'est possible.

— Sur quoi avez-vous établi que le parc de M. de Belle-Isle
n'était pas propre à la chasse?

— Mon roi, c'est que, si j'eusse dit le contraire, les chasseurs
m'auraient dégradé mon pauvre parc avec leurs chevaux et leurs
chiens. Nos arbres sont jeunes, il faut les épargner. Et voilà
toute l'histoire.

— C'est donc un mensonge?

— Sans doute, mon roi; mais gardez le secret, demain on
chasserait la grosse bête dedans.

Le Nôtre, croyant la conversation finie, mit son chapeau et se
dirigea vers la porte.

— Monsieur Le Nôtre !

— Mon roi !

— Vous allez me bâtir un château.

— Deux, mon roi.

— Soit ! deux : l'un à Versailles, l'autre à Trianon.

— Sire, une façade et deux ailes. A droite une grande pièce d'eau, à gauche une vaste orangerie ; parc, bassin, gazon, quatre lieues d'horizon.

— 10,000 livres, Le Nôtre.

— Mon roi, ce n'est pas assez.

— Mais pour vous, Le Nôtre ?

— Mon roi, c'est trop.

— Un escalier de géant, Le Nôtre

— Par où vous monterez, mon roi.

— 10,000 livres pour toi, Le Nôtre.

(Fouquet dit à voix basse :) Découvrez-vous, Le Nôtre, vous parlez au roi.

— Oh ! pardon. Tenez-moi donc un instant mon chapeau.

Fouquet tint le chapeau ; la cour était ébahie.

— Le Nôtre, des fontaines de marbre.

— De bronze, mon roi.

— Une terrasse, Le Nôtre.

— Au pied de l'escalier, mon roi.

— 10,000 livres pour toi, Le Nôtre.

— Un canal grand comme une mer.

— Eh mais ! il n'y a pas d'eau !

— Elle montera de Marly. A défaut, nous avons l'Océan, mon roi.

— 10,000 livres pour toi, Le Nôtre.

— Je ne dis plus rien, je vous ruinerais, mon roi.

— Je vous fais chevalier, je vous anoblis, Le Nôtre.

— Il faudra trois mille pieds d'orangers pour une serre au bas du grand escalier, mon roi.

— Je vous donne la croix de Saint-Michel, Le Nôtre.

— A quand les maçons, mon roi ?

— A bientôt.

— Mon roi, je t'aime.

Et Le Nôtre se jeta au cou du roi.

Fouquet, épouvanté de cette familiarité, s'efforça de le retenir.

— Laissez, monsieur de Belle-Isle, c'est l'accolade de chevalier.

Le plan du palais de Versailles était arrêté.

Un homme encore jeune, à la livrée du surintendant, se posa ensuite en face du roi, tenant un objet voilé sur ses bras,

— Votre majesté permet-elle qu'on découvre ce tableau?

Le roi fit un signe d'assentiment.

Et le portrait de Louis XIV, revêtu du costume qu'il portait ce jour-là, rendu avec la plus fidèle ressemblance, suspendit l'admiration si intelligente de la cour. En huit heures ce chef-d'œuvre dont le Louvre a hérité, était sorti, pour ne plus périr, du pinceau du jeune artiste.

— C'est bien, s'écria Louis XIV.

Le tableau tremblait sur les bras émus du peintre. Il lui échappait.

Madame Henriette se leva, le fixa par la bordure sur son genou, et le tint en équilibre par l'anneau du cadre, afin que le roi vît mieux.

— Oui, c'est très bien. Il y manque pourtant quelque chose, messieurs.

On était attentif aux critiques du roi.

— La signature du peintre.

Avec la pointe d'un couteau le peintre écrivit dans l'épaisseur de la couleur encore fraîche : *Lebrun*.

— Ajoutez, monsieur Lebrun : premier peintre du roi.

— Remerciez votre souverain, monsieur Lebrun, de la gloire qu'il fait à votre talent ; moi, je vous remercie ici de celle qui rejaillit par vous sur ma maison.

Accompagné du surintendant jusqu'à la dernière pièce, Lebrun se retira.

— Voyez-vous, ma mère, si je profite de vos conseils? Je souffre à voir la magnificence de cet homme. Mais, je lui ai déjà enlevé les plus beaux joyaux de son orgueil : Lebrun, Le Nôtre, Le Vau, sont à moi. Nous jouerons de malheur si nous n'égalons pas, roi de France, la somptuosité d'un surintendant.

— Silence, mon fils : où les plafonds descendent, les planchers peuvent s'écrouler.

— Ceci me lasse ; ce luxe m'outrage, je veux sortir.

— Vous resterez. L'emportement fit à Versailles la *journée des dupes*, la finesse en eut tout l'avantage. Vaux profitera de l'expérience de Versailles.

— Quoi ! je porte le fer et la flamme dans la moindre province rebelle qui refuse la taille, et je souffrirai avec complaisance qu'on dévore six provinces dans ce château !

— Celui qui aurait le château aurait les six provinces.

— Oui, celui...

Une musique légère, qui retentit dans l'antichambre, couvrit les paroles à demi-voix dites par le roi à sa mère ; et parut Fouquet, qui demanda la permission de présenter à leurs majestés la nymphe de Vaux en personne.

La nymphe, qui n'avait modifié son costume de demoiselle d'honneur de Madame que par deux ailes blanches attachées à ses épaules, et qui était mademoiselle de La Vallière, remit au roi un rouleau de parchemin, l'invitant à lire.

Le roi lut, sourit, et passa l'écrit à sa mère.

— Monsieur de Belle-Isle, dit le roi, je vous remercie au nom du dauphin, si le ciel doit nous en envoyer un, du don que vous lui faites du château de Vaux et de ses dépendances. Il sera temps de le lui offrir quand il sera en mesure d'accepter lui-même. Jusque-là gardez ce château, que vous avez rendu si beau par vos soins, et dont vous faites si bien les honneurs. Nous tiendrons compte de l'offre, mais c'est tout ce que nous retenons.

Fouquet se précipita aux genoux du roi et lui baisa la main.

Dans les yeux d'Anne d'Autriche son fils put lire : « Tu seras un grand roi. »

Tempérant les paroles graves qu'il avait prononcées, Louis XIV ajouta : Les nymphes, mademoiselle de La Vallière, font aussi partie du château.

— Sire, répondit naïvement la demoiselle d'honneur, je vous appartiens.

Le roi se leva, le dîner était fini.

D'une santé délicate et maladive, Madame Henriette obtint du roi de retourner à Fontainebleau. Elle partit.

II. 8

Dangeau écrivit dans un coin sur les tablettes qu'il destinait à ses mémoires, où il recueillait jour par jour les faits et gestes importants du règne :

« Au dîner du sieur Fouquet, le 17 août 1661, il y avait une superbe montagne de confitures. »

VII

Plusieurs seigneurs avaient été mis dans le secret de la surprise ménagée au roi après le repas.

Au milieu de la confusion qui suit le dessert, un cor se fit entendre; il sonnait le départ pour la chasse, la fanfare matinale. — N'est-ce pas le bruit du cor? s'informa le roi. Des chiens s'élancèrent en aboyant dans les salons. — Sire, pardonnez la surprise, c'est la chasse. — Êtes-vous gais, messieurs? la chasse! — Oui, sire, la chasse aux flambeaux. — Y songez-vous? il est nuit, et certes nous n'allons pas, que je pense, en habits de soie et en jabots, courre le cerf? Vous êtes jeunes, messieurs, et nous sortons de table.

Les chiens aboyaient toujours, les fouets claquaient et faisaient vaciller les lumières; les cors ne cessaient de retentir; les domestiques couraient en désordre d'appartement en appartement, armés de torches. On offrit au roi un fusil. Trente chasseurs se présentèrent en même temps, piqueur en tête. Les dames se réfugièrent dans la salle des Gardes, où elles s'enfermèrent, et d'où elles purent voir à travers les carreaux ce qui allait se passer.

— M'apprendra-t-on à la fin ce que c'est? s'écria le roi impatienté, tenant son fusil dans l'attitude la plus embarrassée.

Un cerf bondit devant lui et renverse deux flambeaux de la table.

— A vous, sire!

Le roi comprit alors qu'on avait lâché du gibier dans le château, et que c'était sérieusement une chasse au salon.

Il s'exécuta de bonne grâce.

Jeune comme les autres, fou de la chasse, il poursuivit le cerf de pièce en pièce, s'embusqua aux portes, se perdit dans les corridors, entraîné par la fuite de la bête. D'autres cerfs descendaient les marches ; des nuées d'oiseaux volaient partout, tourbillonnaient dans la rampe ; les faisans sortaient de dessous les fauteuils ; des lièvres se cognaient aux portes.

Le carnage commence.

Des cerfs tombent sur des tapis, et des renards expirent dans des bergères. Ne trouvant aucune issue, traqués de toutes parts, des chevreuils en démence se précipitent par les croisées ouvertes et illuminées. Du dehors on applaudit, du dedans on tire au vol sur le chevreuil, qui roule souvent dans les fossés. On ne craignait pas de briser les glaces ; à cette époque il n'y avait pas de glaces dans les salons. On ne courait que le risque de souiller des tapis de cinquante mille livres, ou de mutiler des corniches dorées.

A travers leur cage transparente, les dames étaient témoins de ce spectacle, qui n'était pas sans effroi pour elles. On riait, on tremblait. Souvent les vitres brisées, les bourres enflammées, l'oiseau atteint, volaient au loin dans la cour.

Pour mieux voir, les laquais étaient montés sur leurs siéges et sur le dôme des chaises à porteurs.

Les rideaux eurent beaucoup à souffrir : les cerfs cherchaient un refuge dans les vastes plis de leur colonne soyeuse, et, dans ce fourreau qui les étouffait, ils se livraient bondissants à leurs ennemis. Plus heureux, beaucoup de lièvres et de faisans s'en allèrent par la cheminée.

Cette chasse dura vingt minutes. Les cors sonnèrent la fin du combat. On exposa devant les dames le résultat de la victoire : quelques cerfs étourdis, quelques oiseaux revenus déjà de leur frayeur. Bien des reproches d'imprudence furent effacés. Les armes n'avaient été chargées qu'avec des balles de liége ; ainsi pas une goutte de sang n'avait coulé.

Après quelques minutes de repos, en hôte délicat, qui comprend qu'un plaisir plus calme doit succéder à une émotion fatigante, Fouquet proposa de se rendre à la comédie. — On s'y rendit.

La Fontaine était exact lorsqu'il écrivait à son ami, M. de Maucroix, dans la *Relation de la fête donnée à Vaux*, que « le souper fini, la comédie eut son tour ; qu'on avait dressé le théâtre au bas de l'allée des Sapins. »

L'allée des Sapins existe encore. Elle est noire et répand une forte odeur de résine. Découpées par tranches horizontales et s'évasant en pyramides, les branches panachées se pressent et se rapprochent. Il faut près d'une demi-heure à parcourir l'allée des Sapins de son point de départ du château, où elle prend, pour le perdre plus loin, le nom d'allée des Portiques : à son extrémité occidentale, est le spacieux hémicycle où *les Fâcheux* de Molière furent représentés pour la première fois.

Aujourd'hui couvert de jeunes arbres plantés en quinconce, seule altération qu'il ait subie, cet emplacement contiendrait deux mille personnes, en les supposant placées avec toute la liberté des spectateurs de cour. Je me suis assuré, mademoiselle Scudéry d'une main et La Fontaine de l'autre, que c'était rigoureusement là, et non ailleurs, que *les Fâcheux* avaient été joués.

Quoique l'allée des Sapins ait deux versants, il est impossible de placer la scène à celui qui touche au château. Là elle n'est pas encore allée des Sapins, mais des Portiques. Ce point reconnu, *les Fâcheux* n'auraient pu être joués ni plus près ni plus loin. Plus près, ce serait l'allée même, et non le bout; plus loin le terrain manque. Au-dessous sont les eaux.

C'est donc là que Molière, il y a près de deux siècles, pauvre comédien courant la province, vint peut-être à pied pour jouer devant son roi. Qu'il serait curieux de savoir s'il passa par Melun ! de connaître le cabaret où il s'arrêta pour corriger quatre vers au crayon, boire un verre de vin et se remettre en route ! Mais, à coup sûr, il a foulé cette allée des Sapins ; là son coude a effleuré: là son pied a posé ; là sa bouche a parlé. Molière a parlé ici, dans cet air, dans cet espace ! Ce soleil qui se couche éclaira sa face sublime le 17 août 1661 !

La pièce fut jouée aux flambeaux et devant des spectateurs échelonnés sur trois rangs.

Le roi occupait le centre, assis dans un fauteuil ; à sa droite était la reine-mère ; un peu au dessous de lui, Monsieur et le prince de Condé avaient deux siéges. Le rang qui se prolongeait à la droite et à la gauche du roi n'était composé que de dames. Madame Fouquet venait après la reine. Derrière les dames étaient les ambassadeurs. Beaucoup de seigneurs qui n'avaient pas trouvé à se placer se pressaient au bout des allées, disputaient un courant d'air entre deux épaules pour voir ou pour entendre; d'autres avaient grimpé aux arbres, et planaient de là sur ce cercle, au milieu duquel un seul homme était debout :

Molière !

« D'abord que la toile fut levée, un des acteurs, comme vous
« pourriez dire moi (Molière, *les Fâcheux, Avertissement*),
« parut sur le théâtre en habit de ville, et, s'adressant au roi
« avec le visage d'un homme surpris, fit des excuses du dé-
« sordre de ce qu'il se trouvait là seul, et manquait de temps
« et d'acteurs pour donner à sa majesté le divertissement qu'elle
« semblait attendre. En même temps, au milieu de vingt jets
« d'eau naturels, s'ouvrit cette coquille que tout le monde a
« vue, et l'agréable naïade (mademoiselle Béjart, plus tard
« femme de Molière), qui parut dedans, s'avança au bord du
« théâtre, et d'un air héroïque prononça les vers que M. Pé-
« lisson avait faits, et qui servent de prologue. »

Tout homme a une haine profonde, c'est son génie. Molière eut celle de l'aristocratie; il la heurta et la foula sous toutes ses formes. Les détours qu'il prend sont admirables. La comédie qu'on ne lit pas est la véritable dans Molière. Prenez-y garde, sans cette seconde vue, la meilleure partie de son talent va vous glisser entre les doigts, et il ne vous restera plus qu'une bouffonnerie prise à Boccace, à l'Italie, à l'Espagne. On a dit que Molière « constituait à lui seul toute l'opposition de son temps. » Nous recueillons l'aveu.

Ouvrez *le Bourgeois gentilhomme*. Un bourgeois prend un maître de musique, un maître de philosophie, un maître à danser; il faut verser jusqu'à sa dernière larme de rire à ce bon M. Jourdain prononçant des U et des O, donnant de gros diamants à Dorimène, croyant que le fils du Grand-Turc est arrivé pour épouser sa fille Lucile, embrassant le mahomé- tisme, et tout cela pour être un homme de qualité; c'est d'un comique rare. La leçon est haute pour la bourgeoisie qui tend à sortir de la boutique. Tous les Jourdains de la porte *des Innocents* se cachèrent de honte. C'est ce que vous croyez. La part faite du rire, ce comique étend sur la claie Dorante, gentilhomme, et non Jourdain le bourgeois : Dorante, gentilhomme et emprunteur qui ne rend pas; Dorante, gentilhomme, et perturbateur des familles; Dorante, gentilhomme et pourvoyeur de Dorimène; Dorante, gentilhomme et profanateur de noblesse. Jourdain n'est que ridicule, Dorante est infâme. Demain Jourdain aunera du drap sous les piliers des Halles, demain Dorante sera à la Bastille, s'il n'est en Grève. Eh bien! dites maintenant : de Jourdain ou de Dorante, quel est celui que Molière a voulu sacrifier?

Allez plus loin. Jusqu'au jour où M. Jourdain a pris à sa solde ces maîtres si ridicules, qui donc s'est formé à leurs leçons? N'est-ce pas la noblesse? Par ce que savent ces maîtres, jugez ce qu'ils ont enseigné, jugez leurs élèves.

Allez plus loin. Au bourgeois gentilhomme, si ridicule qu'il en est faux, du moins impossible, opposez sa femme, qui est la raison même. Dans M. Jourdain, Molière a immolé au rire la bourgeoisie qui n'existait pas, pour mieux faire triompher, dans madame Jourdain, la véritable bourgeoisie. — Quelle pureté, quelle dignité de mœurs, quelle prudence dans cette femme! « Descendons-nous tous deux que de bonne bourgeoisie? » Quelle vertu dans cette mère! « Je ne veux point qu'un « gendre puisse reprocher ses parents à ma fille, et qu'elle ait « des enfants qui aient honte de m'appeler leur grand'maman. » Qui ne serait honoré d'avoir la fille de M. Jourdain pour sœur, madame Jourdain pour mère?

Allez plus loin encore. Demain le fils de M. Jourdain aura aussi des maîtres de philosophie; mais avec la jeunesse il aura le loisir de faire une plus sage application de ses études; il n'écrira plus comme son père à la marquise *que ses yeux le font mourir d'amour*; mais il publiera un livre qui commencera par ces mots : « L'homme est né libre, et partout il est dans les fers. » Demain il aura un maître d'armes le fils de M. Jourdain, et il appellera Dorante en duel, et Dorante sera tué. Une révolution sera consommée. Avez-vous ainsi compris Molière?

Ainsi, dans Molière, vous l'avez remarqué, l'homme ridicule, celui qu'il soufflette en public, n'est jamais l'homme coupable, celui qu'il déshonore en secret. De là, chez lui, le mensonge dont il avait besoin, et qui n'a que trop été pris à la lettre, d'amuser aux dépens de ceux dont il défend le rang, les mœurs et la vertu.

Molière a couronné la classe intermédiaire. La fidélité conjugale, la probité dans le commerce, la raison dans le langage, la justesse dans le goût, la prudence dans la conduite, la tolérance dans la religion, toutes les vertus sociales ont été placées par Molière dans cette classe. Après Richelieu, Molière est l'homme qui a porté le coup le plus vif au privilége de la naissance. Il a surtout, en moraliste habile, déshonoré la femme de la société noble ; il ne l'a montrée que pour l'écraser du parallèle de la femme de la bourgeoisie. On ne trouve pas une seule fois dans ces tableaux, où tant de créations admirables se pressent, et toutes distinctes comme celles que Dieu crée, une haute vertu de marquise ou de duchesse. Chez lui le titre emporte raillerie forcée ; il renverse la pyramide sociale des temps anciens, il en met la base fruste au ciel, la pointe de granit dans la boue. Vienne un autre comédien comme lui, au génie près, un Collot-d'Herbois, et la pyramide sera renversée dans le sang.

L'imagination reçoit ses principaux affluents du Midi, patrie du soleil et des femmes, où le soleil ne se couche jamais ! Elle y mûrit vite, et se couvre de fleurs de bonne heure. Au Midi tout a sa note, son degré de plus qu'au Nord. La parole méridionale est un chant, le chant une extase : le vin le plus léger enivre, l'eau égaie ; l'odeur du thym, si fade au Nord, assoupit sur les rocs de Grasse et de Naples. Dans l'organisme français, l'élément méridional est la couleur. Otez de la France la Loire, la bande des Pyrénées et la Provence, et la France devient allemande ou anglaise : il y fait sombre. Molière relève du Midi, sinon par sa naissance, ce que nous avouons, allant au devant d'une objection, du moins et pleinement par ses œuvres. Le Nord est inconnu à Molière. Ce qu'il n'emprunte pas aux Latins et aux Grecs, il le demande à la verve méridionale. Certainement il n'y puise pas la raison froide du *Misantrope*, la raillerie quintessenciée des *Femmes savantes* et des *Précieuses ridicules* ; mais il en rapporte l'athéisme de don Juan, la bouffonnerie limousine de M. de Pourceaugnac, la noblesse empesée de la comtesse d'Escarbagnas; ces caractères sont-ils du Nord, à votre avis? Des maîtres passez aux valets : à qui Molière doit-il cette grande famille de roués? Mascarille, traduction domestique de tous les *Davus* de Térence, après avoir été Latin, devient Sicilien dans *l'Etourdi*, et ne perd à cette métamorphose ni son astuce originelle ni sa faiblesse à protéger les fils de patriciens qui ont des pistoles. Sera-ce dans la domesticité du Nord, moitié suisse, moitié picarde, que vous trouverez des Mascarilles (tout au plus des Gros-René, serviteurs parisiens et mous)? des Sbrigani, ces fripons si spirituels; et des Scapins, ces Italiens qui sont la parodie d'un tableau dont Casanova de Seingalt est le modèle?

Avait-il les yeux tournés au Nord, Molière, lorsqu'il peignait constamment des mœurs aérées et inondées de lumière? Il noue ses intrigues aux fenêtres : les fenêtres du Nord! — sur le banc des portes, à minuit, — minuit à Paris, où il pleut neuf mois sur douze! il gratifie Paris de la latitude de Madrid et de Florence. La place publique sert presque toujours d'occasion à ses enchevêtrements dramatiques, copiant textuellement la mise en scène de Boccace et de Lopez de Vega. Ne sont-ce pas là des préoccupations d'homme qui, par instinct ou d'intention, rend la comédie inséparable du ciel, des mœurs du Midi, où il puise tout, et sa forme d'écrivain, ses ressources de penseur, ses caractères et sa gaîté, don plus beau que son génie?

VIII

Tandis que la comédie s'achève à la lueur des flambeaux, ceux qui n'ont pas eu de place pour l'écouter promènent la vivacité du dessert dans les parterres sombres et sous les fraîches solitudes du parc. Les cavaliers s'éparpillent par groupes, les dames par essaims. Sans se connaître, on se croise pour se jeter des agaceries, des dragées et des fleurs. Jamais plus belle soirée.

Une jeune femme va seule, se hâtant de mettre le plus d'éloignement possible entre elle et ces bruits et ces clartés qui offensent ses sens délicats. Elle a peur de ne pas regagner

assez tôt sa tristesse ; derrière les allées sombres, elle laisse
les allées sombres, jusqu'à ce qu'elle n'entende plus que le
froissement de sa robe, et qu'elle ne distingue plus que l'éclat
de ses diamants, projetant des feux devant elle. Alors elle ralentit sa marche, assure son haleine, et soulève, de ses doigts
pensifs, ses cheveux sur son front ; sa main s'y fixe.

Vous avez vu quelquefois, dans les matinées de printemps,
ces soies blanches flottantes dans l'air, ces fils de la Vierge
qui, descendus d'un rouet invisible et céleste, s'attachent au
chêne du chemin, retombent en écheveaux sur le gazon ou les
blés naissants, et se fixent par des clous de rosée à la pointe
d'un épi. C'est un réseau immense que brise un moucheron.
La pensée de mademoiselle de La Vallière est ainsi vaste, frêle
et craintive ; cette pensée arrête tout ce qui passe ; mais tout
ce qui passe la déchire sans l'emporter. Elle aime le roi, mais
de cet amour ardent et religieux qu'elle voua plus tard au ciel ;
amour si haut que la prière seule y mène. Des rois ont aimé :
quelle femme a jamais osé aimer un roi ? quelle est celle qui
l'a fait sans mentir à elle-même, sans prendre le sceptre pour
la main ?

Elle succomba, mademoiselle de La Vallière.

L'exigence historique nous oblige à ne montrer qu'un coin
de cette passion si calme à la surface, si agitée au fond. Mademoiselle de La Vallière n'entra dans la couche royale que le
jour où Fouquet s'étendit sur la paille de la Bastille ; et nous
n'écrivons qu'un moment de la vie de Fouquet.

Une cloche tinta ; le vent en apportait le bruit du Maincy,
petit village situé au bout du parc. La demoiselle d'honneur
s'agenouilla sur la terre, et, tandis que bourdonnait l'orgie
royale, elle exhala un cantique tout empreint du remords d'une
faute qui n'était pas encore commise, que l'expiation précédait.

Elle se sentit déjà grande et misérable, elle pleura.

Ce cantique est tout ce que l'air a retenu de la fête. Qu'au
coucher du soleil le voyageur s'asseye et écoute, il entendra
sortir du fond d'une des salles basses du château transformée
en école primaire la prière vespérale de cent cinquante pauvres enfants. La prière des enfants sur les ruines d'un tel château ! Tout a été frappé de mort, hôtes, palais, fleurs, statues,

eaux, les seigneurs dorés, les femmes nues ; mais la prière aux ailes blanches de La Vallière est restée vivante, immortelle ! La fête est finie : la prière dure encore.

Enveloppés dans les plis d'un manteau de soie, un homme et une femme, celle-ci le visage caché dans un loup, suivaient, à la distance de deux allées parallèles, les pas tantôt rapides, tantôt mesurés, de mademoiselle de La Vallière.

Elle poussa un cri lorsqu'elle vit s'approcher d'elle la femme masquée, et presque en même temps un cavalier dont les plumes et les dorures luisaient dans l'ombre.

Par politesse, le cavalier s'arrêta, et laissa, non sans quelque mouvement d'impatience, le champ libre à la dame qui l'avait devancé. Elle ôta alors son masque et s'enfonça dans l'allée avec mademoiselle de La Vallière.

Le cavalier les suivit.

Dès que la dame fut partie, le cavalier, comme chose convenue, prit la place qu'elle occupait.

A trois fois cette scène se renouvela.

A la dernière rencontre, le cavalier dit à la dame :

— Il est inutile, madame de fatiguer davantage mademoiselle de La Vallière. Mon faible mérite l'emporte. Daignez rentrer ; le serein vous hâlerait.

— J'allais vous le conseiller, monsieur le duc.

— Très bien, madame ; l'ironie sied aux vaincus : c'est leur dernière arme.

— Monsieur le duc, vous finirez par y exceller.

— Malicieuse ! après la peine que vous avez eue, je conçois que vous éprouviez quelque dépit à battre en retraite, mais, encore une fois, chère dame, toutes les campagnes ne sont pas aussi funestes.

— Voudriez-vous me persuader, monsieur le duc, que vous sortez toujours vainqueur de celles où l'on ne tire pas l'épée ?

— Je me fâcherais si chacun ne savait que j'ai servi le roi.

— Comment donc ! mais vous êtes en pleine activité à cette heure ; et si, à l'exemple de son frère d'Angleterre, qui a reconstitué l'ordre du Bain, le roi crée l'ordre du Bougeoir, vous serez nommé commandeur.

— Le roi m'estime.

— Un peu moins que la reine, n'est-ce pas, monsieur le duc?

— Est-ce que madame de Bellière n'a pas la nuit de filles à surveiller au logis?

— Et monsieur de Saint-Aignan, point de fils à qui transmettre ses leçons de conduite?

— Madame, je vous comprends; mais, quels que soient les services qu'on rend à son prince, ils ennoblissent.

— Alors, monsieur le duc, vous, qui avez si bien l'esprit de corps, soyez assez généreux pour me croire digne de rivaliser avec vous auprès du prince. Accordez-moi la survivance.

— Prenez garde, madame, je dirai tout au roi.

— Non, car je rapporterais tout à la reine; et vous voulez être gouverneur du futur dauphin, je le sais. — Tenez, faisons la paix, duc! Les gens comme nous n'ont qu'un moyen de prouver qu'ils se détestent; — c'est de vivre en paix. Embrassons-nous.

— Il le faut bien, madame; mais allez bien vite consoler ce pauvre surintendant.

— Adieu, mon maître!

— Adieu, méchante!

Il résultait de la prétention à la victoire que s'attribuaient réciproquement madame de Bellière et M. de Saint-Aignan, que mademoiselle de La Vallière ne s'était compromise par aucune réponse décisive.

L'immorale histoire assigne le chiffre corrupteur de Fouquet : quarante mille pistoles, ou quatre cent mille livres. — Un million aujourd'hui !

Saint-Aignan courut vers le roi pour lui dire : « Elle est à vous, sire! »

Madame de Bellière alla où Fouquet l'attendait, et lui dit : « Elle est à vous, vicomte! »

Dans ce moment on revenait de la comédie, on refluait au parc pour attendre le feu d'artifice.

L'ivresse était dans l'air; les miracles de cette journée avaient grandi Fouquet à la taille d'un dieu. Au milieu de cette fumée d'encens qui n'était pas pour lui, Louis XIV ne paraissait plus qu'un sombre potentat du Nord visitant quelque souverain des brillantes cours d'Italie. On lui faisait les honneurs de son propre royaume; il frémissait. Des imprudents avaient osé murmurer à son oreille : *Vive le premier ministre ! Vive le surintendant !*

Le surintendant ne marchait plus sur la terre; la tête lui avait tourné, il était lumineux d'orgueil, il rayonnait. Sa main errante cherchait un spectre. Fouquet, premier du nom, recevait Louis le quatorzième.

Aussi à peine écouta-t-il la bonne nouvelle, d'abord si impatiemment désirée, que lui apporta madame de Bellière.

Il était écrit que tout le seconderait jusqu'à sa dernière heure.

Une femme passe auprès de lui, c'est mademoiselle de La Vallière ! Fouquet l'arrête, il ose la retenir.

— Je vous cherchais ! monsieur de Belle-Isle.

— Bonheur inespéré ! je ne vous attendais pas, moi ! je ne comptais pas sur une faveur si prompte; vous m'enhardissez. Accordez-m'en une aussi grande, mademoiselle; gardez-moi jusqu'au retour la foi promise.

— Je ne vous comprends pas ! monsieur le vicomte.

— Sans doute, mais entendez-moi; maintenant je puis m'ouvrir à vous. Cette nuit je pars, pour ne revenir que dans huit jours; oui, dans huit jours, vous marcherez l'égale de la reine ! *Où ne monterez-vous pas ?* ma devise devenue la vôtre.

— Monsieur le vicomte, je pourrais vous perdre, je ne vous hais même pas. Reconnaissez-le à l'avis que je vous donne. Partez à l'instant, fuyez d'ici! ou vous serez enlevé cette nuit, dans une heure !

— On vous a trompée, mademoiselle, et vous aurez des rapports plus fidèles dans une heure. — Comptez sur ce qui vous a été promis, préparez-vous à partager ma grandeur et non ma disgrâce; c'est d'un autre qu'on aura voulu vous parler, et non de moi.

— D'un autre ! dites-vous ? Vous savez donc qui ? Vous le savez !... Oh ! monsieur le surintendant, je ne prévoyais qu'une injustice, je soupçonne un crime. Vous m'éclairez, alors, encore une fois, partez ! car Dieu protége la France et sauve toujours le roi.

— Mais qui vous a si bien instruite?

— M. de Saint-Aignan, qui ne vous aime pas.

Mademoiselle de La Vallière disparut, monta les marches du château, y entra.

Fouquet resta frappé de terreur, il eut froid.

Pour la première fois de la journée, il pensa à sa pauvre femme et à ses enfants.

Rentré au château, le roi ne mesura plus sa colère; il traversait à grands pas les appartements de l'aile gauche. Ses récriminations frappaient sur chaque meuble, sur chaque tableau. Il avait tout au plus dans ce moment la dignité d'un huissier qui saisit un mobilier : Colbert, qui marchait à sa suite, semblait un recors, Séguier un juge de paix. La monarchie dressait l'inventaire d'une banqueroute.

— Encore un salon d'or! murmurait le roi.

— Composé de poutres transversales, ajoutait Colbert.

— Portant le nom de *salon d'hiver*, prenait en note Séguier.

— Ici une bibliothèque.

— Plus une bibliothèque, ajoutait Colbert.

— Ajouter une bibliothèque, écrivait Séguier.

— Messieurs, voici sa chambre.

Aujourd'hui Louis XIV pousserait le même cri. Fouquet seul est absent. La tapisserie de Pékin, plantée de fleurs vertes, qui amusait son réveil et l'emportait en Chine, lorsque les volets étaient fermés, et lorsqu'il voyait marcher autour de sa tête le chœur des peintures de Lebrun, cette tapisserie est encore là. Là est encore son lit, gris et or, petit lit pour un surintendant, et pour un surintendant qu'entouraient je ne sais plus combien de statues gigantesques de stuc en plein relief, attachées à la coupole. Ces misérables dieux se vengeront sur quelque futur possesseur de Vaux du mauvais goût qui les a mis au plafond.

Cette chambre à coucher où s'amoncelle le luxe d'une cathédrale arrêta Louis XIV.

— N'admirez-vous pas, messieurs, cette glace, qui n'a pas d'égale à Fontainebleau?

— Sire, dit Colbert le calculateur, elle a bien deux pieds et demi de hauteur sur deux de large.

Prodige de l'époque, cette glace vaudrait aujourd'hui quinze francs.

De la cheminée, le roi alla vers le lit, et après avoir entr'ouvert les rideaux et soulevé au fond de l'alcôve un voile qui cachait un portrait, il se retourna pour prier Colbert et Séguier de se retirer. Ils n'étaient plus là.

— Ah! vous voilà, Saint-Aignan?

Regardez! — moi, j'en suis indigné, — regardez ce que M. Fouquet possède et cache. Ceci, Saint-Aignan, cria le roi d'une voix terrible, est son arrêt de mort. Courez à d'Artagnan, commandez-lui, au nom du roi de France, de cerner, le pistolet au poing, toutes les issues; que nul ne sorte d'ici avant moi, sans mon ordre. Mais il a donc donné notre royaume pour avoir mademoiselle de La Vallière! Le portrait de mademoiselle de La Vallière ici! Nous voler nos finances, passe! mais... Tenez, Saint-Aignan, rappelez-moi que je suis Bourbon, je ne me connais plus.

— Sire, ce portrait n'est qu'un indiscret hommage ignoré de mademoiselle de La Vallière.

— Duc, j'ai besoin de vous croire, je vous crois.

— Je n'ignorais pas les prétentions du surintendant.

— Et vous ne m'en avez pas parlé!

— J'accourais tout vous dire.

— De qui donc tenez-vous cela?

— La présence de madame de Bellière auprès de mademoiselle de La Vallière m'a suffisamment instruit.

— L'exil pour madame de Bellière à cinquante lieues de Paris. Saint-Aignan ne s'y opposait pas.

— Quant au surintendant, il va recevoir sa récompense. Suivez-moi!

Seules au milieu du corridor, la reine-mère et mademoiselle de La Vallière, celle-ci décolorée, émue, celle-là froide et toujours au-dessus des événements, s'offrirent au roi, qui les salua, et tenta de passer outre pour cacher son émotion.

— Vous êtes agité, monsieur mon fils.

— Oui, la journée me semble éternelle. Je sors : pardon de vous quitter. L'air m'étouffe ici... je reviens... Mais allez donc, monsieur de Saint-Aignan, où je vous ai commandé.

— Restez, au contraire, vous, monsieur de Saint-Aignan.

— Mais, ma mère, il me semble...

— Que vous êtes roi, mon fils.

— Oui! un roi qui va non se venger, mais punir.

— Punir qui? l'hospitalité?

— Un homme qui me pèse...

— Votre hôte, mon fils.

— Je vous ordonne, monsieur de Saint-Aignan, de m'obéir. Allez!

Mademoiselle de La Vallière se jeta aux pieds du roi, qui sentit à ses genoux l'haleine brûlante de cet ange.

Et en se courbant, en mêlant sa chevelure noire à la chevelure blonde de mademoiselle de La Vallière, en la relevant par les deux bras, comme un vase d'albâtre renversé sur le sable, le roi lui dit : — Vous aussi, mademoiselle! Mais ils l'aiment donc tous?

— Sire, on n'aime que vous; on a pitié de tout le monde.

Anne d'Autriche, en même temps qu'elle arrêtait le duc de Saint-Aignan, tenait son fils embrassé par le cou, heureuse de la tendresse qu'elle lui voyait prodiguer à la demoiselle d'honneur de Madame.

— Alors, s'écria Louis XIV, qui par fierté continuait sa colère, j'irai me mettre à cheval à côté de d'Artagnan, et me ferai justice moi-même.

— Grâce, grâce, sire!

— Et pour qui, mademoiselle, cette grâce?

— Pour vous, sire.

— Pour moi?

— Oui. Au moindre geste vous êtes perdu; à la moindre violence enlevé, mort peut-être.

Les lèvres de mademoiselle de La Vallière pâlirent.

Le roi regardait sa mère avec une expression qui semblait dire : — Eh bien! votre surintendant?

Anne d'Autriche triomphait. Elle fut moins émue de cette espèce de conjuration contre son fils que du pressant intérêt dont il entourait mademoiselle de La Vallière, à demi évanouie dans ses bras.

Muet d'étonnement, il lui prit la main et la lui baisa.

— Que faut-il faire ? demanda-t-il ensuite, les yeux fixement posés sur ceux de sa mère.

— Rien.

— Mais c'est une conspiration, ma mère.

— Raison de plus. Pourtant, comme il faut être prudent, même lorsqu'on en veut à notre vie, rompez une seule des dispositions prises contre vous.

— Laquelle, ma mère?

— La première venue ; toutes les autres manqueront. Des conjurés ont trop besoin de leur courage pour avoir de l'esprit. Si je n'avais mortellement chaud, je vous citerais des exemples.

Le roi n'écoutait presque plus sa mère : la résolution de frapper Fouquet sur-le-champ hésitait devant cette première volupté d'obéir à la femme chérie.

— Eh bien, dit-il, demain le jour se lèvera, et de notre palais de Fontainebleau nous saurons atteindre qui nous bravè. Demeurez, duc; mais si je consens à remettre ma vengeance, je ne reculerai pas devant une trahison que je méprise. On nous attend au feu, venez !

Anne d'Autriche déploya un énorme éventail et ouvrit la marche avec son fils. Saint-Aignan offrit le bras à mademoiselle de La Vallière, qui cessait d'être demoiselle d'honneur. Le roi l'avait appelée duchesse.

Et tous quatre sortirent du corridor et se présentèrent au seuil du château.

Jamais le roi ne s'était si peu maîtrisé. Le plus grand désordre était dans sa toilette; il souriait avec indignation aux seigneurs et aux dames rangés sur son passage. Le sourire était pour les courtisans, l'indignation pour Fouquet.

Fouquet l'attendait sur les premières marches du perron, un flambeau à la main.

Ils étaient pâles tous deux.

A se voir, ils reculèrent : c'était deux terreurs qui ne comptaient pas l'une sur l'autre. Le surintendant perdit deux marches sous lui, mais, déguisant son attitude décontenancée, il plia le genou et présenta une torche enflammée au roi.

— Sire, c'est la dernière fatigue de la journée. On attend de votre royale main l'embrasement du feu d'artifice. Quand il vous plaira de prendre de la personne qui vous la tiendra prête cette torche enflammée et de la jeter au loin, l'illumination remplacera le feu.

Sans répondre un mot au courtisan accroupi sur les marches de son propre palais, sans daigner lui commander d'un signe de se relever, Louis XIV arracha plutôt qu'il ne reçut le flambeau, et passa. La suite du roi faillit marcher sur le corps de Fouquet.

— Fuyez! lui soufflaient des voix, fuyez!

— Restez! lui disaient d'autres; périsse le bâtard de Mazarin!

Des femmes attendries lui jetaient des gants humectés de larmes.

Gourville, le saisissant violemment par le collet de l'habit, et le mettant sur pied d'une seule secousse : — Assez de faiblesse, monsieur! On assure que le regard du roi vous a terrassé; à merveille! qu'on le croie! Qu'ils s'endorment dans la pensée que vous êtes foudroyé... Mais relevez-vous! Entre l'obscurité de la seconde et de la troisième girande vous êtes premier ministre de France, et dans huit jours, en plein soleil, Colbert nous donnera sur les marches du Louvre la répétition de l'affront que vous essuyez sur les degrés de Vaux.

— Dites-vous vrai, Gourville? Est-ce que tout n'est pas perdu? On ne sait rien?

— Rien!

— Mais le roi est troublé.

— Vous l'êtes bien, vous.

— Il peut me perdre.

— Et vous?

— L'ordre est livré, dit-on, de m'arrêter.

— Qu'importe, si le roi est arrêté avant vous?

— O mon Dieu, notre destinée à l'un ou à l'autre dépend donc d'un quart d'heure!

— Non, monseigneur, de dix minutes. Ecoutez : la première fusée va illuminer l'espace où nous sommes, qu'on vous entende crier : *Vive le Roi!* et qu'on vous voie sourire.

La fusée partit, et en tombant elle éclaira le château et ses quatre façades.

Appuyé sur Gourville, Fouquet, blafard dans son habit rouge, cria : *Vive le roi !* et sourit.

Tout retomba dans l'obscurité.

De nouveau la population de la fête se précipita dans les parterres sombres pour jouir du feu d'artifice, dont le foyer principal était le dôme de plomb du château.

Le roi suivit une allée éclairée aux lanternes, la seule qui le fût.

Il se mêla à la foule, qu'amusaient, en attendant mieux, des pots à feu décrivant des courbes du dôme à l'extrémité du parc, et des aigrettes qui pleuvaient en gouttes enflammées, et laissaient dans une profonde nuit.

Ces alternatives de jour et d'obscurité étaient ménagées pour les effets des pièces d'artifice.

L'illumination générale ne devait se produire qu'au signal du roi, après l'explosion des douze girandes ou gerbes.

Au moment où se fit une large percée de lumière, le roi se retourne et aperçoit Fouquet à deux pas derrière lui. Il lui sourit avec une grâce infinie. Sur ce simple sourire, Fouquet éprouve des remords. Il tourne la tête de douleur, mais il la ramène aussitôt avec épouvante en apercevant d'Artagnan, le commandant des mousquetaires, à ses côtés.

Comme cette explosion éblouissante s'éteignait, deux mains différentes saisirent dans les ténèbres les deux poignets de Fouquet, qui sentit son cœur venir à rien. Il ferma les yeux.

En les rouvrant au rapide éclair d'un globe de flamme, il reconnut Gourville à sa droite, Pélisson à sa gauche.

A l'heure du danger le poète était là pour mourir.

Nouvelles ténèbres, nouvelles terreurs. On glisse un papier à Gourville, qui le lit au fond de son chapeau à la lueur d'une bombe. « Fouquet est perdu, il n'a plus qu'une minute. A vous, « ses amis, de le sauver. » Gourville avale le papier.

C'était l'écriture de mademoiselle de La Vallière.

— Allez dire au roi, ordonne Gourville à Fouquet, de se placer sur la terrasse de la Grotte. A la troisième girande il est à nous. La première va s'élancer. Allez !

— Sire, de cette terrasse votre majesté jouirait d'une vue sans pareille, digne de son regard.

—Votre bon plaisir est un ordre, monsieur Fouquet. Je vous précède, messieurs.

Le roi passa : l'homme à la torche le suivait.

Ainsi que l'avaient disposé Gourville et ses complices, le roi se plaça sur la terrasse au milieu des conjurés, qui occupaient aussi les marches.

La première girande jaillit du dôme de plomb, qui, depuis cette formidable pyrotechnie, semble être encore tiède. — On vit en l'air le château de Vaux tout en feu ; un chef-d'œuvre de Torelli, cet architecte qui bâtissait avec du salpêtre, cimentait avec du soufre, et peignait avec des flammes aussi bien que Lebrun avec le pinceau.

Il y eut exaltation dans les bouches, qui proféraient, ardent et unanime, le cri de : *Vive le surintendant!*

Le surintendant eût donné la moitié de sa vie pour ne pas entendre ces hommages de mort.

Le roi pleurait de rage.

Durant l'enthousiasme et l'obscurité profonde qui accompagna l'embrasement, une femme tomba à genoux et pria tout bas pour l'âme de Fouquet.

Gourville se pencha sur le surintendant, et lui dit :

— Encore celle-ci, avant l'autre : Salut, premier ministre!

La seconde girande représenta un berceau de feu porté par des génies. Un bel enfant sortait le bras hors du berceau : le surintendant, le genou sur un nuage, remettait au futur dauphin les titres de propriété du château.

Cet emblème, qui couvrait le ciel, fut salué par les mille divinités liquides des bassins. Après avoir vomi de l'eau, elles lancèrent du feu. Neptune devint Pluton, son trident la fourche infernale, et les tritons les démons de Ténare. Plus loin deux éléments luttent : l'étincelle et la pluie se confondent, le feu coule, l'eau s'embrase.

— A la troisième girande! crie-t-on, elle va partir! Le canon tonne déjà. On l'attend au milieu de la nuit la plus opaque, car tout est silencieux. L'eau a éteint le feu, ou plutôt l'eau s'est éteinte.

C'est le moment suprême. Gourville presse le surintendant sur le cœur, l'embrasse tout baigné de larmes. Exactement costumé comme le roi, et à deux pas du roi, un homme est debout. Arracher l'un, pousser l'autre, et la conspiration est finie.

Un long murmure s'élève du fond des parterres et remonte usqu'au roi, qui s'en informe : murmure d'abord de surprise, puis de terreur, puis d'épouvante.

Tous les regards sont portés vers un point du ciel ; des doigts le désignent, et ces doigts ne s'abaissent plus.

Parmi les milliers d'étincelles qui ont poudré le ciel, une étincelle n'est pas retombée sur la terre, ne s'est pas éteinte ; elle est restée. Elle luit, et sa lueur, rayon oblique, ruisselle sur les bras des femmes parés de mousseline blanche, sur les bras des hommes glissants de soie et d'or.

Une comète ! une comète ! cri effrayant qui bondit de lèvres en lèvres et glace les cœurs.

Mis à nu par l'obscurité qui a succédé à la seconde gerbe, le ciel a dévoilé ses profondeurs, et dans ses abîmes une comète (1).

Fouquet lit son arrêt de mort dans le ciel.

Et Torelli, le magique artificier, l'Italien superstitieux, craignant d'avoir brisé une étoile, suspend un instant ses audacieuses opérations.

Les femmes s'évanouissent.

Et le grand roi, et Louis XIV, à la cour duquel l'astrologie règne encore, sent battre sa poitrine sous son cordon bleu, et ne voulant pas rester plus longtemps dans cette immense obscurité pleine d'évanouissements et de cris, saisit, lance la torche enflammée.

Vaux, mille arpents de terrain, s'illuminent jusqu'aux dernières branches, jusqu'aux plus hautes feuilles.

—Je ne m'attendais pas à celle-là, dit Gourville.

— Seigneur, ayez pitié de moi ! murmura Fouquet.

Louis XIV se tourne vers le surintendant et lui tend la main.

Fouquet la baise d'une lèvre morte, et le roi descend solennellement les marches de la terrasse.

_____

(1) Cette comète se montra pendant le jugement de Fouquet. Voir les mémoires du temps.

Et la fête de Vaux fut finie.

IX

Sœur de la poésie, la tradition rapporte que, dix-neuf ans après cette fête, qui est restée dans la mémoire des peuples comme une bataille, comme une invasion, un homme, secouant un flambeau sur sa tête, parut au château de Vaux et se promena du parc aux parterres, et des parterres aux cascades.

Des cheveux blancs tombaient sur son masque de fer. Il demanda un morceau de pain à la porte du château, et une pierre moisie tomba à ses pieds; il eut soif, mais lorsqu'il se baissa pour boire, il ne saisit qu'une couleuvre dans les bassins, où il n'y avait plus d'eau. Cet homme pleura toute la nuit comme Job. Au jour, il disparut pour les siècles.

Ce masque de fer, dit-on, était Fouquet.

PETIT-BOURG

Il est peu de châteaux en France dont la position soit aussi avantageuse que celle de Petit-Bourg. Bâti sur une crête entre la route de Fontainebleau et la Seine, il domine ce fleuve et un vaste horizon de campagnes. Son parc et ses pièces de gazon lui font un manteau jusqu'à la rive ; et l'été, rien n'est comparable à ce développement rapide, à cette cascade de verdure riante et de verdure majestueuse. Par deux toiles de Raguenet, peintes dans la manière de Vander Meulen et placées l'une à la naissance de l'escalier de droite, l'autre au commencement de l'escalier de gauche, on peut comparer l'état du château actuel avec la physionomie du château aux siècles passés. Les changements extérieurs sont peu notables. Sous le duc d'Antin, et quelques-uns de ses successeurs, on ne voyait le château, du bas de la Seine, que par une seule et large coupure dans le parc, place couverte alors comme aujourd'hui par une belle pièce de gazon. M. Aguado a créé deux autres points de vue en étoile, en sacrifiant, avec un discernement exquis, quelques massifs d'arbres dont la perte se trouve richement compensée. Grâce à cette disposition, le château s'aperçoit toujours, à quelque endroit qu'on soit sur le fleuve; aucun angle ne le dérobe.

Le château de Petit-Bourg emprunte une majesté très grande de sa situation. Son piédestal fait sa royauté, car il est petit en réalité, excessivement petit. A le voir du plan abaissé de la Seine, à l'extrémité radieuse de sa pièce de gazon, à la crête du parc, il paraît aussi étendu que le château de Vaux. Vaux cependant l'enfermerait tout entier dans l'un de ses pavillons. Il en est de même du parc, riche d'une apparence trompeuse, tout en développement et en surface. C'est un décor comme le château. Nous n'en dirons pas autant de la superbe allée de marronniers qui s'étend de la route de Fontainebleau à la grille : elle est magnifique, royale. La préface écrase le livre.

Une belle cour pavée en petits cailloux sombres s'encadre devant le perron au bout de la longue allée de marronniers dont nous avons déjà parlé. Nous n'avons pas eu le loisir de constater le mérite des bustes en marbre placés de distance en distance sur le parapet de la cour d'honneur. Le corridor, qui prend d'ordinaire le nom de salle des gardes dans la distribution des châteaux, nous a paru sans valeur à Petit-Bourg. Il conduit à la salle à manger, dallée, comme la précédente, en carreaux de marbre noir et blanc. C'est la plus belle pièce, à notre avis ; elle est carrée, spacieuse et d'une suffisante élévation. Nous insisterions patiemment et avec notre exactitude habituelle sur le luxe de cette salle, si les meubles, ainsi que dans beaucoup de demeures seigneuriales, se recommandaient au regard par des souvenirs historiques. Que n'y avons-nous trouvé un vieux fauteuil à bras de madame de Montespan, ou une table de jeu usée par les coudes de son fils ! nous ne l'aurions pas passée sous silence. A force de précision dans le style, nous aurions peut-être classé ces deux objets dans la mémoire du lecteur. Doit-on, quand la description est privée de ces ressources, porter une attention équivalente sur des meubles modernes, pour riches qu'ils soient, et les élever, malgré la mobilité de mille déplacements possibles, à la hauteur d'une mention particulière?

Une partie de la seigneurie d'Evry et Petit-Bourg appartenaient, au quinzième siècle, à Pierre Longueil, conseiller au parlement de Paris. La terre de Grand-Bourg dépendait aussi de ses domaines. André Courtin, chanoine de Paris, devint ensuite acquéreur de la seigneurie entière, où il fit bâtir une belle maison de plaisance et, en outre, une chapelle dédiée à saint André, à condition que le chapelain tiendrait les écoles et serait à la nomination du seigneur. Après la mort de l'abbé Courtin, l'archevêque de Paris devint propriétaire de Petit-Bourg, qu'il échangea, le 29 août 1639, avec M. Galland, greffier du conseil, contre une maison située rue Bourg-l'Abbé, à Paris.

Quelle que soit la sécheresse de ces documents, d'ailleurs restreints par nous à leur plus simple utilité, il est impossible de les négliger, sous le prétexte qu'ils n'ont pas l'intérêt de la curiosité. Nous n'avons pas pris l'engagement de couronner de roses la chronologie, et, nouveau Benserade, de mettre l'histoire des châteaux de France en madrigaux.

Homme riche, homme de goût, M. Galland agrandit les jardins, les orna de statues ; il ne cessa qu'à sa mort d'embellir la propriété, qui passa alors (1646) à l'abbé de Saint-Benoît, Louis Barbier, plus connu sous le nom de l'abbé de la Rivière, et par son titre de favori du duc d'Orléans, frère de Louis XIII.

Cette généalogie des seigneurs de Petit-Bourg, faite aussi sommairement que possible, va nous conduire, d'un pas mieux assuré, à l'historique de chacun des divers possesseurs ; elle nous permet même, une fois tracée, de reléguer dans le silence ceux d'entre eux dont la trop faible importance ne mérite aucune mention. L'histoire doit être polie quand il ne lui est pas permis d'être généreuse.

De l'abbé de la Rivière, mort évêque de Langres, Petit-Bourg passa, en 1695, à Athénaïs de Rochechouart, mariée au marquis de Montespan, plus tard maîtresse de Louis XIV.

Il nous est permis de suspendre ici l'indispensable énumération des possesseurs de Petit-Bourg, pour nous avancer sur le terrain, moins aride, des faits dont ce château évoque les souvenirs.

Sous Louis XIV, le château de Petit-Bourg appartenait au duc d'Antin, fils légitime de madame de Montespan. C'était le

II.   8*

joueur le plus acharné du royaume, à une époque cependant où le jeu avait ses héros et ses grands capitaines. Pour éteindre en lui cette dévorante passion, sa mère, tout entière alors aux regrets d'une conduite enregistrée par l'histoire, s'engagea à augmenter de douze mille livres les rentes annuelles dont il jouissait. La condition fut qu'il ne jouerait plus de sa vie. Comme pour mieux le retenir dans les liens de cet engagement, madame de Montespan courut en faire la confidence au roi, qui parut fort étonné de l'intérêt qu'on lui supposait à ce que le duc d'Antin jouât ou ne jouât plus. D'ailleurs d'Antin joua toujours, il joua davantage, ayant à sa disposition douze mille livres de plus.

Quand M. de Montespan, son père, fut mort, il eut le triste courage de demander au roi, l'amant public de sa mère, de le nommer duc d'Épernon. Ses frères adultérins, les fils de sa mère et de Louis XIV, l'appuyaient; mais madame de Maintenon, infatigable ennemie des Montespan, fit prévaloir sa haine, et le duc d'Antin ne fut pas de cette fois encore nommé duc d'Épernon. En attendant ce beau titre, il continua à jouer tout l'argent que sa mère, en manière d'expiation, lui envoyait pour le détourner de sa ruineuse passion.

Mais, quelques années plus tard, devait finir comme avaient fini toutes les maîtresses de Louis XIV, dans les convulsions du mal et les plus affreux remords, la belle, l'ironique, la blanche, la spirituelle, la superbe madame de Montespan; car Louis XIV, par une fatalité attachée à ses amours, a déshonoré, avili, tué toutes les femmes qui ont brillé dans son sérail, comme si après lui elles ne pouvaient plus entrer que dans un couvent ou dans un cercueil.

Quelle existence royale et morne que celle de madame de Montespan! Comme elle prévoit cette passion dont elle est menacée, et dont elle doit mourir! Elle se cache en vain dans les bras de son mari; elle baisse la tête, elle ferme les yeux, tout est inutile. Le roi l'a vue, le roi l'a trouvée belle; elle sera la maîtresse du roi, quoiqu'elle aime, quoiqu'elle vénère son mari. Elle dit à son mari de prendre garde, de veiller sur elle, de la défendre, d'aller l'enfouir au fond d'un château dans leurs terres de la Guyenne. Comme on demande pardon d'avoir com-

mis une faute, elle demande avec supplications qu'on ne lui
laisse pas commettre la grande faute d'être aimée du roi et
peut-être de l'aimer. Il fallait être un mari bien froid, bien
présomptueux, ou bien aveuglé par l'amour, pour ne pas cé-
der à tant de prières sensées. M. de Montespan aimait beaucoup sa femme ; et voilà pourquoi, étrange conséquence! il fut
sourd à ses avertissements si tendrement, si énergiquement
donnés. Aussi la postérité, qui a eu des pitiés vengeresses
pour des malheurs semblables, a laissé ce mari imbécile dans le
néant, et le nom de Montespan ne réveille autre chose que le
nom d'une courtisane intelligente et belle, dont on ne connaît
pas plus le mari que le coiffeur.

Enfin elle fut la maîtresse de Louis XIV, et elle le fut assez
longtemps pour s'en souvenir toujours et mourir, malgré ses
pénitences, de la douleur de ne plus l'être. Sa royauté, il faut
le dire, était encore plus enviable et plus extraordinaire que
celle de Louis XIV, né roi parce que son père avait été roi, son
grand-père roi. La royauté de madame de Montespan lui venait de ses charmes, de ses yeux où se peignait tout l'esprit de
ses pensées, de sa beauté enfin, distinguée, choisie parmi les
plus rares. Les questions de moralité écartées, rien n'est comparable à la destinée d'une maîtresse de Louis XIV, le plus
galant des hommes quand il n'en était pas le plus indifférent,
le plus égoïste. Tout cédait le pas à ses maîtresses. Avant ses
fils, avant ses bâtards, avant lui-même, il mettait madame de
Montespan, comme il avait mis auparavant mademoiselle de La
Vallière, comme il devait mettre plus tard madame de Maintenon. Madame de Montespan assistait au conseil des ministres,
suivait le roi à la chasse, ou plutôt était suivie du roi, qui ne
lui parlait jamais que chapeau bas à la portière, la glace à
demi soulevée.

Un jour cependant il lui fallut quitter les Tuileries, Versailles, Marly, les brillants carrousels où elle était toujours remarquée; il fallut faire ses adieux à la grandeur et à la puissance
sous toutes ses formes, éprouver tout ce qu'il y a d'affreux et
d'amer dans le triomphe de ses ennemis, et tout ce qu'il y a
d'amer et d'affreux dans l'indifférence de ses amis. Elle qui
avait répandu tant d'étincelles ingénieuses sur le fond si som-

bre et si grave de la cour, elle qui avait prêté tant d'esprit à Louis XIV, elle qui était, après tout, la mère de quatre enfants dont il était le père, vit un jour entrer Bossuet, qui lui signifia l'intention du roi. L'intermédiaire était bien choisi. Celui qui faisait l'oraison funèbre de toutes les puissances mortes était de droit appelé à prononcer la déchéance de la maîtresse de Louis XIV, qui ne savait s'adresser qu'aux prêtres dans les occasions équivoques de sa vie. On ne sait pas au juste de quelle raison se servit M. de Meaux pour annoncer à madame de Montespan sa disgrâce; mais elle demeura convaincue que le roi la quittait, non pas parce qu'elle était moins jolie et moins séduisante, mais parce que le roi avait été tout à coup saisi de la peur du diable, terreur dont il éprouvait des accès par intermittence. Redouter le diable au point de rompre avec une femme adorée, avec madame de Montespan, pour se livrer immédiatement à une autre femme, à madame de Maintenon, c'était peut-être avoir raison contre la première, au point de vue religieux ; mais, dans tous les cas, c'était dire tacitement à la seconde qu'on se donnait à elle par respect pour le diable. Toutefois il faut admirer le diable, qui se sert de l'organe d'un confesseur pour engager un roi à se défaire d'une maîtresse, et pour que ce roi se jette dans les bras d'une autre maîtresse moins belle et moins aimable. Les diables ne font pas les choses à demi.

Chassée de la cour, des carrosses du roi, de sa pensée et de son cœur, madame de Montespan alla où allaient alors toutes les courtisanes en disgrâce, tous les favoris usés, toutes les maîtresses flétries, épées rouillées, fleurs de la veille; elle se retira au couvent. Cette reine dépossédée avait prévu de si loin sa chute sans oser y croire, qu'elle avait fait bâtir de ses epargnes la communauté où elle se retira le voile au front, le dépit aux lèvres et une colère pleine d'espérance dans le cœur. Pendant de longues années elle invoque en vain dans ses courses inquiètes le baume de la religion. On n'oublie pas si vite qu'on a été la maîtresse d'un roi de France, surtout lorsqu'on est encore belle! Quel amour console de cet amour perdu? Des hauteurs de Petit-Bourg, à travers ces bois qu'elle parcourait sans cesse, elle cherchait Paris, la ville où elle avait régné, Ceux qui, par une douce soirée d'été, passent en chantant sur le bateau à vapeur aux flancs de cette admirable propriété, ne savent pas toutes les larmes qui ont été répandues dans cet espace par une femme blessée du mépris d'un roi. On la voyait fuir comme une ombre désolée le soir derrière les arbres de son parc, ou descendre à pas rapides jusqu'aux bords de la Seine, dont les ondes chargées de ses regrets et de ses murmures devaient les porter jusqu'au pied du palais de son infidèle amant.

Bonne, même avant d'être malheureuse, elle chercha dans son exil à se distraire par des œuvres de bienfaisance. Son goût était de marier les jeunes gens qui l'approchaient; elle dotait les jeunes filles, leur achetait le trousseau, promettait son appui aux nouveaux ménages. Mais elle disait toujours à la mariée, et bien bas, en présidant à ces unions : « Mon enfant, n'aimez jamais un roi. »

Fatiguée de ne rencontrer le repos nulle part, elle se renferma pour toujours à sa communauté de Saint-Joseph; et le père de Latour, célèbre oratorien, devint son directeur de conscience. La piété lumineuse des prêtres de cet ordre est restée dans la mémoire de ceux qui savent le passé de nos mœurs. Quelle patience héroïque ! quelle persuasion soutenue ! quelle science universelle, éloquente et familière à la fois, quelle simplicité et quelle subtilité de pensées ne leur fallait-il pas pour voir clair, pour marcher dans ces consciences qui venaient à eux, ou gonflées de venin, ou malades, ou découragées, exaltées ou détendues, demandant de la religion comme la soif demande de l'eau ? Comment la leur présenter pour qu'ils ne la rejetassent pas ? Une lente et pieuse obsession obtint d'elle qu'elle ne penserait plus à retourner à la cour ni à se venger de ses ennemis. Une femme ne pas se venger d'une femme qui l'a fait descendre du premier trône du monde ! Elle promit, elle tint parole. Elle fit plus, elle écrivit à son mari qu'elle irait vivre auprès de lui, s'il consentait à lui pardonner et à la recevoir. Son humiliation n'eut pas son prix : M. de Montespan continua à la mépriser, et il mourut avec son mépris pour elle. Elle remercia Dieu et travailla assidument pour les pauvres à des ouvrages grossiers; elle cousait des chemises de forte toile, n'interrompant sa tâche que pour prier ou soutenir son corps par des mets d'une austère frugalité. Ses jarretières et sa ceinture étaient armées de pointes de fer qui la perçaient à chacun de ses mouvements. Elle dompta même sa langue ou plutôt son esprit, ce dard superbe, flexible et vivant, avec lequel elle transperçait autrefois les réputations de la cour, et les blessait pour longtemps quand elle ne les tuait pas. La railleuse, la moqueuse impératrice se fit simple et indulgente femme, comme si elle n'avait jamais eu ni esprit ni malice ; comme si elle n'avait jamais connu le monde, qui rend de tels sacrifices si onéreux et si méritoires. Et qu'on juge si ces abaissements lui coûtèrent ! Elle resta belle jusqu'à sa dernière heure, belle comme lorsqu'on la voyait du haut de son cheval de chasse, les bas nus, le cou mouillé par une écume de dentelles, les joues empourprées de jeunesse, appuyer, en souriant, l'épée du roi sur la tête effroyable et blessée du sanglier vaincu au milieu des chiens et des piqueurs.

Cependant un orgueil lui resta, que son confesseur ne put terrasser ou qu'il ne voulut pas abattre, afin de mieux faire ressortir peut-être les autres triomphes obtenus. Malgré ses pointes de fer, ses chemises de toile jaune, son austérité et ses terseurs de la mort, madame de Montespan ne renonça jamais aux lois du cérémonial en pratique à la cour. Il n'y avait qu'un fauteuil dans sa chambre, et il était pour elle, reçût-elle la visite des princes ses fils, ou celle de la duchesse d'Orléans. On s'asseyait sur des chaises. Jamais elle ne rendit aucune visite.

Sa maladie arriva comme un coup de foudre ; elle en mourut à cause de l'extrême ignorance, il est à peine besoin de le dire, qu'on apporta à la soigner, si l'on peut appeler soin l'espèce de travail brutal qu'on exerça sur elle. On la gorgea d'émétique, remède très en vogue au dix-septième siècle, et dont personne ne revenait.

Son fils légitime vint, la regarda froidement, et il ordonna qu'elle fût embaumée. C'était un fils légitime. Tuée par les médecins, elle fut hachée par les embaumeurs. Son corps n'était plus rien quand il sortit de leurs mains pour être remis aux gens d'église, lesquels, sur une question de préséance, laissèrent la bière pendant plusieurs heures à la porte de l'église.

Enfin, on n'inhuma pas le corps; ce ne fut que longtemps après que la dignité publique le fit transporter à Poitiers et déposer dans le caveau de famille.

Et le roi, que dit-il? Le roi ne dit rien.

Ainsi finit madame de Montespan, maîtresse de Louis XIV, mère du duc d'Antin, le possesseur du château de Petit-Bourg.

Pétillant d'esprit, d'une figure remarquablement belle, homme de cœur comme peu l'ont été, infatigable à tous les exercices comme à tous les jeux, il avança assez vite sur le chemin de la fortune, dès que sa mère eut cessé de vivre. Jusqu'à ce moment, il avait trouvé dans madame de Maintenon un invincible obstacle aux projets de son ambition. Il mit adroitement à profit sa position qu'aucun interdit ne gênait plus. Le maréchal de Villeroi, chez lequel le roi avait l'habitude de s'arrêter, était sous le coup de la disgrâce. Son château, un des beaux monuments de la splendeur seigneuriale, avait perdu la faveur des royales visites. Pourtant, Louis XIV, déjà très vieux, ne pouvait guère se rendre d'un trait à son palais de Fontainebleau; les carrosses, même ceux de la cour, n'avaient ni la souplesse ni la calme rapidité des voitures d'aujourd'hui; la route n'était pas celle qui s'étend maintenant, comme un seul pavé, des Tuileries à Orléans. Fontainebleau était aux déserts. D'Antin saisit le beau côté de l'empêchement. Son château de Petit-Bourg, placé entre Paris et Fontainebleau, offrait une étape naturelle à la course si longue et si difficile du roi. Avec beaucoup de modestie, avec peu d'espoir de voir accepter son offre téméraire, il lui fit proposer de vouloir bien s'arrêter à son château de Petit-Bourg, si, sur son passage, il n'en trouvait pas de plus dignes que le sien. Madame de Maintenon consultée, Louis XIV agréa la proposition du duc d'Antin, et il promit d'aller coucher au château de Petit-Bourg le 13 septembre. On était en 1707.

D'Antin perdit la tête quand il sut que le roi voulait bien descendre chez lui. Le roi et madame de Maintenon! c'étaient deux rois à loger, à fêter pendant tout un jour et toute une nuit. Comment être neuf dans cette circonstance? Comment éclipser les Condé et les Villeroi, ces princes qui s'étaient montrés d'une si ingénieuse magnificence chaque fois que Louis XIV avait honoré leurs châteaux de sa présence? On avait tant tiré de feux d'artifice chez Fouquet! on avait tant usé et abusé des promenades sur l'eau à Chantilly! D'ailleurs à Petit-Bourg le terrain par sa pente ne permet pas d'offrir de belles et limpides eaux à la proue d'une escadre dorée. D'Antin se rongeait les ongles. Se confier à quelqu'un, c'était admettre quelqu'un à partager le bénéfice de l'invention. Enfin, la muse des courtisans le visita : il eut une idée; et le jour de la visite arriva.

« Le roi partit de Versailles le 12 septembre, à midi, pour aller à Petit-Bourg. Dans son carrosse étaient madame la duchesse de Bourgogne, madame la duchesse de Lude, dame d'honneur, et madame la comtesse de Mailly, dame d'atour. Les gardes-du-corps, les gendarmes, les chevau-légers et les mousquetaires gris et noirs étaient disposés sur la route par escadrons.

« A Juvisy, le roi fit très obligeamment arrêter son carrosse pour recevoir des corbeilles de fruits qui lui furent présentées par M. le président Portail, qui a une maison en ce lieu-là. Sa majesté reçut ces fruits avec la bonté qui lui était naturelle, dit le *Mercure galant*, que nous citons, et elle les présenta elle-même à madame la duchesse de Bourgogne et à Madame. Ces corbeilles étaient accompagnées d'autres rafraîchissements dont sa majesté remercia M. Portail. Avant que d'arriver à Petit-Bourg, elle fut rencontrée par M. le marquis d'Antin, qui était venu pour la saluer sur la route, et qui reprit les devants pour la recevoir à Petit-Bourg. Sa majesté y arriva à quatre heures, et entra dans l'appartement que ce marquis lui avait fait préparer; elle le trouva fort beau. Au retour de la promenade, le roi travailla jusqu'à l'heure du souper, qui fut servi par les officiers de sa majesté, qui s'y étaient rendus la veille. Toutes les tables tinrent comme à Versailles, et furent servies de même. Les gardes-du-corps ne manquèrent de rien, et les gardes françaises et les Suisses ne purent vider tous les tonneaux de vin qu'on leur distribua. »

Telle est la manière sèche et officielle dont le *Mercure galant* de septembre 1707 rend compte de la visite de Louis XIV au château de Petit-Bourg. Il est d'autres mémoires du temps, et ceux de Saint-Simon ne doivent pas être omis, qui parlent de l'honneur fait au duc d'Antin en termes plus étendus : nous n'avons pas manqué d'y puiser.

Quelques heures avant l'arrivée de Louis XIV au château de Petit-Bourg, le duc d'Antin fut frappé d'une pensée qu'il aurait pourtant dû avoir avant ce moment extrême. Le désespoir le saisit, sa raison s'égara, il sentit ses idées se brouiller dans sa tête, quand il n'avait peut-être jamais eu un besoin si grand de sang-froid, de contenance et de dignité. Il était un homme perdu, déshonoré, ridiculisé pour tout le reste de sa vie. Quelle était donc l'erreur où il était tombé? Quel oubli irréparable avait-il donc commis? Son oubli était, en effet, un crime pour un courtisan et un courtisan aussi délié que lui, sur le point de ressaisir la faveur du roi et celle de madame de Maintenon. Lui, qui avait donné à son château une forme si nouvelle, afin d'être récompensé d'un sourire de Louis XIV, lui, qui avait choisi grain à grain le sable où la cour passerait, lui, homme d'esprit, n'avait pas remarqué, jusqu'à ce moment fatal, que le chiffre du roi et de sa mère, madame de Montespan, était gravé, incrusté, peint partout. Ces deux lettres, L. M., arrêtaient le regard, à quelque endroit qu'il se portât. Comment les faire disparaître? Elles brillaient aux panneaux des portes, sur le marbre des cheminées, au dos des fauteuils. Et madame de Maintenon allait voir ces terribles emblèmes, témoignages de la passion de Louis XIV pour une autre femme qu'elle! A ce spectacle si honteux pour elle, nul doute qu'elle remonterait en carrosse et partirait, furieuse, pour Fontainebleau. Quelle vengeance ne tirerait-elle pas d'un tel affront, qu'elle supposerait avoir été longtemps calculé par le fils de madame de Montespan? D'Antin se voyait à la Bastille ou au fond d'un cachot d'une prison d'Etat. Pourtant les heures s'écoulaient, déjà des mousquetaires caracolaient devant les grilles. D'Antin n'avait plus qu'à se noyer dans la Seine, tandis que le roi arrivait à Petit-Bourg par la route de Fontainebleau. Avant de se noyer, d'Antin voulut cependant tuer son intendant, en raison de ce principe qui veut qu'un intendant ait toujours moins d'esprit que son maître, quand il advient au maître d'en avoir, et qu'il soit plus sot que lui, lorsque le maître commet une sottise. Je le tuerai, criait-il en promenant ses mains irritées sur les chiffres entrelacés du roi et de sa mère : je le tuerai ! n'est-ce pas à lui à remarquer, à effacer, à pulvériser ces emblèmes qui seront ma ruine et ma mort? Décidément, je le tuerai.

L'intendant fut appelé.

— Monsieur, lui dit le duc d'Antin, vous êtes un misérable.

— Monseigneur...

— Vous êtes un insensé !

— Mais, monseigneur, en quoi?

— Vous méritez un châtiment.

— Que je sache du moins...

— Eh ! quoi, vous avez laissé subsister ces chiffres, quand le roi doit se rendre ici?

— Je pensais, monseigneur...

— Vous pensiez! vous ne savez donc pas?... Faut-il que je vous apprenne que madame de Montespan fut autrefois distinguée par le roi?

— Je ne l'ignorais pas, monseigneur.

— C'est donc pour me nuire, me perdre, m'assassiner, que vous n'avez pas détruit ces chiffres?

— Pourquoi les aurais-je détruits?

— Il faut donc que je descende encore à vous dire que le roi a remplacé dans ses affections, où nul n'a le droit de pénétrer, madame de Montespan par madame de Maintenon?

— Je savais aussi cela, monseigneur, et je regrette une confidence semblable, puisqu'elle paraît tant vous affliger.

— Mais expliquez-vous, monsieur! puisque vous n'ignoriez aucun de ces faits, pourquoi ne m'avez-vous pas épargné la ruine dont je suis menacé?

— Monseigneur, répondit l'intendant, si j'ai conservé partout où il a été placé le chiffre de Montespan et du roi, c'est que le nom de madame de Maintenon comme celui de madame de Montespan commence par un M. Le roi croira que c'est une des mille surprises que vous lui avez préparées. Il verra dans ce chiffre la première lettre de son nom et la première lettre du nom de madame de Maintenon, qui ne sera pas moins flattée de votre ingénieuse courtoisie. Voilà pourquoi je n'ai pas anéanti ces deux lettres qui vous ont tant causé de peine, monseigneur.

— Dès ce moment vos gages sont triplés, dit le duc d'Antin à son intendant. N'oubliez qu'une chose, c'est que je me suis mis en colère devant vous. Vous pouvez vous retirer, monsieur.

Ainsi que l'intendant l'avait prévu et si adroitement dit pour sa défense, le roi et madame de Maintenon prirent pour une délicieuse galanterie du duc d'Antin la répétition de leur chiffre semé avec tant de prodigalité autour d'eux.

Le roi et madame de maintenon, au jour et à l'heure indiqués, vinrent donc à Petit-Bourg avec toute leur suite, les officiers, leurs gens et leurs carrosses.

La propriété était naturellement assez belle pour que le duc d'Antin n'eût pas eu, comme cela était à craindre, la triste fantaisie de faire planter des rosiers à la place de ses beaux chênes, et de dévaster ses parterres pour les remplir d'eau et de petits poissons. Le roi admira ce qui sera éternellement beau à Petit-Bourg (à moins que les chemins de fer ne veuillent le contraire); (1) un parc superbement planté sur la crête d'un riche point de vue, et descendant, comme une décoration mouvante, jusqu'à la Seine, miroir de tant de beautés ; un parc qui semble fait pour amuser le soleil, tant on lui a pratiqué de rues, de places, de portiques où courir, s'étendre et darder. En automne, il a des déclins inimaginables ; il a des épanouissements féeriques ; il se fait à lui-même des illuminations sur son passage ; tantôt il se montre rouge et découpé au ciseau au fond d'une lunette de verdure ; tantôt il s'ouvre et s'élargit en teinte dorée derrière des branches qui flambent de clarté, comme des sarments au feu, et les terrasses, toutes peuplées de blanches statues, et la Seine, la rivière royale, se colorent de la mélancolique lueur de cette aurore boréale dont les oiseaux seuls, les moutons penchés sur les coteaux et les pâtres indifférents, ont le spectacle solitaire jusqu'à la première étoile.

Mais si le duc d'Antin eut le bon sens de ne vouloir inventer aucune rivière imprévue, aucun nouveau soleil, pas la moindre nature pour faire sa cour au roi, il jeta madame de Maintenon dans une vive surprise en l'introduisant dans l'aile du château qui lui était réservée.

(1) Ils l'ont voulu.

A peine madame de Maintenon a-t-elle posé le pied sur la première marche, qu'elle croit saisir une ressemblance. Cet escalier est exactement le même que celui de Saint-Cyr, sa fondation orgueilleuse et chérie. C'est bien la même rampe en fer doré. Elle monte, redoublement de surprise : les portes d'appartement sont, comme à Saint-Cyr, toutes guillochées de dorures délicates, s'enlaçant en ceps de vignes sur un fond blanc et mat. Elle entre, mêmes cheminées en marbre pâle, mêmes flambeaux à branches élancées et recourbées en rameaux. Cette première pièce ne diffère en rien de celle de sa maison religieuse. Nombre égal de petites et de grandes glaces ; exacte tapisserie de Beauvais, représentant, ainsi qu'à Saint-Cyr, l'histoire d'Esther et d'Assuérus. Madame de Maintenon, émerveillée, passe dans la pièce destinée à être sa chambre pour une seule nuit. L'enchantement continue. C'était à croire qu'une fée avait transporté de Saint-Cyr à Petit-Bourg les siéges, les tapis, les pendules les tableaux, les livres ; les livres même dont madame de Maintenon faisait sa lecture habituelle sont là ; et rien qui trouble cette ressemblance magique : Les livres ont le caractère extérieur, la forme distincte, la physionomie fatiguée, les plis, les taches des livres de Saint-Cyr. Elle les retrouve dans la position où elle les a laissés sur sa table de méditation. Elle s'assied, c'est son fauteuil ; elle prolonge son regard, ce sont ses rideaux ; elle l'élève, c'est le Christ d'ivoire au pied duquel elle prie. Pas une couleur, pas une nuance, pas un trait, qui soit une dissemblance. Elle sourit, et remercie le duc d'Antin, qui a pleinement réussi dans son miracle de courtisan.

Comme elle était arrivée de bonne heure au château de Petit-Bourg, elle put encore entendre la messe dans une galerie pratiquée près de sa chambre. Autre prévoyance pieuse du duc d'Antin. A Saint-Cyr, madame da Maintenon assistait à la messe dans une pareille galerie. L'attention la flatta extrêmement ; et comme tout ce qui semblait lui plaire était du goût du roi, il n'y a pas de termes assez justes pour peindre le bonheur de leur hôte. Il n'est sorte d'amusements qu'il ne leur procurât ; et les amuser était très difficile alors. Le roi et madame de Maintenon étaient déjà bien vieux. Cependant la musique, les promenades, les scènes de divertissement arrangées sur le passage de la cour, le plaisir des personnes de la suite, l'ordre qui accompagnait ces coups de théâtre calculés avec beaucoup d'art, parvinrent à distraire les royaux visiteurs, malgré leur âge, leur infirmité, leur profond ennui.

Lorsque le roi se fut retiré un instant dans l'appartement de madame de Maintenon, il fit appeler d'Antin qui commençait à recevoir par la faveur de cette audience le prix de son zèle. Le duc profita de cette entrevue pour soumettre au roi le plan du château de Petit-Bourg. Tout fut approuvé par le roi, dont le goût était très sûr et très distingué en matière de jardins. Cependant il fit remarquer au courtisan respectueux qu'une longue allée de marronniers (1) masquait la perspective précisément en face de la chambre qu'il occupait, lui, le roi, d'ailleurs ravi de tout le reste. L'observation fut accueillie par le duc d'Antin avec reconnaissance. Il convint que cette allée de marronniers n'avait pas été heureusement plantée.

Le lendemain matin, quand le roi s'approcha de la croisée, quel ne fut pas son étonnement ? l'allée de marronniers avait disparu.

Le roi se montra fort touché des efforts que le duc avait faits pour lui rendre agréable son séjour au château ; mais, toujours moqueuse malgré ses grands dehors de piété, madame de Maintenon dit à d'Antin, en présence des courtisans, au moment de quitter le château : « Il est heureux, monsieur le duc, que je n'aie pas déplu au roi ; vous m'eussiez envoyée coucher sur le pavé du grand chemin. »

Le célèbre jardinier Le Nôtre avait dessiné une grande partie des jardins de Petit-Bourg, à l'époque de l'élévation de madame de Montespan. Quel nom que celui de Le Nôtre ! C'est le Louis XIV des jardins. Il n'est pas un château dont les échos ne répètent son nom ; il mériterait une histoire.

La vie de Le Nôtre fut une des plus occupées, comme elle fut une des plus heureuses. Une fois couvert de la protection du roi, on se le disputa à la cour ainsi qu'à la ville pour avoir

(1) On a vu que cette tradition d'allée de marronniers coupés en une nuit se retrouve à peu près dans tous les châteaux honorés d'une visite royale. C'est au lecteur à raisonner son opinion et à décider si le fait est plus acceptable cette fois que les autres.

un parc dessiné par lui. Le frère du roi, le duc d'Orléans, l'employa dans ses jardins de Saint-Cloud ; le prince de Condé lui commanda le tracé de ses parterres, les plus délicieux du monde, et la division de la forêt de Chantilly, le boudoir des forêts ; il laissa aussi tomber sa règle et son compas sur les parc de Villers-Cotterets, de Meudon, de Chaillot, de Livry et de Sceaux.

Voilà l'artiste ; voici l'homme. Voulant connaître l'Italie, préjugé éternel de ceux qui vont chercher au loin des images et des pensées qu'ils ont chez eux et en eux, Le Nôtre alla à Rome pour y visiter les jardins dont on lui opposait la riche ordonnance ; son goût n'y puisa pas beaucoup.

Son voyage eût peu mérité d'occuper l'attention de ses biographes, sans la connaissance qu'il fit à Rome du chevalier Bernin, et sans sa présentation au pape Innocent XI, événement où la familiarité de son caractère se mit si singulièrement à nu, que cette présentation devint depuis un épisode de sa vie à raconter.

Au lieu de s'humilier avec une ferveur religieuse devant le chef de la chrétienté, Le Nôtre s'écria en sa présence : « Non, je n'ai plus rien à désirer, j'ai vu les deux plus grands hommes du monde, votre sainteté et le roi mon maître. — Il y a une grande différence, reprit le pape ; le roi est un grand prince victorieux, et moi, je suis un pauvre prêtre, serviteur des serviteurs de Dieu ; il est si jeune et je suis si vieux ! » Encouragé à laisser parler son cœur, Le Nôtre frappa sur l'épaule d'Innocent XI, en lui disant : « Mon révérend père, vous vieux ! Vous vous portez très bien, et vous enterrerez tout le sacré collége. » Le mot fit rire le pape, au cou duquel Le Nôtre finit par sauter tant était vive sa joie de pouvoir parler au pape comme il parlait à Louis XIV. Aussi libre au Louvre qu'au Vatican, Le Nôtre embrassait Louis XIV toutes les fois qu'il revoyait ce prince après quelque absence.

A quatre-vingt-cinq ans, sentant ses facultés s'affaiblir, et voulant, comme cela se disait alors, s'occuper de son salut, il demanda sa retraite, que Louis XIV ne consentit à lui accorder qu'à la condition qu'il se présenterait de temps en temps à la cour.

Un peu avant sa mort, étant allé à Marly pour se promener sous les allées qu'il avait plantées dans sa jeunesse, il y rencontra le roi monté dans sa chaise couverte traînée par deux Suisses. Louis XIV exigea que Le Nôtre montât à côté de lui dans une chaise à peu près semblable. L'émotion étouffait le vieux jardinier. Ayant aperçu Mansart, le surintendant des bâtiments, qui marchait à pied à quelque distance, il s'écria, les yeux pleins de larmes : « Sire, en vérité, mon bonhomme de père ouvrirait de grands yeux s'il me voyait dans un char auprès du plus grand roi de la terre. Il faut avouer que votre majesté traite bien son maçon et son jardinier. »

Sorti de la classe la plus obscure, il s'éleva, par son génie, sa belle conduite et la pureté de ses mœurs, au grade de chevalier de l'ordre du roi, de contrôleur des bâtiments de sa majesté et dessinateur de tous ses jardins.

Les honneurs n'altérèrent jamais la naïveté de sa bonne nature. Louis XIV lui ayant accordé, en 1675, des lettres de noblesse et la croix de Saint-Michel, il voulut aussi lui donner des armes. « Sire, dit-il, j'en ai déjà : trois limaçons couronnés d'une pomme de chou. » Ajoutant : « Pourrais-je oublier ma bêche ? Combien doit-elle m'être chère ! N'est-ce pas à elle que je dois les bontés dont votre majesté m'honore ? »

Il mourut à quatre-vingt-huit ans.

Quoique Louis XIV aimât passionnément l'étiquette, il était heureux dans beaucoup d'occasions de ne revêtir que le simple costume de marquis de cour et de se promener sans le cortége solennel des gentilshommes de sa maison. A la campagne surtout, il tenait à jouir de cette liberté si précieuse. Dès qu'on devinait son désir d'être seul, on restait peu à peu en arrière, on s'arrêtait par petits groupes ; enfin, on le laissait isolé sur le chemin de sa promenade. Le jour de sa visite à Petit-Bourg, i sembla manifester l'intention de parcourir sans le fastueux embarras de sa suite les diverses parties de la propriété du duc d'Antin. Aussitôt ses officiers se retirèrent se repliant vers le château, où, parmi les divertissements infinis préparés pour eux par le duc, les tables de jeu, on le suppose, n'avaient pas été oubliées.

Grand amateur de jardins, Louis XIV s'arrêta au milieu des

potagers de Petit-Bourg, qui devaient leur célébrité aux soins d'un Horticulteur de génie, d'un homme dont le nom est resté, comme celui des peintres et des sculpteurs illustres du même temps. Ce jardinier, fécondé par un regard de Louis XIV, était La Quintinie, qui devait le premier perfectionner en France la culture des fruits et des légumes, et asseoir son illustration à côté de celle de Le Nôtre.

Jean de La Quintinie débuta par être avocat à Paris, où il était venu de Poitiers, son berceau natal. Il obtint même de grands succès au barreau avant que des rapports de profession ne le fissent connaître de M. de Tambouneau, président en la chambre des comptes, au fils duquel il fut attaché en qualité de précepteur. Dans Virgile, qu'il expliquait à son élève, il admirait moins une poésie tendre et délicate qu'il ne tenait compte des préceptes de jardinage dont il abonde. La description de la tempête dans l'*Enéide* le laissait froid, tandis qu'il suivait avec passion la manière d'élever les abeilles dans les *Géorgiques*. Grâce aux vastes propriétés de son protecteur, M. de Tambouneau, il eut la facilité de résoudre par la pratique ses théories horticulturales. Il planta, sema, greffa avec une liberté si illimitée et si heureuse, qu'il en oublia le barreau pour écrire un livre où puiseront éternellement les faiseurs de traités du jardinage et de manuels de l'agriculteur. Ce livre fut intitulé : *Les Instructions pour les jardins fruitiers et potagers*. Il lui attira d'unanimes éloges, et lui valut la gloire d'avoir pour élève en jardinage le grand Condé, nom illustre, toujours resplendissant à côté de celui de Louis XIV, toutes les fois que la postérité reconnaissante se souvient d'un encouragement accordé aux artistes du dix-septième siècle. De La Quintinie donna aussi à Londres des leçons de son art au roi d'Angleterre ; à son retour en France, il entretint avec des seigneurs anglais une correspondance rendue publique après sa mort.

Quand la réputation de La Quintinie fut consacrée par de beaux travaux, Louis XIV, qui avait l'instinct de ne jamais laisser s'égarer une supériorité à l'étranger, alla chercher cet homme, dont tout le mérite est de donner une saveur plus douce à une pomme ou à une cerise, un éclat plus vif à une rose, et quelques feuilles à un œillet, seules fleurs, pour le dire en passant, que la botanique du temps daignât remarquer ; et il créa en sa faveur une charge de directeur général de tous les jardins fruitiers et potagers de toutes les maisons royales.

Au retour de son excursion dans le verger, le roi ne manqua pas de remercier le duc d'Antin d'avoir fait contribuer aux travaux d'utilité et d'embellissement de Petit-Bourg ceux dont il avait le premier découvert et honoré le mérite. Autant Louis XIV était jaloux de la gloire téméraire des courtisans qui, avant lui, mettaient en lumière le talent d'un homme supérieur, autant il aimait qu'on ratifiât les arrêts de son goût en employant les artistes de sa prédilection particulière. Ainsi on s'explique pourquoi on rencontre dans tous les châteaux de quelque valeur les ouvrages des sculpteurs et des peintres qui ont orné Versailles, Marly, Fontainebleau et toutes les autres demeures royales. Il est inutile de faire remarquer que ces artistes célèbres multipliaient leurs tableaux et leurs statues autant dans le but de doubler les échos de leur renommée que pour élever les avantages acquis à leur position.

Le roi éprouva une nouvelle satisfaction en voyant les statues placées sur son passage. C'était encore un hommage rendu à son discernement. Les frères Keller les avaient signées, et l'on sait que la part prise par les frères Keller aux ornements de Versailles est immense. Il est peu de bassins pour lesquels ils n'aient fondu quelque divinité accroupie, versant des nappes d'eau de son urne inclinée. Quoiqu'ils eussent à maîtriser des matières aussi rebelles que le bronze et le fer, ils parvinrent à des résultats incroyables de perfection, et avec des procédés bien moins sûrs que ceux d'aujourd'hui. Il est douteux que les sculpteurs qui leur confiaient leurs modèles eussent poussé aussi loin qu'eux la correction unie à la vérité des mouvements, et la science des muscles, sans tomber dans la sécheresse de la dissection. Ils jouèrent avec le feu et le cuivre liquide comme les figurations pétries avec ce bronze figé jouent avec l'eau. Toutes ces allégories humides, qui représentent les principaux fleuves du royaume, la Garonne, la Dordogne, la Seine, la Marne, se fondent avec une harmonie grave dans le plan sévère du parc ; elles y sont mieux à leur place, si on ose le dire, que de frileuses statues si malades d'être nues. Le bronze est d'une nudité moins absolue que le marbre, et il va bien à notre ciel sans soleil et sans lune : ciel aveugle.

Louis XIV poursuivait ainsi sa promenade au milieu des travaux pleins de goût semés avec intelligence sur la riche surface du château de Petit-Bourg, s'admirant dans les efforts de ses favoris, qui le prenaient en tout pour exemple et pour guide, s'applaudissant de reconnaître, quelque endroit où il allât, la superbe influence de Versailles et de Fontainebleau. Mais tout à coup son orgueilleuse préoccupation est absorbée ; il s'arrête en face d'une statue qui se dresse au point final d'une allée du parc. Ses sourcils se froncent, il penche la tête tantôt à droite et tantôt à gauche, il s'avance, il recule, il avance encore ; sa canne à pomme d'or est posée perpendiculairement près de son œil droit, tandis que sa main gauche ne cesse de s'agiter en manière d'étonnement. Cette scène muette se prolonge jusqu'au moment où le roi, ayant acquis la certitude qu'il a raison, se prend à dire à haute voix : Cette statue est fort belle ; c'est un Girardon admirable ; mais elle n'est pas d'aplomb ! non, elle n'est pas d'aplomb ! elle penche vers la droite. Comment le duc d'Antin ne s'en est-il pas aperçu ? Allons lui en faire la remarque. Allons !

D'aussi loin que Louis XIV, fier de sa découverte, reconnut le duc d'Antin, qui se promenait au haut de la terrasse et causait avec des seigneurs de la cour, il lui fit signe de venir au plus vite. Les groupes de seigneurs et d'Antin se hâtèrent d'accourir vers le roi, dont ils auraient voulu deviner la pensée ; en un instant ils l'entourèrent.

— Messieurs, leur dit le roi en se dirigeant du côté de la statue de Girardon, vous allez me dire votre opinion avec franchise, comme vous la dites toujours. Nous avons une observation critique à adresser indirectement à M. le duc d'Antin, parmi les grands éloges dus à l'excellente ordonnance de sa propriété.

— Sire, je me condamne d'avance, répondit le duc.

— C'est ce que je ne vous demande pas, monsieur le duc. Je vous récuse, s'il vous plaît.

— Sire, je me tairai.

On était arrivé devant la statue de Girardon.

Le roi fit quelques pas, et se tournant ensuite vers les courtisans respectueusement attentifs : Messieurs , le socle de cette statue vous semble-t-il en parfait équilibre ?

Les personnes consultées par le roi, après avoir regardé longtemps et minutieusement la statue, ne rompaient pas le silence.

— Vous ne répondez pas, messieurs ! me serais-je trompé ? Cependant mon coup d'œil a été sûr plus d'une fois. Regardez mieux, je vous prie, votre complaisance m'obligera.

Obéissant au désir du roi, les courtisans recommencèrent. à de nouveaux points de vue, à des distances diverses, leur premier examen trouvé insuffisant.

— Eh bien ! messieurs ! toujours le même silence ? Je suis donc condamné ? Je vous rends votre liberté d'opinion, monsieur le duc. Vous-même, dites-nous ce que vous pensez de la position de cette statue, qui nous avait paru pencher vers la droite.

— Sire, puisque vous me permettez de parler, j'oserai dire que j'ai le tort de ne pas voir comme votre majesté en ce moment. Le faune de Girardon me semble, sauf le respect que j professe, sire, pour votre avis, être perpendiculaire à la ligne horizontale du terrain. Me sera-t-il permis à cette occasion de faire remarquer à votre majesté que la courbure du sol au sommet de cette allée du parc peut causer l'erreur ? Le socle est posé sur une surface courbe.

— J'admets, monsieur le duc, votre objection ; mais je persiste dans mon sentiment, malgré le côté sensé d'une remarque que j'avais déjà faite. Pour terminer le différend, voulez-vous, messieurs, que l'architecte de M. le duc d'Antin soit juge entre nous ? L'acceptez-vous pour arbitre ?

— Votre majesté s'est déjà montrée vraiment trop généreuse en daignant mettre en balance son opinion et la nôtre.

— Monsieur le duc, il nous serait agréable que vous fissiez appeler céans votre architecte, s'il est ici. Nous attendrons.

Après s'être incliné, le duc d'Antin remonta avec empressement l'allée qui conduit au château.

Pendant sa courte absence, le roi, oubliant la discussion, indiqua du bout de sa canne aux courtisans les nombreuses beautés de l'ouvrage de Girardon, son statuaire de prédilection ; il tenait son chapeau à plumes dans la main gauche afin de se garantir des rayons du soleil. On l'écoutait avec une espèce d'adoration lorsqu'il parlait des grands artistes dont il avait doté la France et son règne. Alors ses chagrins de plomb semblaient ne plus peser autant sur sa profonde décrépitude ; il relevait peu à peu le front ; il était vénérable, lamentable et beau. Que lui restait-il de ses guerres ? l'humiliation ; de ses maîtresses ? madame de Maintenon ; de ses fils ? des souvenirs de poison. Mais de Girardon, de Puget, de Lebrun, de Racine, de Corneille, il lui restait d'impérissables statues, des livres, des tableaux qui devaient illuminer la longue route de son siècle.

Louis XIV se plut à parler avec onction de quelques-uns de ces artistes, revenant toujours sur le mérite particulier de Girardon.

Troyes, en Champagne, fut la patrie de François de Girardon, un des artistes dont la vie accompagna pas à pas le règne de Louis XIV, et fut la plus dévouée aux volontés de ce monarque. Né en 1627, il ne mourut qu'en 1715 ; soixante années de cette glorieuse vie furent employées à tailler des statues, des fontaines, des vases et des bas-reliefs pour les jardins royaux, et notamment pour Versailles, qu'il vit commencer et finir, embrassant dans sa longévité patriarcale la période des nombreux sculpteurs du dix-septième siècle, presque tous nés après lui et morts avant lui. Cette ample existence, jointe à l'influence qu'il acquit par sa renommée et la charge d'inspecteur général de tous les ouvrages de sculpture dont il fut revêtu à la mort de Lebrun, rendent raison de la prépondérance de son goût sur les artistes de son temps. A l'exception de Puget, trop rustique, trop d'un seul bloc, pour obéir à d'autres ordres que ceux de son inspiration, tous les sculpteurs du dix-septième siècle inclinèrent le ciseau devant lui, et passèrent sous son équerre. Auguier, Coysevox, Renaudin, Coustou, furent ses élèves ou ses courtisans ; et par déférence ou par conviction, malgré les dissemblances de leur génie, ils adoptèrent sa manière sans se permettre d'autre mérite, avec la faculté incontestable d'en avoir à ajouter à celui de leur maître, que de multiplier ses formes uniquement gracieuses : Versailles fut un monastère qui eut sa règle invariable et son abbé inflexible dans Girardon. Ses statues et celles de ses disciples sont de la même famille. Au lieu du nez droit des Grecs, signe accepté de plusieurs générations de sculpteurs, ce furent les chutes des reins ondulées; les petites épaules, et les chairs chiffonnées qui caractérisèrent l'école de Girardon. Elle ne vaut pas celle de Jean Goujon, mais, à coup sûr, elle vaut infiniment mieux que celle dont le chevalier Bernin, géant de plâtre, était alors le représentant en Italie, et mieux encore que toutes celles qui lui ont succédé au dix-huitième siècle et au dix-neuvième siècle, jusqu'à nous. Quand on n'atteint pas à l'énergie du geste comme Puget, on n'a rien de mieux à faire que de s'arrêter à l'amabilité des formes de Girardon. S'il n'eut pas toutes les qualités dévolues à la statuaire antique, la réflexion serrée, la grâce dans l'exactitude, la vie idéale à la surface de la vie réelle, il eut à un très haut degré l'instinct de toutes les sensibilités de la chair, qualités dont il eut les défauts, en poussant la vérité jusqu'à la trivialité du moment, c'est-à-dire jusqu'à voir le plus gracieux modèle d'une nature de choix dans l'épiderme soyeux d'une duchesse.

Enfin, d'Antin revint accompagné de son architecte, de celui dont le roi attendait la sentence sans appel.

— Décidez entre nous, monsieur, lui dit le roi d'un ton de bonté encourageante. Cette statue est-elle ou n'est-elle pas en équilibre ?

Avant de répondre, l'architecte posa son équerre au milieu de la statue, et laissa pendre le fil à plomb jusqu'au bas du socle.

— Sire, dit l'architecte en montrant la direction du cordon aux courtisans, la statue penche d'un pouce au moins vers la droite.

— J'avais donc raison, messieurs, dit le roi en désignant le duc d'Antin, qui paraissait moins confus de sa propre défaite que satisfait de la victoire de Louis XIV.

— Sire, répondit-il, vous nous pardonnerez de n'avoir pas

la rectitude de votre regard ; sinon ce serait nous punir de ne pas vous égaler.

Les autres courtisans varièrent ce thème élogieux sur toutes les notes, quoique au fond, eux et le duc d'Antin, le premier, sussent parfaitement que le faune de Girardon tombait sur le côté d'une manière sensible. La comédie avait parfaitement réussi.

Cette supériorité de lumière plaisait au roi, qui prenait pour des avantages réels sur l'intelligence des autres ces concessions complaisantes, renouvelées sous mille formes autour de lui.

Le duc d'Antin, devenu, par cette première flatterie, surintendant des bâtiments, la reprit souvent avec succès. Dans les *pièces relatives au siècle de Louis XIV*, de Voltaire, on lit (pages 390-394) : « Les chefs-d'œuvre de sculpture furent prodigués dans ses jardins. Il en jouissait et les allait voir souvent. J'ai ouï dire à feu M. le duc d'Antin que, lorsqu'il fut surintendant des bâtiments, il faisait quelquefois mettre ce qu'on appelle des cales entre les statues et les socles, afin que, quand le roi viendrait se promener, il s'aperçût que les statues n'étaient pas droites, et qu'il eût le mérite du coup d'œil. En effet, le roi ne manquait pas de trouver le défaut. M. d'Antin contestait un peu, et ensuite se rendait et faisait redresser la statue, en avouant avec une surprise affectée combien le roi se connaissait à tout. Qu'on juge par cela seul combien un roi doit aisément s'en faire accroire.

« On sait le trait de courtisan que fit ce même duc d'Antin, lorsque le roi vint coucher à Petit-Bourg, et qu'ayant trouvé qu'une grande allée de vieux arbres faisait un mauvais effet, M. d'Antin la fit abattre et enlever la même nuit ; et le roi, à son réveil, n'ayant plus trouvé son allée, il lui dit : Sire, comment vouliez-vous qu'elle osât paraître devant vous ? elle vous avait déplu.

« Ce fut le même duc d'Antin, qui, à Fontainebleau, donna au roi et à madame la duchesse de Bourgogne un spectacle plus singulier, et un exemple plus frappant du raffinement de la flatterie la plus délicate. Louis XIV avait témoigné qu'il souhaiterait qu'on abattît quelque jour un bois entier qui lui ôtait un peu de vue ; M. d'Antin fit scier tous les arbres du bois près de la racine, de façon qu'ils ne tenaient presque plus ; des cordes étaient attachées à chaque corps d'arbre, et plus de douze cents hommes étaient dans ce bois prêts au moindre signal. M. d'Antin savait le jour que le roi devait se promener de ce côté avec toute sa cour ; sa majesté ne manqua pas de dire combien ce morceau de forêt lui déplaisait : — Sire, lui répondit-il, ce bois sera abattu dès que votre majesté l'aura ordonné. — Vraiment, dit le roi, s'il ne tient qu'à cela, je l'ordonne, et je voudrais déjà en être défait. — Eh bien, sire, vous allez l'être. — Il donna un coup de sifflet, et l'on vit tomber la forêt. — Ah ! mesdames, s'écria la duchesse de Bourgogne, si le roi avait demandé nos têtes, M. d'Antin les ferait tomber de même. »

La plaisanterie de la duchesse de Bourgogne sur les formes expéditives du duc d'Antin rappelle singulièrement le bon mot de madame de Maintenon, le jour où l'allée fut aussi coupée au pied au château de Petit-Bourg ; conformité qui autorise à douter de l'une ou de l'autre anecdote, si elle n'invite pas à les rejeter toutes deux, malgré le témoignage de Voltaire.

L'art de courtisan, dont on s'est moqué avec plus de haine que de raison, n'était pas, comme on a le tort habituel de le croire, une infirmité dégradante, un abaissement de l'âme. Sans doute Dangeau était parfois ridicule par l'excès de son adoration pour Louis XIV, quoique Dangeau, et son journal même le prouve, fût un écrivain tout aussi agréable pour son temps qu'il est utile à consulter dans le nôtre ; sans doute le duc d'Antin et le duc de la Feuillade, l'un en sciant au pied un rideau d'arbres, l'autre en érigeant au roi, au milieu de la place des Victoires, une colossale statue équestre autour de laquelle des flambeaux brûlaient toute la nuit, poussèrent trop loin le dévoûment domestique et l'affection privée ; mais le sentiment qu'ils gâtaient par l'exagération mérite une étude, et non du mépris. Cette étiquette, dont ils se montraient si jaloux et si heureux, n'était pas chose vaine alors. Comment se classaient les hommes ? est-ce par l'intelligence ou par le rang ? Puisque c'est par le rang, rien ne pouvait être inviolable comme le rang ; et l'on ne voit pas pourquoi on n'aurait pas dû avoir autant de juste vanité à offrir à Marly le bougeoir à Louis XIV qu'on en a eu plus tard à réclamer dans un plat d'argent les cheveux de Napoléon quand il se les faisait couper. Or le rang représentait plus de la moitié du courtisan ; le respect et l'affection personnelle, si nécessaires sous une monarchie absolue, faisaient le reste. Cette affection valait à la couronne des officiers dévoués au moment de la guerre et des amis dans le malheur. Le courtisan Turenne se faisait emporter par un boulet ; le courtisan d'Antin envoyait toute son argenterie à la fonte pour que les soldats de Louis XIV ne mourussent pas de faim pendant les si désastreuses campagnes de la fin de son règne. N'altérons pas les idées en déshonorant les noms ; ne pas aimer la monarchie absolue n'oblige pas à méconnaître le fond de son institution, le caractère de sa langue, la sincérité de son culte. Qu'eût été Louis XIV sans courtisans ? Se le figure-t-on au milieu des sujets d'un stathouder ? A cet esprit de cour, à ce fanatisme pour la monarchie personnifiée, à cette tendresse, qui ne rougissait pas de baisser la tête devant le roi, à la condition de la laisser tomber pour lui dans l'occasion, la France doit une flexibilité de langage impossible à surpasser, une variété de charmantes formules de conversation, qui sont à la pensée ce que les feuilles sont au bois d'un arbre, c'est-à-dire un ensemble touffu, gazouillant, inépuisable, harmonieux. Sans ces fous de marquis, ces vicomtes débraillés, sans ces chevaliers galants, dans lesquels nous ne voyons que des courtisans, nous serions, comme nation civilisée, au niveau des Hollandais pour la finesse des manières, et des Anglais pour l'élégance du langage : un siècle en arrière. Quand le roi est la patrie, le monde c'est la cour.

En 1717, à l'époque de transformation où les hommes d'esprit commençaient à détrôner, en politique comme en littérature, les fortes capacités du siècle précédent, un homme de génie, dans toute l'exigeante acception du mot, Pierre Ier, czar de Moscovie, eut une seconde fois l'envie de connaître la France. On sait que ce désir avait été antérieurement éludé par Louis XIV, peu jaloux, dans sa vieillesse inquiète et sans faste, d'accueillir à sa cour un souverain venant exprès du fond du nord pour voir de près les magnificences qu'on lui avait racontées de la cour du grand roi. Mais Louis XIV était mort.

Louis XV était encore enfant, le régent ne haïssait pas la représentation, et d'ailleurs le czar avait depuis Louis XIV étendu une illustration sans exemple d'un bout de l'Europe aux extrémités de l'Asie : son projet devait se réaliser. Après avoir voyagé en Hollande, en Allemagne et en Angleterre, il ne pouvait trouver d'obstacle sérieux à voir la France, alors plus fermement qu'aujourd'hui encore placée à la tête des nations civilisées.

Pour la première fois peut-être, un monarque sortait de ses États lointains, non par un vain désir de voir et d'être vu, mais pour s'instruire dans les arts utiles au commerce et à la navigation, deux grandes, deux fécondes passions du fondateur de l'empire russe.

Dunkerque fut le port où, le 21 mai 1717, descendit Pierre Ier, accompagné de sa suite. Pour le recevoir dignement, le régent avait mis à sa disposition des fourgons, des carrosses en très grand nombre, les plus riches équipages du roi, avec ordre de traiter le czar comme le roi lui-même. Le marquis de Nesle se présenta à lui à Calais pour lui faire les honneurs du voyage jusqu'à Beaumont, d'où le maréchal de Tessé devait l'escorter jusqu'à Paris. Cette déférence parut naturelle au czar ; et, pendant toute sa résidence dans la capitale, il ne se montra jamais surpris du cérémonial outré dont on usa envers lui.

« Ce prince, dit une relation historique dédiée au czar lui-même, et écrite par l'auteur du nouveau *Mercure François*, arriva à Paris entre neuf et dix heures du soir, le roy étant déjà couché. Il fut surpris de voir les rues Saint-Denis et Saint-Honoré toutes illuminées, avec un peuple infini qui occupoit les fenêtres et les passages. »

Quoique ses appartements eussent été dressés au Louvre avec une somptuosité digne de son rang, on jugea, et ce fut fort à propos, de lui tenir prêt l'hôtel de Lesdiguières, appartenant au maréchal de Villeroi. On supposa que le czar serait plus à l'aise qu'au Louvre dans un hôtel exclusivement dévolu à lui seul. Ainsi qu'il avait été réglé, le maréchal de Tessé, qui avait rencontré Pierre Ier à Beaumont, l'accompagna jusqu'à Paris, et lui servit d'introducteur au Louvre le soir du

même jour, vers neuf heures. Les marbres, les lumières répandues à l'excès dans les appartements, les girandoles de
cristal, jouant, tournant et miroitant à ses yeux, les dorures
des plafonds et des portes, les couleurs cramoisies des tapisseries, le fatiguèrent à tel point, qu'il voulut s'en aller tout de
suite à l'hôtel de Lesdiguières. « Étant entré dans la salle
(une des salles du Louvre), où il trouva deux tables de soixante
couverts chacune, en gras et en maigre, il les considéra, et demanda un morceau de pain et des raves, goûta à cinq ou six
sortes de vins, but deux gobelets de bière, qu'il aime beaucoup, et jetant les yeux sur la foule de seigneurs et autres personnes dont les appartements étoient pleins, il pria M. le maréchal de Tessé de le faire conduire à l'hostel de Lesdiguières,
proche l'Arsenal. » On avait encore trop richement orné cet
hôtel pour ses goûts d'une simplicité austère. Dédaignant les
meubles opulents placés par l'ordre du régent, et surtout le lit
d'or et de soie qui lui était destiné, il fit porter et préparer son
lit de camp, et s'y coucha à demi habillé, comme il en usait à
l'armée. C'était à cet empereur sauvage que le seigneur le plus
délicat de la cour avait prêté son riche, son magnifique hôtel.

Sa personne était en analogie parfaite avec son esprit; la
rudesse et l'intelligence marquaient sa physionomie et ses actions. Grand, maigre, mais bien pris, l'œil noir asiatique, le
teint animé, rougeâtre comme la glace au soleil, il avait par
moment des irritations nerveuses dont tous les angles et les
muscles faciaux étaient émus. S'il s'apercevait de sa contrac-
tion, il la domptait et l'effaçait sous un sourire affecté, mais
plein de grâce.

« Le même jour, le czar étant sorti à cinq heures du matin
dans un carrosse à deux chevaux seulement, il alla à l'Arsenal,
à la Place-Royale, dont il fit le tour ; ensuite à la place des Victoires, qu'il dessina, et y lut les inscriptions; et de là à la
place de Louis le Grand, dont il admira la statue équestre. Il
s'arrêta chez le charpentier du roi, vit travailler ses ouvriers,
et travailla avec eux, s'informant du nom et de l'usage des ou-
tils différents; il descendit aussi chez le menuisier du roi, où il
fit ses observations. Ce monarque avoit prié le jour précédent
M. le duc d'Antin de lui fournir une description de tout ce

qu'il y avoit de plus curieux à Paris ; deux heures après, ce seigneur lui apporta un cahier proprement relié, qui contenoit toutes les raretés de cette grande ville ; il le reçut sans l'examiner ; mais, l'ayant ouvert, il fut agréablement surpris de le voir traduit en langue esclavonne, et s'écria qu'il n'y avoit qu'un François capable de cette politesse.

« M. le duc d'Antin accompagna le czar à l'académie royale de Peinture et de Sculpture, où M. Coypel, peintre célèbre, eut l'honneur de lui expliquer tous les sujets différents qui méritent quelques observations.

« Le 16, le czar se rendit aux Invalides à l'heure du dîner. Il salua en particulier tous les officiers, et leur fit l'honneur de les nommer ses camarades. »

On connaît son costume : perruque sans poudre, habit sombre, point de dentelles ; jamais de gants.

Son appétit était primitif comme ses manières : il mangeait énormément, buvait davantage ; il buvait toujours. Sa suite aurait cru lui faire injure en affectant de la sobriété. Son aumônier seul le surpassait en intempérance.

Et cependant ce prince, trivial jusqu'à passer des journées entières avec des maçons, à partager leurs travaux, méprisant à un degré presque puéril l'éclat du luxe, la mollesse de notre vie intérieure, le relâchement de nos habitudes, était d'un despotisme presque raffiné sur l'étiquette, d'une tyrannie subtile sur les questions de préséance. C'était un ours tombé dans l'habit d'un marquis.

On est émerveillé de la docilité du régent à condescendre à toutes les servilités d'une étiquette qui, apparemment, voulait que le prince visité fût le laquais du prince visiteur. Le czar prétend ne mettre le pied hors de son hôtel de Lesdiguières qu'après avoir été salué par le duc d'Orléans, et le duc d'Orléans s'empresse de se rendre au caprice du czar, lequel fait deux pas en avant, tourne le dos, et passe le premier dans un cabinet où il s'assied au haut bout. A l'Opéra, le czar a soif, le duc d'Orléans se lève, va chercher de la bière, et en offre un verre dans une soucoupe ; quand le czar a bu, il prend une serviette des mains du duc d'Orléans et s'essuie les lèvres. Le czar nous coûtait six cents écus par jour.

Nous passons sur une foule de traits qui décelèrent le caractère du czar pendant son séjour à Paris, pour mentionner un événement de la fête dont il fut le héros chez le duc d'Antin à Petit-Bourg.

« Le 30 de mars, M. le duc d'Antin engagea ce prince à aller dîner à Petit-Bourg, d'où il a dû se rendre à Fontainebleau, tout étant disposé pour l'y recevoir, et pour lui donner successivement le plaisir de la chasse du loup, du cerf et du sanglier.

« Il s'en faut de beaucoup que les voyages des empereurs Charles IV, Sigismond, et Charles V, en France, aient eu une célébrité comparable à celle du séjour qu'y fit Pierre le Grand. Ces empereurs n'y vinrent que par des intérêts de politique, et n'y parurent pas dans un temps où les arts perfectionnés pussent faire de leur voyage une époque mémorable; mais quand Pierre le Grand alla dîner chez le duc d'Antin, dans le palais e Petit-Bourg, à trois lieues de Paris, et qu'à la fin du repas il vit son portrait, qu'on venait de peindre, placé tout d'un coup dans la salle, il sentit que les Français savaient mieux qu'aucun peuple du monde recevoir un hôte si digne. » (*Histoire de Russie*, part. II, chap. VIII, p. 336, édition Delangle.)

Ni Voltaire, que nous citons, ni Saint-Simon et Dangeau, à qui nous empruntons souvent, ne parlent de ce voyage du czar en France avec la minutieuse fidélité du *Mercure*, quoique tous les trois affectent l'ordre chronologique le plus absolu dans leur récit. A notre avis, *le Mercure* est la meilleure source où l'on doive puiser quand on a besoin de connaître les événements du temps de Louis XIV, du régent et de Louis XV. Ce mérite, il n'est pas besoin de le dire, n'est relevé ni par celui du style ni par celui d'un esprit de critique même au niveau de la liberté fort restreinte de l'époque. Père du journalisme, *le Mercure* a débuté par la naïveté, et le journalisme est, je crois, maintenant assez éloigné de son origine.

Nous détacherons encore de cet excellent recueil quelques lignes instructives parmi celles qui sont consacrées au séjour du czar à Paris.

« Le dimanche, 30 du passé, le czar arriva de bonne heure à *Petit-Bourg*, où M. le duc d'Antin lui fit servir un dîner magnifique, après lequel il alla coucher à Fontainebleau Le lendemain, il courut le cerf avec l'équipage du roi, et monta les chevaux de M. le comte de Toulouse, qui se trouva à cette chasse; elle fut si vive, que le cerf fut forcé en moins d'une heure et demie. Le czar, qui n'avait jamais pris ce plaisir royal, en parut fort content, et fit à M. le comte de Toulouse toutes les honnêtetés imaginables.

« Il revint coucher à Petit-Bourg, où M. le duc d'Antin le reçut aussi magnifiquement que la veille, quoique ce retour fût imprévu. Après avoir parcouru les jardins et la terrasse qui sert de barrière à la Seine, il entra le 1er juin dans une gondole, qui le ramena à Paris avec toute sa cour, qui le suivait dans d'autres bateaux. Il s'arrêta à Choisy, où il fut accueilli par madame la princesse de Conti, douairière, qui doit y séjourner tout l'été; il vit les jardins et les appartements : s'y étant rafraîchi, il continua son chemin en gondole, et ayant traversé tous les ponts de Paris, il vint descendre à l'abreuvoir, au-dessous de la porte de la Conférence; il monta en carrosse, et, passant sur les remparts de la ville, il alla chez un artificier où il acheta une grande quantité de fusées et de pétards qu'il voulut tirer lui-même dans le jardin de l'hôtel de Lesdiguières. »

Quelque curieux que soit le reste du récit, il s'éloigne trop de notre sujet pour que nous le transcrivions ici.

La possession de Petit-Bourg par madame la duchesse de Bourbon se rattache à une date peu éloignée de 1750. Jusqu'à la révolution française, cette princesse, aussi douce, aussi bonne qu'aimable et que jolie, résida fréquemment dans ce château, où sa piété mystique s'exaltait sans obstacles jusqu'aux plus hautes sphères de la rêverie.

Fille du duc d'Orléans, le petit-fils du régent, elle avait épousé le duc de Bourbon, celui dont la fin tragique n'a cessé d'être un problème que pour la justice des tribunaux. La vie de cette femme élevée exercera un jour la plume curieuse de ces bons esprits investigateurs qui relèvent tous les passés de quelque prix et les remettent en honneur. Sa jeunesse ne serait pas la page sérieuse. En 1778, on était peu sérieux encore, et la duchesse n'avait pas vingt ans. Un excès de jalousie lui souffle la mauvaise pensée d'aller au bal de l'Opéra, le mardi gras de 1778. Elle y va pour railler sous le masque madame de Can..., aimée autrefois, aimée encore peut-être du duc de Bourbon. Ce soir-là, M. le comte d'Artois donnait le bras à madame de Can... Tous trois étaient masqués; tous trois se reconnaissent pourtant. Double jalousie au cœur de la duchesse, qui avait été favorablement remarquée, il y avait peu d'années encore, par le comte. Elle poursuit madame de Can..., l'embarrasse, la mortifie, la torture si bien, que la victime du bal abandonne de honte le bras de son chevalier et se perd dans la foule. La partie ne resta plus engagée qu'entre la duchesse de Bourbon et le comte d'Artois. Poussant l'esprit un peu au-delà des bornes permises, la duchesse s'oublia au point d'enlever le masque au sérénissime interlocuteur. Irrité, le comte d'Artois arrache alors celui de madame de Bourbon et le lui lance tout broyé au visage. C'était un soufflet.

Les suites de ce scandale remuèrent la cour et la ville. La cour fut en apparence pour le comte d'Artois, la ville ouvertement pour le duc de Bourbon. Un moment eut lieu où la bravoure du frère du roi fut cruellement mise en doute; affront immérité, ainsi que l'événement le prouva.

« Contez-moi donc comment cela s'est passé. — (Mémoires du baron de Besenval.)

« Ce matin, me répondit le chevalier de Crussol, avant de partir de Versailles, j'ai fait mettre en secret, sous un coussin de la voiture, sa meilleure épée. Quand nous sommes arrivés à la Porte-des-Princes (bois de Boulogne), où nous devions monter à cheval, j'ai aperçu M. le duc de Bourbon à pied, avec assez de monde autour de lui. Dès que M. le comte d'Artois l'a vu, il a sauté à terre, et allant droit à lui, il lui a dit en souriant : *Monsieur, le public prétend que nous nous cherchons.*

« M. le duc de Bourbon a répondu en ôtant son chapeau : *Monsieur, je suis ici pour recevoir vos ordres. — Pour exécuter les vôtres,* a repris M. le comte d'Artois, *il faut que vous me permettiez d'aller à ma voiture ;* et étant retourné à son carrosse, il y a pris son épée, ensuite il a rejoint M. le duc de Bourbon.

« Les éperons ôtés, M. le duc de Bourbon a demandé la permission à **M.** le comte d'Artois d'ôter son habit, sous prétexte qu'il le gênait. **M.** le comte d'Artois a jeté le sien, et l'un et l'autre ayant la poitrine découverte, ils ont commencé à se battre. **M.** le duc de Bourbon a chancelé, et j'ai perdu de vue la pointe de l'épée de **M.** le comte d'Artois, qui apparemment a passé sous le bras de **M.** le duc de Bourbon. *Un moment, messieurs*, leur ai-je dit, *en voilà quatre fois plus qu'il n'en faut pour le fond de la querelle.*

« *Ce n'est pas à moi à avoir un avis*, a repris **M.** le comte d'Artois. *C'est à M. le duc de Bourbon à dire ce qu'il veut : je suis ici à ses ordres.*

« *Monsieur*, a répliqué **M.** le duc de Bourbon en adressant la parole à **M.** le comte d'Artois et en baissant la pointe de son épée, *je suis pénétré de reconnaissance de vos bontés, et je n'oublierai jamais l'honneur que vous m'avez fait.*

« **M.** le comte d'Artois ayant ouvert ses bras, a couru l'embrasser, et tout a été dit. »

Les préliminaires de ce duel royal entre le duc de Bourbon et le comte d'Artois sont la plus agréable partie des Mémoires du baron de Besenval, qui s'y montre du reste fort peu partisan des opinions philosophiques de la duchesse de Bourbon.

Ce furent ces opinions, mais passées à l'état mystique le plus éthéré, qui lièrent d'une sympathie tendre le Swedenborgiste Saint-Martin et la duchesse de Bourbon. Leur intimité commença avant la révolution, la traversa malgré les distances et l'exil, et se rétablit après la grande tourmente. Le sublime métaphysicien, cet homme rare dont les écrits ne sont pas connus de cent personnes en France, et qui aura un jour une impérissable célébrité, allait répandre dans le parc silencieux de Petit-Bourg ses harmonieuses doctrines, que recueillaient le marquis de Lusignan, le maréchal de Richelieu, le chevalier de Boufflers, et surtout la duchesse de Bourbon. C'est là que fut expliquée pour la première fois en France la parole apocalyptique de Jacob Bœhm. Ainsi, il était écrit que les gens de qualité faciliteraient le passage à tous les grands courants d'idées affluant de toutes parts vers Paris. Un marquis protégeait le magnétisme, des barons et des ducs allaient transformer les états-généraux en constituante, c'est-à-dire la monar-

chie en république; une duchesse, un maréchal, se passion-
naient pour les plus larges écarts de l'instinct religieux.

Parmi les milliers de formes politiques enfantées par les
exubérantes imaginations de l'époque, on ne doit pas oublier
celle de la duchesse de Bourbon : 1° Rendre les hommes vertueux et libres; 2° qu'ils aient tous le nécessaire pour vivre;
3° qu'il n'y ait de distinction parmi eux que celles que doivent
établir la vertu, l'esprit, les talents et l'éducation; 4° donner à
chaque homme les moyens de parvenir au degré que ses facultés naturelles pourraient lui permettre; 5° qu'il y ait liberté
de religion; 6° *qu'il soit honteux d'être riche et de se mettre
au-dessus des autres;* 7° que celui qui reçoit salaire doive
obéissance à celui qui le paie ; 8° que la vieillesse soit honneur pour les jeunes gens; que la convenance des cœurs dicte
les mariages; 9° que tous les états soient également honorables
et honorés; 10° que la loi punisse le crime sans donner la
mort; 11° que les juges soient irrécusables ; 12° que tous les
citoyens soient nés soldats ; 13° être frugal et simple; 14° pour
y parvenir, que ceux qui gouvernent donnent l'exemple de
toutes les vertus; 15° que le choix des magistrats soit fait par
le peuple d'après une liste faite par les ministres du culte, que
je suppose des êtres divins; 16° quant au mode de gouvernement, je n'ai point d'idée sur cela; mais en mettant en vigueur
les règles que je viens d'établir, il serait bon, quel qu'il puisse
être (1).

Voilà ce que pensaient, à l'extrême fin du dix-huitième
siècle, et ce qu'osaient écrire les gens de cour, une duchesse
de Bourbon, une princesse de sang royal.

Soit qu'en se rapprochant de la réalisation de son système,
la duchesse de Bourbon finît par en comprendre les dangers,
soit que Saint-Martin eût pris de plus en plus de l'empire sur
ses idées, elle se renferma dans son mysticisme derrière ses
beaux arbres de Petit-Bourg, d'où la révolution ne devait pas
tarder à l'exiler, et tête-à-tête avec le grand, l'immortel illuminé d'Amboise, elle écrivit sur la religion et le monde invisible. C'est à cette série d'écrits que Saint-Martin répondait de

(1) *Mémoires du comte d'Allonville.*

Lyon en 1793, par la publication de son *Ecce homo. ou le nouvel homme;* réfutation aimante, tendre, pleine d'inspirations voilées, mais allant au cœur et à la persuasion par on ne sait quel chemin; c'est par ces mots, adressés comme tout le reste du livre à la duchesse de Bourbon, que Saint-Martin termine son *Ecce homo :*

« Ne te donne point de relâche que cette ville sainte ne soit rebâtie en toi, telle qu'elle aurait dû toujours y subsister, si le crime ne l'avait renversée, et souviens-toi que le sanctuaire invisible où notre Dieu se plaît d'être honoré, que le culte, les illuminations, qu'enfin toutes les merveilles de la Jérusalem céleste peuvent se retrouver encore aujourd'hui dans le cœur du nouvel homme, puisqu'elles y ont existé dès l'origine. »

Rien n'est plus clair que ces paroles quand on s'est un peu brisé au langage des illuminés, hommes sur lesquels le dernier mot n'a pas été dit. Ils auront encore un jour dans les siècles; mais qu'on juge de l'attachement plus qu'huma n qui s'était formé entre la duchesse de Bourbon et Saint-Martin par cette réflexion du saint Jean de l'illuminisme :

« Il y a deux êtres dans le monde en présence desquels Dieu m'a aimé; aussi, quoique l'un fût une femme (M. B.), jai pu les aimer tous deux aussi purement que j'aime Dieu, et par conséquent les aimer en présence de Dieu, et il n'y a que de cette manière-là que l'on doive s'aimer, si l'on veut que les amitiés soient durables. »

Tout est mystérieux dans la vie et dans la mort de cet homme extraordinaire. Il prédit la minute de sa mort, quoique en parfaite santé au moment de sa prophétie; sûr de ce qui devait arriver, il alla déjeuner chez un de ses amis, ancien sénateur, causa jusqu'au dessert; puis il se leva pour se reposer dans une autre pièce; là, il s'assit dans un fauteuil, regarda le ciel et mourut. C'était le 13 octobre 1803.

Si nous n'avons pas cité les marquis de Poyanne et de Raye, l'un et l'autre possesseurs de Petit-Bourg avant madame la duchesse de Bourbon, ce n'est point par oubli, mais bien à cause de la stérilité des recherches que nous avons faites. Nous avons découvert seulement que le marquis de Raye réunit à la seigneurie le domaine de Neufbourg.

La révolution ayant dépouillé la duchesse de Bourbon de ses propriétés, le château de Petit-Bourg fut acquis à la nation, terrible châtelaine. Il est juste cependant de constater que la république ne mit, contre son usage, aucune filature de coton dans les salons à chicorée et à coquilles d'or.

Un acquéreur se présenta dans ces temps orageux, et sauva Petit-Bourg d'un abandon qui, en se prolongeant, eût été aussi funeste qu'une dégradation violente. M. Perrin, fermier des jeux, acheta le château à la nation. Sans porter une curiosité indiscrète dans ce dernier contrat de vente, il faut croire aux bons souvenirs que M. Perrin a laissés dans la commune.

En 1814, Petit-Bourg fut occupé par le prince de Schwartzenberg, commandant en chef des armées alliées, réunies contre la France. Il y établit son quartier général ; de cette position, il observait les mouvements de Paris et de Fontainebleau, où se faisaient et se défaisaient les grands événements historiques du moment ; on avait logé dans les propriétés voisines les principaux officiers autrichiens, bavarois et prussiens. Les soldats s'étaient établis dans les bourgs et villages des environs, et en si grand nombre, que beaucoup de familles avaient été forcées d'en recevoir jusqu'à vingt ; impôt écrasant, inévitable, odieux ; mais c'était la guerre. Quelque sévère que fût la discipline en vigueur parmi les troupes coalisées, il se commettait chaque jour, chaque heure, des actes de violence. Un jour, un champ était dévasté par le pas des chevaux ; un autre jour, des arbres étaient coupés dans un parc, afin d'avoir du bois en quantité suffisante pour faire cuire ces énormes morceaux de bœuf encore présents à la mémoire de la génération envahie. Et que de légumes volés ! que de fruits emportés avant la maturité, luxe dont se moquaient les cosaques ! que de petits pillages autour d'une ferme ! œufs, poules, poulets ; rien n'est filou comme un vainqueur. Ce n'est pas que le châtiment fît défaut.

Il vint même un moment, pendant l'occupation étrangère, où les habitants n'osaient plus se plaindre aux chefs, tant la législation militaire était terrible contre le soldat délinquant : le fouet jusqu'au sang, jusqu'aux os, pour un léger vol ; la mort pour une faute plus grave. Par humanité, on aimait mieux endurer la perte d'un mouton ou de quelques livres de fruits que de faire passer par les armes le malheureux maraudeur.

Cependant un vol fut commis si audacieusement, que la victime ne put empêcher sa colère d'éclater : c'était un fermier des environs de Soisy-sous-Étioles. Obligé d'aller passer avec sa famille trois ou quatre jours à Villeneuve-Saint-Georges, il confia sa ferme à quelques-unes de ces femmes de la campagne dont l'emploi est d'aller vendre au marché deux fois par semaine le beurre et le fromage.

Instruits du voyage du fermier, des soldats allemands s'introduisirent la nuit dans son cellier ; ils lui emportèrent le premier jour tout son vin en pièces, et, le second jour, les quatre ou cinq cents bouteilles de vins fins réservées pour les solennités patronales.

Quand le fermier rentra chez lui, de quel douloureux spectacle ne fut-il pas frappé ? D'un saut, il court au quartier général du prince de Schwartzenberg, à Petit-Bourg ; car il ne doutait pas que les voleurs ne fissent partie des régiments campés dans les différentes communes du canton.

Le prince, avec son affabilité ordinaire, donna audience au fermier. La plainte écoutée, il lui demanda s'il savait à quelle peine seraient infailliblement condamnés les soldats allemands contre lesquels il demandait justice. « Je le sais, répondit le fermier ; mais ils l'ont mérité. — Réfléchissez bien, ajouta le prince, et revenez me voir demain.

— Eh bien ! dit le prince de Schwartzenberg en recevant le lendemain le fermier de Soisy-sous-Étioles ; qu'avez-vous décidé ?

—Que je ne renoncerai pas à les poursuivre devant le conseil de guerre, répondit celui-ci.

— Auriez-vous été soldat, par hasard ? lui demanda encore le prince.

— Nous avons tous été soldats, à mon âge, dans le pays.

Le prince s'arrêta pour penser.

— Les trois soldats allemands qui ont volé votre vin, reprit-il, me seront livrés ce soir ; on les connaît. Je vous prie de venir encore demain ici avant l'heure où le conseil s'assem blera pour les juger. Soyez au château à dix heures du matin.

Le fermier fut exact.

— Voilà les trois soldats dont vous avez à vous plaindre; ce sont trois frères, Saxons tous les trois, dit le prince au fermier. Avant de les envoyer devant leurs juges, il m'a plu de vous réunir vous et eux à ma table. Nous allons déjeuner tous les cinq. Asseyons-nous.

— Où avez-vous fait la guerre? dit ensuite le prince au fermier.

— En Italie et en Allemagne, mon prince.

Comprenant parfaitement le français, les trois Saxons écoutaient de toutes leurs oreilles.

— Étiez-vous à la prise de telle ville? lui demanda le prince.

— Oui, prince, et c'était chaud; nous chassâmes l'ennemi de toutes ses positions, et puis tout fut à nous : la ville et les environs.

— A votre santé, dit le prince en versant un verre de bordeaux au fermier; continuez.

Les trois Saxons écoutaient toujours.

— Dame! nous fîmes ensuite comme en pays conquis; nous mangeâmes, nous bûmes, nous nous logeâmes chez le bourgeois. J'étais logé chez un prêtre, moi. Pendant deux mois, je puis dire que les poulets ne quittaient pas la broche.

— A votre santé, monsieur le fermier. — Le prince versa de nouveau.

— Son vin était fameux, si ses poules étaient grasses. Je bus jusqu'au dernier flacon.

— Il vous avait sans doute prié de l'en débarrasser.

— Ah! que non, le vieil avare! Mais j'aurais voulu voir qu'il m'eût empêché de saigner sa cave!

— Et s'il n'eût pas consenti à vous en livrer les clefs?

— J'aurais enfoncé la porte.

— A votre santé, monsieur le fermier. Ah! vous eussiez enfoncé la porte; et le conseil de guerre?..

— Bah! bah! le conseil de guerre en pays conquis! Eh bien! oui : j'eusse été peut-être condamné à être mis à la queue du régiment.

— Une plume et du papier, dit le prince à ses domestiques.

« Moi, fermier à Soisy-sous-Étioles, écrivit le prince, ancien soldat, ayant fait la guerre en Allemagne, où j'ai quelquefois bu, sans leur permission, le vin des personnes chez lesquelles j'étais logé, et n'ayant jamais été puni pour cela, consens à ce que les trois soldats saxons qui ont pillé mon cellier soient, pour cette faute, condamnés à mort sur-le-champ. »

— Signez donc, monsieur le fermier.

Le fermier prit son chapeau et son bâton pour gagner la porte.

— Je ne veux pas que vous partiez ainsi, dit le prince en riant : estimez votre perte, et nous réglerons ensuite tous les deux. Faites comme si je vous avais acheté votre vin.

— Quant à vous, dit-il ensuite aux trois Saxons, je vous condamne à boire de l'eau pendant trois mois.

C'est aussi au château de Petit-Bourg que se conclurent plusieurs actes de haute politique dont le souvenir ne se perdra jamais. Là, le général en chef des troupes coalisées contre la France, ce même prince de Schwartzenberg, traita avec le duc de Vicence et le prince de la Moskowa des deux abdications de Napoléon. On n'apprendra à personne que la première de ces deux abdications fut rejetée par le gouvernement provisoire, à cause de l'article additionnel où l'empereur disait ne résigner le pouvoir qu'en le déléguant à son fils, et que la seconde fut enfin acceptée en ces termes par Napoléon : « Les puissances alliées ayant proclamé que l'empereur Napoléon était le seul obstacle au rétablissement de la paix en Europe, l'empereur Napoléon, fidèle à son serment, déclare qu'il renonce, pour lui et ses héritiers, aux trônes de France et d'Italie, et qu'il n'est aucun sacrifice personnel, même celui de la vie, qu'il ne soit prêt à faire à l'intérêt de la France. » On sait qu'avant même ce moment de déchéance difficile, impossible à éluder, quoi qu'on en ait dit, Napoléon avait vu s'éloigner de lui la plupart de ses plus fameux compagnons d'armes.

De Fontainebleau à Paris, la longue chaussée était couverte d'équipages fugitifs, qui se hâtaient de gagner au galop les riches hôtels du Roule et de la Chaussée-d'Antin. La gloire brûlait de rentrer dans ses meubles, d'accrocher le glaive sous les couronnes, de jouir du repos enfin.

Cet événement historique de l'abdication de Napoléon, convenue au château de Petit-Bourg, se relie à un autre fait sur lequel il y aura peut-être un jour à revenir. Nous voulons parler de la défection du sixième corps commandé par le duc de Raguse. C'est de Petit-Bourg à la rue Saint-Florentin que la mémorable dépêche fut transmise par le prince de Schwartzenberg. On connaît le résultat foudroyant qu'elle eut au milieu du conseil des princes coalisés, qui avaient hésité jusque-là s'ils accepteraient ou repousseraient l'abdication de Napoléon en faveur de son fils. L'opinion monarchique, par l'organe d'un de ses bons écrivains, M. F.-P. Lubis, présente ce grand événement de la défection du duc de Raguse, dans les termes que nous lui empruntons, *Histoire de la Restauration*, pages 214 et 215, 1er volume : « Le roi de Prusse se prononça contre la régence. L'empereur de Russie hésitait toujours. Il n'y eut qu'une voix pour renverser Napoléon. L'avis fut même ouvert de marcher sur Fontainebleau, de lui livrer une dernière bataille, et de faire les plus grands efforts pour s'emparer de sa personne. Le désir d'éviter une nouvelle effusion de sang empêcha de prendre un parti. Le conseil se sépara, au surplus, sans rien conclure, Alexandre ayant remis au lendemain pour se décider.

« Peu d'instants après, cependant, les commissaires de Napoléon trouvèrent le czar dans des dispositions bien différentes de celles dont ils avaient conçu un si favorable augure. La conférence languissait sans qu'il eût fait connaître sa décision, lorsqu'un aide de camp vint lui remettre une dépêche, en ajoutant quelques mots en langue russe, qui furent compris du duc de Vicence. « Mauvaise nouvelle ! » dit celui-ci d'une voix concentrée aux maréchaux, étonnés de sa soudaine pâleur.

« Messieurs, reprit Alexandre après avoir lu, je résistais
« avec peine à vos instances, voulant donner une marque de
« mon estime particulière à l'armée française, que vous repré-
« sentiez. Mais cette armée, dont vous faites valoir le vœu una-
« nime, se met en opposition avec vous. Sa volonté, en effet,
« la connaissez-vous bien? Savez-vous ce qui se passe au
« camp? Savez-vous que le corps de M. le duc de Raguse s'est
« rangé tout entier de notre côté? »

« Les plénipotentiaires s'écrièrent que cela était impossible.

« Lisez, » repartit Alexandre en mettant sous leurs yeux la dépêche signée de la main du prince de Schwartzenberg. Ils regardèrent d'un air interdit le duc de Raguse : le maréchal était au désespoir.

« Ainsi fut perdue la cause de la régence. »

C'est de M. Perrin, que nous avons nommé quelques pages plus haut, que M. Aguado acquit en 1827 la propriété de Petit-Bourg. Le célèbre banquier avait fait subir de nouveaux et considérables embellissements à la résidence seigneuriale du fils de madame de Montespan, quand nous eûmes l'idée de la placer dans notre galerie historique des châteaux de France.

Aujourd'hui, pour ne pas ôter à nos impressions leur sincérité primitive, nous reproduirons l'historique de Petit-Bourg, pendant son occupation par M. Aguado, tel que nous le publiâmes alors.

Nous disions :

Sans regretter les jours à jamais éteints de la puissance seigneuriale, il faut leur rendre la part de justice qu'ils méritent. Remplacera-t-on au sein de la population des campagnes, condamnée à être longtemps encore nécessiteuse, malgré tous les essais de la politique, l'ascendant généreux des riches familles titrées ? Je sais que leur générosité n'était pas gratuite, et qu'il n'était pas difficile aux seigneurs d'être magnifiques une fois l'an, quand ils grossissaient leurs revenus d'une foule d'impôts vexatoires. Mais l'État n'est-il pas aussi de nos jours un seigneur exigeant ? Et n'est-ce pas la dîme, n'est-ce pas la corvée sous d'autres noms moins flétrissants, que l'octroi, les portes et fenêtres, le personnel, la garde nationale et la conscription ? On dit qu'au bon plaisir du maître a succédé l'égalité devant la loi. Il y aurait beaucoup à écrire sur cette égalité et cette loi. Enfin, serait-il vrai, et je pourrais l'admettre, que la commune eût détrôné avec avantage pour les masses l'antique féodalité, la commune n'en demeurait pas moins un être froidement de raison, opérant le bien sans chaleur, sans enthousiasme, et surtout sans amour. La commune a-t-elle une figure, une voix ? Qui la connaît ? Qui l'aime ? Soyez réduit à la misère, la commune est une maison lugubre où l'on vous donne un morceau de carton que vous échangez contre un pain; soyez malade, la commune, sous les traits d'une autre maison, vous jette une carte qui vaut un lit de fer dans un hôpital; mourrez sans laisser cent sous pour le fossoyeur, la commune délivre à votre ami un autre morceau de carton avec lequel il a la faveur de vous couvrir d'un peu de terre sans frais. Ceci est à peu près toute la commune. Il n'y a rien à reprendre à son humanité; mais qu'elle est triste et glacée! Qu'est-ce qu'une générosité inaccessible à la reconnaissance? »

« N'aimez-vous pas mieux, dans un autre ordre d'organisation sociale, ce seigneur matinal qui frappe à chaque chaumière, se fait ouvrir, entre, invite chacun à lui dire son désir ou sa plainte? Si ce n'est lui, sa femme ou sa fille parcourent le bourg au milieu de la nuit, pendant l'hiver, et voient à travers les fentes de la porte le lit sans couverture, ou le foyer sans feu. Pourquoi avoir constamment oublié l'immense contre-poids que faisaient les femmes à la dureté, à la violence, au despotisme de quelques seigneurs? Et la considération est grave à peser. Quand chaque village avait pour patronne terrestre une femme attentive et humaine, il restait peu de place en France pour l'absolue misère. Eh bien! voilà les visages adorés, les mains connues et cherchées dans l'ombre, voilà la reconnaissance dont nous parlions. — Baisez donc la main de la commune! — grande cause de pitié et d'amélioration retranchée du trésor moral de la nation. Entre le bien qui émane de la commune et celui que faisaient autrefois les habitants des châteaux, il y a à observer la même différence qu'entre l'œuvre produite par une mécanique et l'œuvre conçue, exécutée par la main de l'homme. La première est exacte, nette, irréprochable; mais elle est sans vie; la seconde ne vient pas toujours à point, elle pêche par de grands défauts, des oublis et des incertitudes, mais le sang et la pensée y ont mis du leur. La commune est l'imprimerie du bienfait, et la libre indépendance de bien faire qu'elle a remplacée en était l'autographe. »

« Si le propriétaire actuel de Petit-Bourg, disions-nous, n'a heureusement à revendiquer aucun des priviléges de ses prédécesseurs, et il est trop de son siècle pour s'en plaindre, il n'a pas renoncé, lui, plus riche que la plupart des premiers pos-

sesseurs de son château, au droit de se faire aimer, non pas de
ses vassaux, mais de ses voisins de Ris, de Soisy, d'Évry, et
des villages environnants. On laissera dans la chasteté du silence et de l'ombre ce qu'il y a mis ; il n'est pas d'éloges, si
mérités qu'ils soient, qui fassent pardonner de les avoir écrits,
quand nul n'en réclamait la publicité. Les belles actions sont
aussi de la vie privée.

« Il faut pourtant parler de ce pont construit sur la Seine
par le généreux banquier, et qui lui coûta, dit-on, sept cent
mille francs. Qui donc, même parmi les plus riches, a jamais
fait jeter à ses frais un pont sur un fleuve? Où trouve-t-on des
citoyens aussi magnifiques envers une ville, moins qu'une ville,
car Ris n'est qu'un village? On payait d'abord un sou pour
passer sur ce pont. On assure que madame Aguado se plai-
gnant un jour d'être obligée de faire arrêter sa voiture pour
acquitter comme les autres son droit de péage, M. Aguado lui
dit : « Il n'y a qu'un remède à cet inconvénient : personne ne
paiera plus rien pour passer sur le pont de Ris ; » et le droit
de péage fut aboli. »

« Nous ne rapporterons d'une foule de traits honorables
gravés dans le cœur des habitants des communes placées sous
le regard du château de Petit-Bourg, que celui-ci, qui ne doit
pas être perdu pour l'histoire du temps.

« En 1832, quand le choléra fit pleuvoir pour la première
fois son venin sur Paris et les départements voisins, la terreur
s'étendit partout. Les riches battirent en retraite ; c'était à qui
irait le plus vite en sens inverse, des nuages chargés de peste
et des équipages fuyant Paris. Les riantes résidences arrosées
par la Seine et la Marne se vidèrent; la peur fit oublier le printemps, qui venait chargé de plumes d'oiseaux, de feuilles d'arbres et de petites fleurs. Chaque convoi funèbre se croisait avec
vingt voitures haletantes. De tous ces châteaux d'où la mollesse
et l'oisiveté s'étaient envolées, il n'en resta qu'un seul habité,
le château de Petit-Bourg. M. Aguado voulut demeurer seul
exposé à toutes les chances du mal, qui allait être sans pitié
pour les communes voisines du château. Il se rendait dans
chaque village déjà largement décimé, franchissait le seuil de
chaque maison, et il donnait à chaque habitant malheureux les

objets réclamés par un bien-être sans lequel la mort ne pardonnait à personne : de la flanelle, des couvertures chaudes, et les meilleurs moyens curatifs indiqués par la médecine, sans oublier le moyen qui les comprend tous. Il établit une pharmacie au château, avec deux médecins uniquement destinés à soigner les malades du canton. De tels actes honorent un nom ; et fût-il déjà chargé d'une couronne de marquis, il s'élèverait plus haut encore. »

« N'allons pas oublier que M. Aguado a fondé une école et un hôpital à Évry. »

« Aucun village n'a de fête, disions-nous encore, aussi joyeusement colorée que celle de Petit-Bourg ; il en a même deux, l'une en l'honneur du saint de la localité, l'autre en l'honneur de la patronne de madame Aguado. Toutes deux font époque dans le souvenir des invités habituels, qui sont traités ce jour-là aux frais de la maison. Des contentements sont ménagés à tous les âges. Aux jeunes filles, une main gracieuse distribue des mouchoirs aux vives couleurs, des bonnets de dentelles, des croix d'or, et même des montres. Aux jeunes gens, le sort ou l'adresse réserve des fusils ou des couteaux de chasse. Indispensable auxiliaire, le vin ne cesse pas de couler sous les tentes dressées au milieu du parc, tandis que la danse confond toutes les joies, dans une seule et même joie. Le château est ouvert à tout le monde, et des tables chargées de gâteaux arrêtent de loin en loin avec bonheur une circulation intarissable. »

« Si l'inégalité des fortunes n'avait pas ses abus cruels, c'est dans de pareils moments qu'on serait tenté d'y faire grâce, et de se dire tout bas, bien bas, avec la liberté d'esprit la plus absolue, qu'il est peut-être plus de véritable bonheur possible dans un assemblage de conditions haut et bas placées, mais s'aimant toutes en sœurs, de la nécessité de ne pas rompre une harmonie peut-être providentielle, que dans la violente situation d'une société toujours préoccupée de garder le niveau. Si l'égalité et le bonheur étaient deux choses distinctes? Si l'une ne renfermait pas l'autre? Avant un siècle la question sera éclaircie, et c'est la France encore qui la résoudra. Mais cela lui coûtera horriblement cher. »

« Il nous reste à dire l'intérieur du château tel qu'il est aujourd'hui (1). Dans la première pièce, qui est, je crois, une salle à manger, on voit deux tableaux de sainteté d'Annibal Carrache et de Herrera el Viejo (l'ancien). Nous ne tomberons pas dans le singulier oubli de louer pompeusement deux peintres dont personne ne voudrait mettre en question le mérite. Nous nous bornerons à dire que ces deux tableaux, ainsi qu'un autre de Juan del Castillo, représentant une belle Vierge, sont parfaitement conservés. Leur éclat n'empêche pas d'apercevoir de charmants paysages de Demarne et de Dubucourt, et de s'arrêter longtemps devant de petits poissons peints par Velasquez. Ils frétillent encore ; on a peur de les voir tomber de la toile. C'est d'un goût délicat d'avoir égayé et adouci les reflets splendides des grandes peintures de cette salle par les spirituels éclairs d'une série de petits tableaux flamands signés de Corn-Hagen, Winans, de Van Kessel ; je n'oublie pas de gracieuses fleurs d'Arellano. Il n'y a pas de jouissance plus intelligente et plus complète que d'avoir sous les yeux tant de peintures si achevées, et, par les croisées ouvertes, une campagne inondée des flammes ardentes et douces du mois de mai : ce que Dieu et les hommes ont créé de beau et de bon. Que Dieu est un grand peintre flamand ! »

« A la gauche de cette première salle, où sont les portraits de madame Aguado et de M. Aguado, peints par M. Lacoma, artiste sans doute aimé de la maison, car son nom revient souvent, et ceux des principaux ancêtres du marquis de Las Marismas, s'ouvre, sur le même prolongement, le grand salon enrichi des peintures de Lucas Jordano, de Domenico Brandi, de Pietro de Cortona et del Bassano. Il faut se croiser les bras et admirer en présence de l'œuvre de ces demi-dieux. Rien n'est beau comme cela, si ce n'est ce ciel, ce soleil, cet océan d'herbes et ce fleuve qu'on voit en se retournant. Quels peintres, ceux qui soutiennent la comparaison avec le printemps ! »

« Cristobal Lopez est aussi un artiste délicieux. Quels charmants tableaux, ceux qu'on voit de lui à Petit-Bourg ! Que ses vierges et ses anges sont aimables ! C'est la coquetterie fan-

____

(1) Tel qu'il n'est plus malheureusement.

tasque de Decamps, sa couleur, avec plus de franchise et de perfection. C'est Decamps avec six pas d'avantage sur lui. Lopez est beau à toutes les distances, comme les pierres fines. »

« La troisième pièce est le salon d'étude ; ainsi que les précédentes, son unique ameublement se compose de tableaux de maîtres de l'école espagnole et flamande. C'est *un Ermite* de Meneses Osorio, c'est *une Communion de la Vierge* par Théodore Aderman. Il faut hâter le pas, cependant, car le temps manquerait même pour saluer, ne fût-ce que d'un regard furtif, les autres créations semées dans d'autres salles. A l'opulente oisiveté du maître, il est permis seulement de savourer les paisibles émotions que donnent un *Christ au poteau*, par Alonzo Canon, cet homme de génie à peine connu en France, et un autre *Christ sur la croix* du triste et monacal Zurbaran. Lui seul, le sévère Zurbaran, a cette couleur affligée et touchante : il est le Job de la peinture. Ce Christ n'est pas un de ses moins beaux ouvrages. Ne refusez pas une halte attentive à un *Samson* de Vander Kabel. »

« Il est facile de s'apercevoir que les noms affectés aux diverses distributions du château n'ont qu'une valeur fort conventionnelle ; chacune d'elles est un cabinet de tableaux, et rien de plus. On a déjà vu que la salle à manger, le grand salon et le salon d'étude sont des travées d'une galerie de peintures ; on n'y remarque pas plus de meubles qu'au Louvre et au Luxembourg. Dans la salle de billard, qui est la quatrième, nous n'avons pas vu de billard, mais une délicieuse *Vue de Venise*, par Canaletti ; et qui peindrait Venise si ce n'est Canaletti ? Un Primatice d'une couleur virginale, deux Velazquez, un *Martyr* de Zurbaran, et une *petite Vache* de Van der Burg. Le Musée espagnol du Louvre a peu de tableaux de sainteté signés du nom de Zurbaran aussi remarquables que celui de Petit-Bourg. Nous ne nous exposons guère qu'aux reproches des faiseurs d'inventaires, en omettant de petites peintures françaises semées comme des coquelicots importuns à travers ces belles moissons. Elles sont là, à l'exception de quelques-unes, cependant, comme une protestation polie du propriétaire ; pure courtoisie castillane.

« S'il est dans tout le château une pièce qui réponde à sa

destination nominale, c'est la dernière de l'aile gauche; une petite bibliothèque, bourrée de livres espagnols et français. Nous avons été heureux d'y rencontrer Corneille à côté de Lopez de Vega et de Calderon. »

« On ne doit pas s'attendre à voir plus de meubles dans l'aile droite où nous entrons, que dans l'aile gauche, dont nous avons épuisé les distributions peu nombreuses. Elle s'ouvre par une salle à manger, où rien ne rappelle l'acte qu'on est censé y accomplir ; point de buffets, point de tables, mais une incroyable bataille de Salvator Rosa; les Quatre Saisons par Lesueur, de beaux chiens de Sneyders, une Naissance et un Baptême de Cristobal Lopez, une Vue de Venise de Guardi, un charmant Intérieur de Hemskerk, et une collection de petits tableaux flamands de Van Kessel, de Ferg et de Snaver. Quelle fougue, quelle rage, et quelle couleur dans le Salvator Rosa! J'ignore si l'on s'est jamais battu de cette manière-là dans aucun temps, mais qu'importe? Que n'avons-nous beaucoup de mensonges semblables! Encore un regard d'adoration pour Cristobal Lopez, et passons dans le cabinet suivant. C'est la chambre à coucher de M. Aguado. Puisqu'on la désigne ainsi, et qu'on y a mis un lit, il faut croire que le domestique qui nous renseigne ne s'est pas trompé. Voici les meubles spéciaux de cette chambre à coucher, qui n'a pas dû coûter grands frais d'imagination au tapissier. Un petit Berger d'Albert Kuyp, un de ces petits bergers comme il n'en existe pas; enfant de roi et de reine, ayant pour vis-à-vis une bergère de son rang ; un Anachorète d'Alexandre Albini, un Christ de Moya, un Amour fouetté de Luca Jordano, une Vénus de Pomponio di Vito, un Antoine Moro, un Carlo Maratto, et un Wouvermans comme il y en a peu au Louvre. Ce serait un crime d'oublier un Annibal Carrache, et un beau Van der Does, et une impolitesse de ne pas mentionner deux Lancret, qui vengent à Petit-Bourg notre peinture française, si malencontreusement fourvoyée là. Que ces deux Lancret sont gracieux et fins! quel berger fleuri et quelle bergère coquette! Le berger semble sortir d'un bain parfumé et la bergère aller à l'Opéra. Je donnerais bien des écoles françaises pour cette bergère et ce berger, excepté l'école de Watteau, une des premières du monde.

« Sauf erreur, nous pensons avoir cité les beautés intérieures de la propriété de M. Aguado; elle ne sera jamais mieux entretenue. Elle est fastueuse, et son faste, quoique d'une date récente, fait honneur à l'intelligence du maître. Sans la bouleverser de fond en comble, il ne lui était guère permis d'en changer le caractère. Il y aurait de l'ingratitude à oublier qu'étranger à notre histoire, il a pris soin de conserver un monument dont les traditions sont sans parenté avec celles de son pays. Là où, sur un signe de sa main puissante, car il est plus riche que beaucoup de souverains, il pouvait faire élever un palais à sa fantaisie, il a mieux aimé laisser subsister un bâtiment dépassé par l'art moderne, insuffisant, incomplet, mais plein à jamais de l'immortelle grandeur de Louis XIV. Si, pour perpétuer le souvenir d'une visite de ce grand roi, qui était le sien, le duc d'Antin abattit une allée d'arbres, M. Aguado, entendant mieux ce qu'on doit à un tel honneur, a conservé le château tout entier.

« C'est par la porte ouverte sur le parc qu'on découvre les indescriptibles richesses d'un paysage déroulé sous tous les points du ciel ; et c'est du perron, qui domine une terrasse tracée dans le goût de celle de Chantilly et de toutes celles qu'a dessinées Le Nôtre, qu'on parvient sans fatigue aux premiers arceaux du parc. Caprice que ratifiera la postérité, les noms des principales allées de cette élégante forêt sont empruntés aux opéras de Rossini, l'hôte illustre, fréquent et bien-aimé de Petit-Bourg. Voilà l'allée *Guillaume Tell*, l'allée de *Sémiramis*, l'allée de *la Pie voleuse*.

« Quelque profond que soit notre respect pour la Charte et l'article où le sacrifice d'une propriété est prévu dans l'intérêt général, nous n'avons pu voir sans douleur les déplorables dégâts causés au parc de Petit-Bourg par les ouvriers employés au chemin de fer de Paris à Orléans. Ils ont déchiré le parc à coups de hache et de bêche ; un des plus beaux fragments et un superbe bassin resteront de l'autre côté des rails.

« M. Aguado a plus fait pour Petit-Bourg que tous les seigneurs ses prédécesseurs. Et ce bien, il l'a fait sans bruit, sans ostentation, avec la pudeur chrétienne du désintéressement. »

C'est ainsi que nous nous exprimions au moment, on le voit,

où le chemin de fer jetait ses tronçons sur la propriété de Petit-
Bourg.

. . . .

Aujourd'hui, nous n'avons plus qu'à ajouter ces lignes mé-
lancoliques pour fermer notre récit d'autrefois.

Petit-Bourg a été vendu à ceux qui l'avaient mutilé.

M. Aguado est mort.

Le château est devenu une colonie agricole.

Triste! triste! triste! s'écriait le grand Shakespeare devant
des afflictions beaucoup moins réelles.

FIN.

TABLE

DE LA DEUXIÈME SÉRIE.

FIN DE LA TABLE.

PARIS. — Imprimerie LACOUR, rue Soufflot, 15.

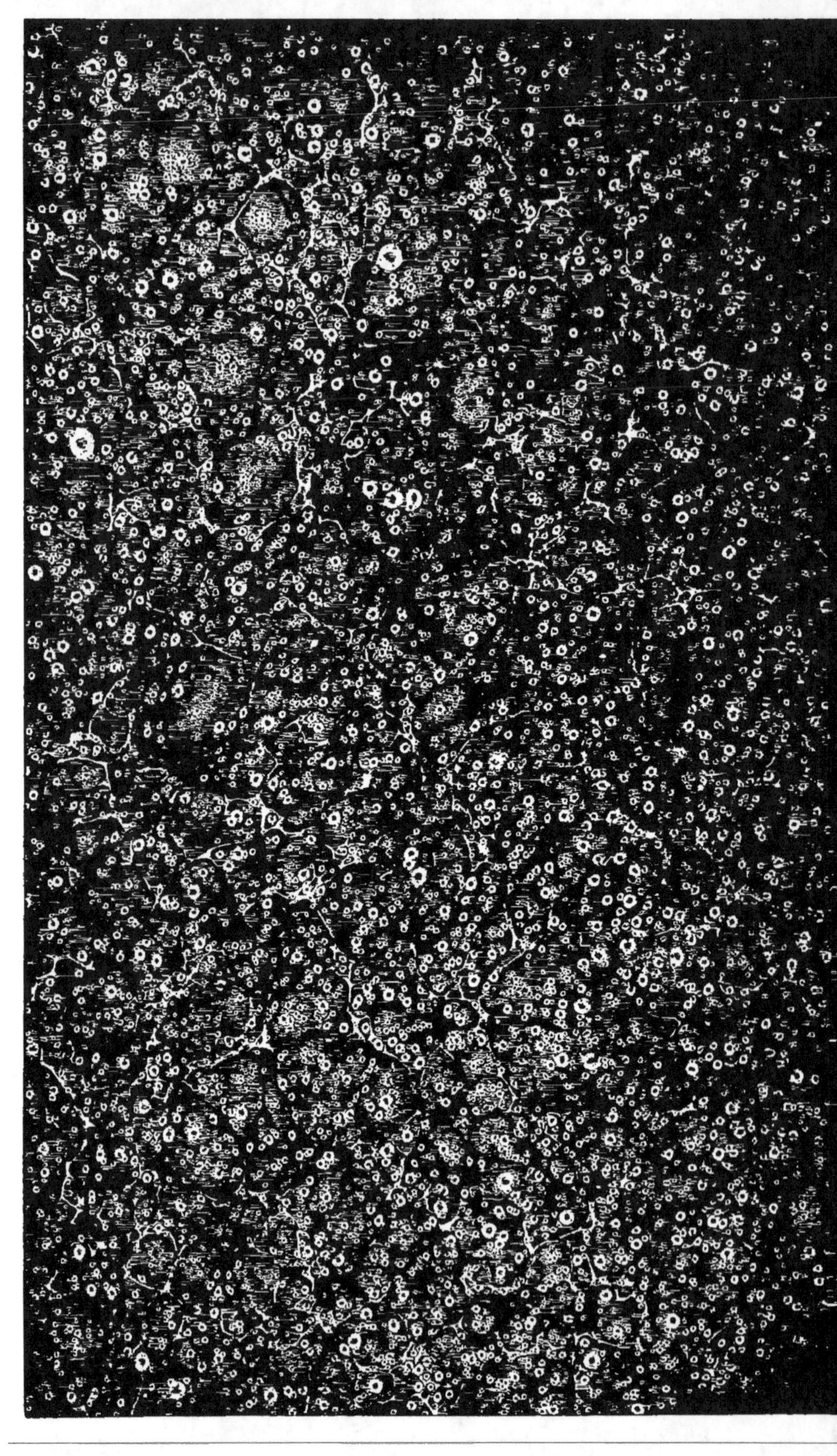

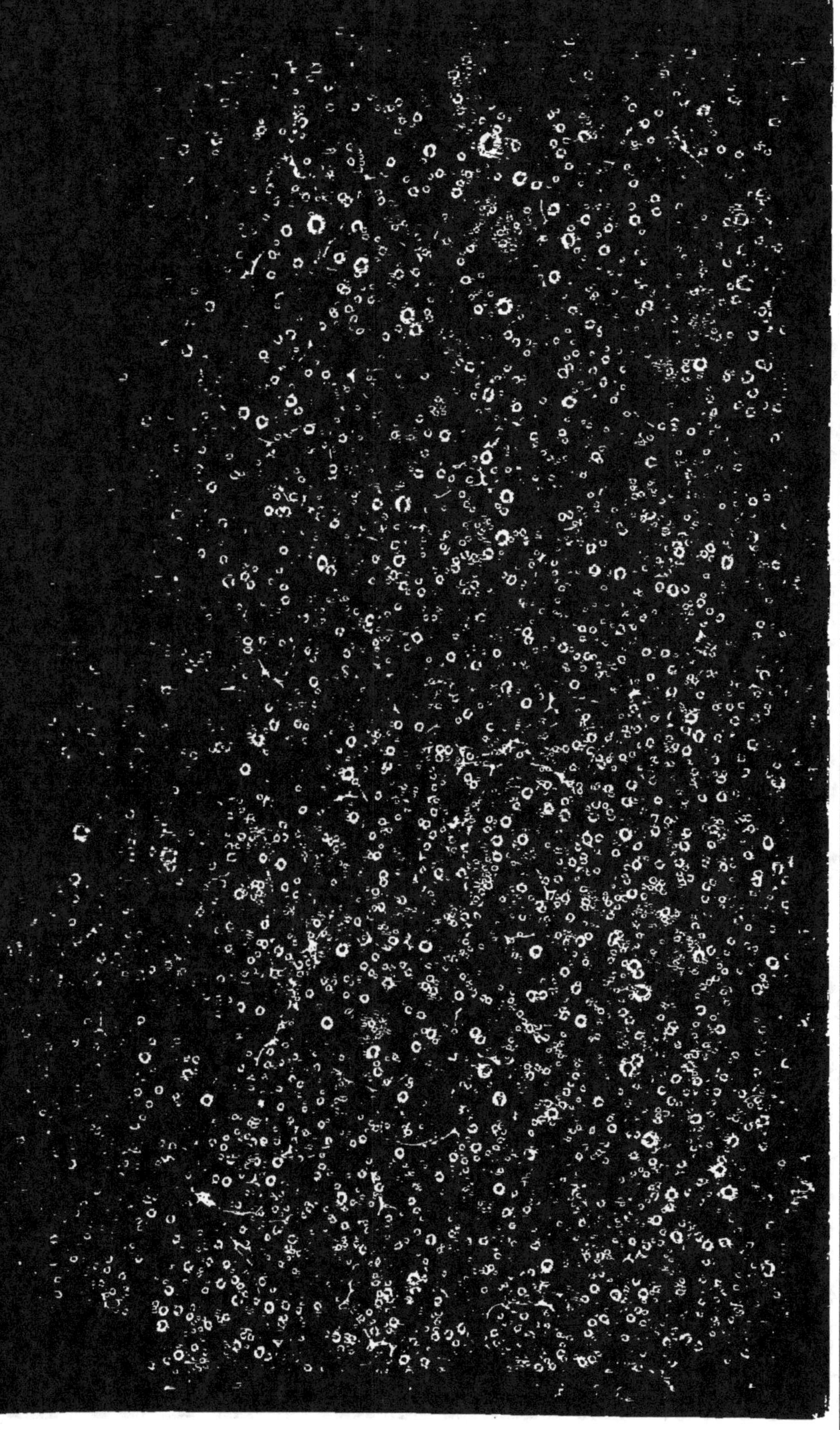

BIBLIOTHEQUE NATIONALE DE FRANCE
3 7531 04273156 3

www.ingramcontent.com/pod-product-compliance
Lightning Source LLC
LaVergne TN
LVHW051056060726
842525LV00003B/667